《发展性心理教育丛书》编委会名单

发展性心理教育丛书

青少年十种常见问题行为的矫治

许思安◎ 编著

QINGSHAONIAN SHIZHONG CHANGJIAN WENTI XINGWEI DE JIAOZHI

中国·广州

图书在版编目（CIP）数据

青少年十种常见问题行为的矫治/许思安编著．—广州：暨南大学出版社，2015.2（2021.3 重印）
（发展性心理教育丛书）
ISBN 978－7－5668－0128－9

Ⅰ.①青…　Ⅱ.①许…　Ⅲ.①青少年—不良行为—心理干预—研究
Ⅳ.①B844.2②G775

中国版本图书馆 CIP 数据核字（2012）第 032122 号

青少年十种常见问题行为的矫治
QINGSHAONIAN SHIZHONG CHANGJIAN WENTI XINGWEI DE JIAOZHI
编著者：许思安

出 版 人：张晋升
责任编辑：张仲玲　周明恩
责任校对：杨海燕　胡艳晴
责任印制：周一丹　郑玉婷

出版发行：暨南大学出版社（510630）
电　　话：总编室（8620）85221601
　　　　　营销部（8620）85225284　85228291　85228292　85226712
传　　真：（8620）85221583（办公室）　85223774（营销部）
网　　址：http：//www.jnupress.com
排　　版：广州市天河星辰文化发展部照排中心
印　　刷：湛江日报社印刷厂
开　　本：787mm×960mm　1/16
印　　张：13.75
字　　数：245 千
版　　次：2012 年 5 月第 1 版
印　　次：2021 年 3 月第 9 次
定　　价：35.00 元

目录 contents

第一章　学困生现象及其干预　/1

第一节　心理干预的基本理论与方法　/1

第二节　学困生现象概述　/31

第二章　学业问题及其干预　/39

第一节　学习动机探析　/39

第二节　明晰粗心现象　/54

第三章　考试现象及其干预　/66

第一节　考试焦虑及其干预　/66

第二节　考试作弊及其干预　/71

第四章　说谎现象及其干预　/77

第一节　探究说谎现象　/77

第二节　说谎案例分享　/93

第五章　逃学行为及其干预　/102

第一节　探析逃学行为　/102

第二节　逃学行为案例分享　/106

第六章　自卑心理及其干预　/117

第一节　分析自卑心理　/117

第二节　高自卑案例分享　/124

第七章　自恋心理及其干预　/132
第一节　剖析自恋心理　/132
第二节　自恋案例分享　/142

第八章　网络成瘾及其干预　/147
第一节　探析网络成瘾现象　/147
第二节　网络成瘾案例分享　/156

第九章　朋辈交往问题及其干预　/165
第一节　朋辈交往概述　/165
第二节　交往障碍案例分享　/171

第十章　亲子冲突及其干预　/183
第一节　亲子关系概述　/183
第二节　离家出走案例分享　/191

参考文献　/202

后　记　/216

第一章 学困生现象及其干预

第一节 心理干预的基本理论与方法

一、行为主义的基本观点

行为主义者认为，所谓的“人格”是各种习得行为模式的集合。行为主义创始人华生也认为，人格就是指一个在反应方面现有的、潜在的全部资产和现有的、潜在的债务。他所指的资产就是个人对于当前或将来外界环境适应的能力，包括两部分内容：第一，已经被组成的各种习惯的总体，社会化了的已被调整过的各种本能，社会化了的和已被锻炼过的各种情绪，以及这些东西的各种组合和相互关系；第二，可塑性（形成新习惯和改变旧习惯的能量）和保持性（已建立的各种习惯恢复其作用的速度）的高度系数。而债务则是指在当前环境中不发生作用和阻止其对已改变的环境进行顺应的潜在因素。如果用更简单的话来概括，华生认为，人格就是一切动作的总和，是各种习惯系统的最后产物。因此，在人的生活历程中，人们都在对特定的刺激给予不同的条件反射式的反应。有的人可能从小积极地对待周围的事物，热情与人交往；有的人退缩，不喜与人交往；有的人粗心或好斗等。总之，每个人都有其独特的生活经历，这使我们形成了各自对刺激的特定反应方式，因此也造就了不同的人格特征。

华生等认为，人格是可以改变的，因为它是受环境的影响而形成的，所以改变人格的途径就是改变人所处的环境，在新的环境下，人们不得不形成新的习惯系统，改变旧的习惯系统，而人格也就得到了改造。他曾经说过这样一句经典的话，也是被心理学家和教育学家频繁引用的一句话：“给我一打健康和天资完善的婴儿，并在我自己设置的特定环境中教育他们，那我可以保证：任意挑选一个婴儿，不管他的才能、嗜好、趋向、能力、天资和他祖先的种族如何，都可以把他训练成我所选定的任何一种专家：医生、律师、艺术家、商界首领乃至乞丐和盗贼。”

那么，个体究竟是怎样获得其各种不同行为模式的呢？不同的行为主义心理学家都对此进行了探讨，提出了一些颇有影响力的观点。

1. 早期行为主义对学习机制的探讨

（1）桑代克的工具性条件反射。

桑代克是美国动物心理学的创始人之一，严格地说，他并非行为主义心理学家，而事实上他一生都不愿意别人把他和他的研究成果与任何一个心理学流派扯上关系。但由于他的研究成果对行为主义心理学流派具有重要的意义，以至于没有人能够把他与行为主义的研究完全割裂。他设计了著名的迷笼实验，将饥饿的猫放进去，笼中有一个机关，如果猫踏着这个机关，门就能打开，它就可以吃到放在笼外的鱼。开始时猫在笼中乱跑，偶尔能碰到机关，经过多次重复后，猫学会了一被放进笼中就去踏机关。在实验中，动物为了达到某种目的而作出特定行为，行为是达到目的的工具或手段，因此，用这种方式建立的条件反射叫做“工具性条件作用”（Instrumental Conditioning）。

桑代克认为，学习的实质是经过试误在刺激（S）与反应（R）之间形成联结，即形成S－R之间的联结。而学习过程或建立联结的过程是一种尝试错误的过程。在尝试中，个体会犯许多错误，通过环境给予的反馈，个体放弃错误的尝试而保留正确的尝试，从而建立正确的联结。桑代克还提出了三条主要的学习律：①准备律（Law of Readiness），是指在有机体采取行动时，促使其行动就是一项增强，而阻碍其行动则是一种烦恼。当有机体并不准备行动时，迫使其行动则成为一种烦恼。所以，实验中的猫应是一只饿猫，否则它不会有走出迷笼的动机。②效果律（Law of Effect），是指刺激与反应之间联结加强或减弱受到反应结果的影响。如果联结建立时伴随以满意的结果，联结的力量就会增强；相反，若联结建立时伴随着烦恼的情况，则联结的力量就会削弱。③练习律（Law of Exercise），是指联结的强度决定于使用联结的频次。换言之，一个学会了的刺激—反应之间的联结，练习和使用越多，就越得到加强，反之则会变弱。它包括应用律和失用律。应用律是指不断运用刺激与反应之间的联结，会强化两者之间的联结；失用律则是指刺激与反应之间的联结因练习次数中断或不使用而削弱。

（2）巴甫洛夫的经典条件反射。

严格地说，巴甫洛夫也并不是行为主义心理学家，他本人也一直坚持认为自己是生理学家而不是心理学家，拒绝把自己的研究和心理学联系在一起，但由于他的条件反射的概念和技术确实非常大地影响了心理学尤其是行为主义的发展，对心理学的发展功不可没，所以没有心理学工作者能够忽视他的名字。

巴甫洛夫的经典条件反射揭示了一个原本不能引起特定行为反应的无关刺激是如何通过学习变成能够引起反应的信号刺激的。他的实验是这样进行的：将实验用的狗嘴里的唾液腺开口，用一根导管接到外面，导管连接到一个既可以测量以立方厘米计的总量，也可以记录分泌滴数的装置。实验进行时，先给狗进食，测量其唾液分泌，然后先给狗听铃声（狗没有唾液分泌），紧接着喂食物，狗分泌唾液。如此反复若干次之后，只给狗听铃声，不呈现食物，狗也会分泌唾液，即铃声已经成为进食的信号，狗已经形成了铃声与进食的条件反射。通过条件反射的建立，铃声这种无关刺激现在也能引起特定的行为反应，从而铃声具有信号意义。这就是他的经典条件反射的主要内容。可见，狗通过经典条件反射机制能够学会对一些具有信号意义的刺激作出应答性行为，来适应环境。

在巴甫洛夫的实验中，食物称为无条件刺激（USC），由食物引起唾液分泌的现象称为无条件反射（UCR）；铃声原来是一种中性刺激，不具有任何意义，但是经过与食物在时间上的多次结合，铃声就变成了条件刺激（CS），铃声与唾液分泌之间就建立起了一种新的联系，称为条件反射（CR）。显然，在条件反射形成的过程中，无条件反射是其基础，它引起特定的反应是前提条件。必须一提的是，例如食物、性、水、电击及其他不用学习就能引起条件反应的刺激都是无条件刺激；除听觉刺激之外，一切来自体内外的刺激（包括时间因素、刺激物之间的关系等）只要跟无条件刺激在时间上结合（即绝对化），就可以成为条件刺激，形成条件反射。更为有趣的是，新的条件反射不仅能够直接在无条件反射的基础上形成，而且一种条件反射巩固后，再用另一个新刺激与条件反射相结合，还可以形成二级条件反射、三级条件反射，甚至多级条件反射。例如，上述实验中，狗已经对铃声建立了条件反射，如果再把铃声和灯光一起配对呈现，经过几次试验后单独出现闪光，也会引起狗的唾液分泌。

巴甫洛夫的经典条件反射原理还揭示了一些重要的学习规律，较为典型的是学习的消退（Extinction）律以及学习的泛化（Generalization）与分化（Discrimination）律。学习的消退律是指如果条件刺激出现多次而没有无条件刺激的强化，则已经建立的条件反射将逐渐减弱消失。有趣的是，条件反射的消退具有暂时性，在某一种情况下，条件反射消失后没多久就自行恢复了；而在另一种情况下，为了达到恢复的目的，就必须再次使用条件反射与无条件反射反复结合或别的方法，不同的条件反射又会有不同的消退速度。学习的泛化律是指条件反射一旦确立，其他类似最初条件刺激的刺激也可以引起条件反射。分化是和泛化相反的过程，它是条件反射的精确化。具体操作时，需要在条件反射建立过程中或建立后进行，分别向有机体呈现条件刺激和与之类似的无关刺激，对条件刺激给予强化，对无关刺激则不予强化。这样，有机体以后就会只对条件刺激作出条件反射了。

（3）华生的经典性条件反射学习理论。

华生是行为主义学派的开创者，他将巴甫洛夫的经典性条件反射运用于学习领域研究，形成了经典性条件反射学习理论。

1920 年，华生曾经根据经典性条件反射的原理做过一个著名的恐惧形成的实验，证明环境刺激是如何通过经典条件反射机制使个体的行为模式发生改变。实验被试是一名叫艾波特的出生只有 11 个月的婴儿。首先，让艾波特接触一个中性刺激小白兔，艾波特毫无害怕的表现，似乎想用手去触摸它。兔子出现后，紧接着就出现用铁锤敲击一段钢轨发出的使婴儿害怕的巨响（无条件刺激）；几次之后，艾波特一见到单独出现的小白兔也会引起害怕与防御的反应；再经过一段时间的结合后，艾波特的反应更加强烈，随后泛化到相似的刺激，看见其他毛茸茸的东西（如老鼠、制成标本的动物，甚至是有胡子的人）也会害怕。

根据这个婴儿通过经典性条件反射获得经验的实验，华生提出了经典性条件反射学习的基本观点：第一，学习就是形成刺激与反应之间的联系或联结；第二，联结的实现过程是条件刺激与无条件刺激在时空上的结合产生了替代作用，使条件刺激与原来只能由无条件刺激才能引起的反应建立了联系，这个过程也是经典性条件反射形成的过程。另外，他认为学习确实有一定的规律，但是他反对桑代克的效果律，主张用频因律和近因律解释学习。所谓频因律是指在其他条件相等的情况下，某种行为练习得越多，习惯形成就越迅速，练习的次数在习惯形成中起着重要作用；近因律则是指当反应频繁发生时，最新近的反应比较早的反应更容易得到加强，也就是说有效的反应总是最后一个反应。

2. 斯金纳的操作性条件反射

（1）操作性条件反射及其产生。

斯金纳是操作性条件反射的创始人，新行为主义的主要代表之一。他继续了桑代克的研究，用自己发明的一种学习装置“斯金纳箱”进行一系列实验。通过研究，他认为存在两种类型的学习：一类是由刺激情境引发的反应（S－R），称为应答性反应，这种学习与经典性条件反射类似；另一类是操作性条件作用（Operant Conditioning），这类学习不是由刺激情境引起，而是有机体的自发行为。在日常生活中，人的绝大多数行为都是操作性行为。在此基础上，他认为，人格仅仅是通过操作性条件反射的强化而形成的惯常的、独特的行为方式以及这些方式的组合。

斯金纳认为，行为之所以发生，是因为强化（Reinforcement，即行为的结果）的作用，形成操作性条件反射的关键就在于强化。他认为，"凡是使反应概念增加，或维持某种反应水平的任何刺激"都可以称为强化物，而利用强化物诱使某一操作反应的概率增加的过程就叫做强化。强化物每在相应的操作反应之后出现一次，这一操作反应得到了一次强化。斯金纳区别了两种类型的强化：①正强化。当环境中的某种刺激增加而行为反应出现的概率也增加时，这种刺激就是正强化，如小白鼠按压杠杆得到食物，食物就是正强化物。②负强化。当环境中的某种刺激减少而行为反应出现的概率增加时，这种刺激就是负强化。负强化物通常是一种厌恶刺激，是有机体力图回避的，它同样能增加动物的压杆反应。在实际生活中，正强化和负强化都是经常被应用的方法。如教师给予微笑、赞扬、奖品，提供学生喜欢的活动等都可以对希望学生学会的某种行为或本领进行正强化，而收回批评、停止打骂、取消学生不感兴趣的活动等都是在对上述行为进行负强化。

同时，斯金纳还按强化物的来源将其分为一级强化物和二级强化物。一级强化物是指那些不需要学习也具有强化作用的刺激，如食物、水等满足基本生理需要的物品；二级强化物则是指那些开始时不起作用，但后来由于经常与一级强化物或其他强化物联系在一起而具有强化作用的刺激，对人类而言如权力、财富、名声、地位、分数、表扬等。

（2）操作性条件反射的规律。

与经典性条件反射一样，操作性条件反射也有类似的规律，如消退、泛化、分化、自然恢复等。

斯金纳发现，当小白鼠通过食丸强化学会按横竿后，拆除小食盘，使小白鼠按横杆后不再有食丸出现，则小白鼠按横竿的行迹逐渐消退成学习之前的偶然行为。这种现象就是行为的消退，即如果操作性条件反射被一种随后出现的强化物所强化，那么将该强化物拆除，此操作性反应就会随之消退，直到恢复到最初未被强化时的水平。可见，与条件作用的形成一样，消退的关键也在于强化。但是，反应的消退表现为一个过程，即一个已经习得的行为并不即刻随强化的停止而终止，而是继续反应一段时间，最终趋于消失。

3. 班杜拉的观察学习理论

（1）观察学习及其特点。

班杜拉以儿童的社会行为为研究对象，进行了一系列重要的实验研究，指出观察学习是人的学习的最重要的形式。所谓观察学习是指人们仅仅通过观察别人（榜样）的行为就能学会某种行为，又称替代学习、模仿学习。也就是说，学习者不必直接作出反应，也无须亲身体验强化，只要通过观察他人在一定环境中的行为，并观察他人接受一定的强化便可以完成学习。

班杜拉还进一步分析了观察学习的特点：其一，观察学习不一定具有外显的行为反应，即人们可以通过观察他人的示范行为，在自己尚未表现行为时就已经学到了如何去做；其二，观察学习并不依赖于直接强化，即没有强化，观察学习照样可以发生；其三，观察学习具有认知性，即观察者要利用内部的行为表象来指导自己的行为；其四，观察学习不同于模仿。因为模仿仅指学习者对他人行为的简单复制，而观察学习指的是从他人的行为及其后果中获得信息，即可能包含模仿，也可能不包含模仿。

（2）观察学习的过程。

班杜拉认为，观察学习过程并不简单，它受四个系统控制。

第一，注意过程。这一过程控制着对示范行为的探索与感知。它决定了观察者从示范者那里选择、吸取何种信息。好的观察者观察到行为的实质的、核心的成分，而差的观察者可能只观察到行为的皮毛。在各种决定因素中，最重要的是有关联的示范影响，它会限定一个人的学习。例如，斗殴团伙成员学习攻击行为与性格文静的群体成员学习这类行为明显不同。另外，不同示范者的行为价值也很重要，成功、有威望、有魅力的示范者往往容易被人注意和模仿，而那些地位低下或被他人忽视的人则不大可能引起人们的注意。

第二，保持过程。这一过程的作用是将短暂的经验转化为符号概念，这些观念将成为反应产生的内部模型。具体来说，这一过程包括三方面内容：其一，符号转换，指学习者将所观察到的行为转换成简明符号，以捕捉其重要特征和结构；其二，认知组织，指观察者在记忆中以表象表征系统和语言表征系统对示范行为的重要线索进行编码；其三，复述，指个体在想象中执行行为。有些示范行为因为社会禁令的原因不能用外部表现的手段形成，人们就将这种行为看在眼里，用复述的方法记在心里。

第三，产生过程。这是将符号转变为行为的过程，也有人把它称为动作再现过程，它借助于以前编码的表象表征和言语表征进行。一般而言，学习者是通过按照榜样行为方式组织自己的反应而达到行为再现的，可以把行为实施分解为对反应的认知组织、反应的发起、对反应的监控，以及信息反馈矫正反应。

第四，动机过程。观察者习得了示范的行为之后，并不一定把所习得的行为付诸实施，它需要动机的支配。当被习得的行为没有价值或带有很高的被惩罚危险时，个体不易表现习得的这一行为；而当环境提供了积极诱因时，先前已习得的这些示范行为就会迅速地转化为行为。因此，新行为的表现由动机控制。

（3）强化与替代强化。

班杜拉认为，强化在观察学习过程中具有重要作用。不过，他认为，强化不是提高行为出现概率的直接原因，在学习中没有强化也能获取有关的信息，形成新的行为模式，它在学习中的重要作用在于它能够激发和维持行为的动机以控制和调节人的行为。

但他认为，除了传统所强调的外部强化外，社会学习还包括自我强化和替代强化。自我强化就是根据自己设立的一些行为标准，以自我奖惩的方式对自己的行动进行调节。这是人类特有的现象。替代强化（Vicarious Reinforcement）是指人们通过对他人行为受到奖惩的观察而相应地调整自己的行为的过程。班杜拉还进一步指出替代强化的作用受到下列因素的影响：第一，榜样与观察者之间的相似性。如果观察者在地位上和特点上与榜样越相像，替代强化的作用就越显著。第二，情境的不确定性。当情境不熟悉或含糊使观察者不能确定哪些行为合适的时候，所观察到的结果最具信息价值。因为此时观察者最易运用他人的经验作为自己行动的指导。第三，行为表现的复杂性。当被示范的活动相对简单时，人们更容易通过观察习得行为。第四，观察结果的频次和数量。替代强化在观察学习中具有非常重要的地位。

二、认知主义的基本观点

认知（Cognition）是指人的思维过程，包括知觉、记忆和语言，多用来指有机体加工与自我和周围世界有关信息的方式。20 世纪 50 年代中期，认知心理学开始兴起。与此同时，一些心理学家开始探索如何整合人格和认知，试图从信息加工的角度来理解人格。

凯利是著名的美国心理学家。他的个人建构理论（又译为个人构念理论）强调个人分析或解释事件的方式，认为行为的差异大多源于人们建构世界的方式不同。他强调认知在人格形成与发展中的作用，认为人对客观存在的认识及个人的经验、思想观念是影响人格形成、发展的主要因素。其理论要点如下：

1. 人是科学家

凯利提出“人是科学家”的观点，即认为每个人都是建构各种概念来组织有关现象并使用这些概念来预测未来的观察者。他最感兴趣的是人类行动的方式：像科学家一样产生和检验他们的假设，以及得出“世界是什么”的新观点。因为没有两个人会用完全相同的观点去认识世界，所以没有两个人的行为完全一样或有着相同的人格。

凯利将我们用来解释和预测事物的认知结构称为人格结构。没有两个人会有相同的人格结构，也没有两个人会以相同的态度来组合成他们的结构。那么，怎样用人格结构去了解人格的差异呢？凯利认为行为的差异主要源自人们建构世界的方式不同。例如，假设我和你都与某人交往，我用友好—不友好、活泼—呆板、外向—害羞等构念去了解他，而你也许用高雅—粗俗、敏感—麻木、聪明—愚笨等构念去了解他。以后我们谈论起此人时，我认为他是一个友好、活泼和外向的人，而你可能觉得他是一个粗俗、麻木和愚笨的家伙。同样的情境我们却有不同的解释，我们的反应自然也就大不相同。因此，在与其他人交往时，我们依然运用这些构念，这样就很可能形成不同的交往方式。因而我们在建构世界时，那些相对固定的方式成为我们行为上相对固定的反应模式。

2. 构念

构念是凯利人格理论的核心，是个体知觉、分析或解释事件的方式。也可以说，构念是个体在其生活中通过对环境中的人、事、物的认识、期望、评价、思维所形成的观念。一个构念就是一种思想、一种观点和看法，人们用它来解释个人自己的经验，也用它来预测现实。假如由构念产生的预测与经验判断相符，那么这个构念是有用的；假如由构念所作的预测与经验不符，这个构念就要修改或抛弃。由于每个人的生活经验不同，个人构念自然也因人而异，因此个人构念事实上就代表了人的人格特征。

3. 人格建构的基本假设和推论

凯利的人格理论根植于一个基本假设：“个体的信息加工过程被他对事件的预期所引导。”这一假设不但是凯利的理论基础，而且是人格和行为背后的基本力量。凯利否认过去的冲突或外部的刺激是我们行为的根本原因，“期望才是人格结构中的推动和牵引的心理力量，是未来而不是过去在引导着人们”。在此基础上，他精心推导出 11 个推论，分别是：

①建构推论：一个人通过对事物的反复建构来预测未来事件。

②个体推论：人们在建构事件时的方式各不相同。

③组织推论：每个人在预测事件时都会自然形成一种包括结构顺序关系的建构体系。

④两分推论：一个人的建构体系包括种种两分结构的构念。

⑤选择推论：每个人在通过自己的建构体系对某事物作出预期时，他都会在两分结构中作出选择。

⑥范围推论：一个结构只能对有限范围的事件作出预测。

⑦经验推论：一个人对外界事物的建构与其个人的学习经验有关。

⑧调整推论：个人构念系统的变化调整要受到构念渗透度的制约。所谓渗透度是指是否可能容纳新的概念与新事物。

⑨片断推论：个人构念系统中存在彼此分离、不一致的亚层次构念。这种一定程度的分离与不一致是不可避免的，小的不一致并不妨碍大的统一性。

⑩共同性推论：建构经验方式的共同性可以导致人们之间心理与行为的相似性。

⑪社会性推论：个体在建构自己的构念时，会在社会交往中扮演他人的角色，即从他人的立场或认识世界的方式去看待问题，以便更好地理解对方，更好地进行人际交往。

三、人本主义的基本观点

20 世纪 60 年代，人本主义作为心理学“第三势力”的身份在美国兴起。它以人的本性、潜能、价值、经验等作为研究主题，认为从根本上讲，人的本性具有追求生命意义的冲动和创造美好生活的潜力，而这正是促使人格成长的主要力量。其代表人物有马斯洛、罗杰斯等。其中，罗杰斯开创了当事人中心疗法，其对心理干预有着独特的见解。他提出：任何人都有着积极的、奋发向上的、自我肯定的、无限成长的潜力。心理问题的实质是个体的某些经验与其自我结构出现不和谐，即个体对自己经验的知觉出现歪曲或否认，使人的成长潜力受到削弱或者阻碍，就表现出心理病态或适应困难。他认为只要给来访者提供适当的心理环境和气氛，给来访者无条件的积极关注，他们自己就能产生自我理解，改变对自己和他人的看法，产生自我导向的行为，并最终成为功能完善的人。他强调心理治疗应以来访者为中心，应把每一个人都看成是一个完整的人，而不是一个“病人”。其理论详述如下：

（一）自我实现倾向

罗杰斯认为，人格的发展源于个体先天的“自我实现”（Self-Enhancement）动机，它表现为一个人最大限度地实现各种潜能的趋向。这一概念有点类似于弗洛伊德的“力比多”和阿德勒的“追求优越”。每个人的行为都是由其独一无二的自我实现倾向引导着的。

罗杰斯认为，人类同其他生命有机体一样，都具有生存、成长和促进自身发展的需要，它与生俱来。在最基本层面上，这些天生的倾向通过满足基本需要（氧气、水、食物等），控制生理成熟等方式，不断地成长、重建。他还认为自我实现是人格结构中唯一的动机，其他一切动机都可归属于这种自我实现倾向下。正是自我实现倾向使人的自主性和自足感增多，增加一个人的总量，增强个人成长的动机。

为了让人更清晰地理解自我实现，罗杰斯认为可以从两个方面考虑其倾向：一方面，它由人与其他生物共有的倾向构成，它引导机体产生维持生存和发展的行为（包括非人类的其他生物的行为）；另一方面，它包括指向增加自主、自足，指向个人成长的独特倾向。这方面的自我实现倾向是与人的人格发展关系最密切的，它起到维持和增强自我的作用。

（二）积极关注

罗杰斯指出，在个体自我实现的过程中，是否得到积极的关注会对人格发展产生重要影响。他认为，所有的人都有一种希望获得积极看待的需要，这种需要包含了要求获得他人或自己的关注、赞赏、接受、尊敬、同情、温暖与爱等。他还认为，对于健康人格的发展来说，当自我开始发展的时候即婴幼儿时期开始就已经非常重要了。这样，如果毫无保留地给予儿童积极关注，他们的人格是否就能健康发展？罗杰斯认为事实并非如此。他认为，积极关注可以分为有条件的积极关注和无条件的积极关注，两者对人格发展的作用存在显著的不同。

所谓有条件的积极关注是指父母或他人只是在价值的条件得以满足时才对儿童给予的积极关注。在这种有条件的积极关注条件下，儿童很快便会发现，为了得到爱，他们必须在生活中按他人的价值观来行动和思考。这种有条件的积极关注的结果就是，儿童学会了抛弃他们自己的真实感情和愿望，而只是接受父母或他人赞许的那一部分自我。他们拒绝自己的缺点和错误，最终，儿童变得越来越不了解自己，而且在将来也越来越不可能成为一个完善的人。这样，人格就变得混乱或发展不健全。

所谓无条件的积极关注是一种没有价值条件的积极关注体验，例如对于儿童来说，当自己行为不够理想时，他觉得自己仍然受到父母或他人真正的尊重、理解和关怀。这就是我们常讲的父母无私的爱。在无条件的积极关注中，个体知道无论自己做什么，都会被接纳、被爱、被引以为荣。尽管父母并不赞成孩子的某些行为，但是他们愿意和孩子交流，一直都爱孩子，接纳孩子，在这种条件下，孩子就会觉得不需要去隐藏那部分可能会引起爱的撤销的自我，他们就可以自由地体验全部的自我，自由地将错误和缺点纳入到自我概念中去，自由地体验全部的生活。当一个人感到他得到他人的积极关注时，无条件的积极关注就被接收了；当另一个人的全部自我经验都被平等地衡量时，无条件的积极关注就被传达了。这样，其人格也就会自然健康地发展和趋于完善了。

四、会谈基本技巧

（一）基本的言语技巧*

1. 封闭式问答

该技术的特征是：问题中带有肯定或否定两种选择，而当事人的回答中是“全”或“无”现象。例如：“现在提起他，你还是很生气，是吗?”其作用在于：对当事人的口述进行条理性分析；用于终止目前所讨论的内容，重新讨论新的问题；终止当事人讨论与其无关的问题。

2. 开放式问答

该技术的特征在于：常运用包括“为什么”、“如何”、“什么”、“怎么样”等词在内的语句发问；而当事人则对有关的问题给予较为详细的回应。例如：“可以告诉我，你是怎样想的吗?”其作用在于可以促使当事人作自我剖析，促进问题的讨论。值得注意的是：必须在已建立了相对良好的辅导关系时才可使用（在不信任情况下，可能会引起当事人的怀疑，甚至对立）；提问应注意语气语调的运用，以免咄咄逼人；使用不当可能会限制当事人发挥。

3. 隐喻鼓励

该技术的特征在于：对当事人所说的话的内容作选择性的重复或以某些词语如“是这样”、“后来呢”来鼓励对方进一步讲下去或强调对方所讲的某部分内容。其作用在于：促使讨论深入；促使双方对一些思想情绪进行深入的研讨；可控制谈话内容和方向。

4. 释意

该技术的特征在于：针对当事人言谈的主要内容、主要思想，加以综合整理，再复述反馈给当事人。其作用在于使当事人对事件有一个更清楚的条

---

* 本部分观点主要参考自王志超编著的《中小学生心理问题个别辅导》一书的相关内容。

理化。

5. 情感反映

该技术的特征在于：用情感的方式把当事人的情感反映给他。常用的语根："你觉得……"、"你似乎感觉……"该技术的作用在于能把当事人混乱的情绪进行分化、区别，并可增强或减弱某些情绪。

6. 摘论

该技术的特征在于：把当事人的口述、行为、情绪以提纲的方式综合整理出来，并以提纲式反馈给当事人。例如："从我们前面的谈话可以看出你现在主要有这样几个问题……"

当摘论作出，即意味着会谈的结束，可转入下一阶段或其他内容。值得注意的是：一般来说，摘论都要经过两次以上的试探默许后才能作出。如果摘论不被当事人认可的话，那么这个摘论是没有意义的。

7. 自我开放

该技术的特征在于：主动地对当事人说出一些相同的经验、经历、感受、体验或观点。其作用在于能缩短人与人之间的心理距离。

（二）技巧运用中的治疗原理*

1. 同理心

同理心即设身处地地以别人的立场去体会当事人心境（当事人的感觉、需要、痛苦等）的心路历程。简而言之，同理心就是能"穿着别人的鞋走别人的路，用别人的眼光来看世界"。

（1）原级同理心。即仅仅把当事人的表达形式及内容进行复述。多采用参与性的技巧，如释意、情感反映等。如"你妈妈把你的画都烧掉了，你感到很难受，很生气！"

（2）高级同理心。即在复述当事人的表达时，附加个人的情感。多采用影响性的技巧，如自我开放、指导等。如"听了你说的事，我都为你感到气愤！"

2. 正向关怀的需求

正向关怀的需求，又称正面关注需求，指个人在生活中得到有关的人的温暖、同情、关心、尊敬和认可等情感的需求。这种需求可以使儿童为了获得满足而牺牲其他事情。辅导中的"正向关怀"，往往指对当事人的语言和行为的正向性趋向或观点给予一种选择性的注意。这是对当事人人格、能力等

---

* 本部分观点主要参考自杨国枢，张春兴编著的《咨询与心理治疗》一书的相关内容。

的重视和挖掘。

3. 无条件积极关注

无条件积极关注，指辅导者对当事人表示真诚和深切的关心、尊重和接纳。这种关心是无条件的，不包括对当事人情感、思想、行为的任何好的或者坏的评价或判断。表达的方式是尊重和温情。在此，尊重是检查正向关怀是否得到落实的方式，而温情则是在检查的过程中给予口头鼓励。

4. 具体性

一般而言，情绪和刺激事件之间应有一定的对应关系。而一定的事件引起一定的情绪反应。在辅导中，当事人如果只有情绪反应而说不清刺激事件，这意味着当事人缺乏具体性。因此，我们要把当事人含糊不清、抱怨的口述给予澄清（条理化），找出具体事件和事件的现实感觉间的关系。

5. 即刻性

即刻性，指的是过去式、现在式、未来式等时态的运用。辅导中要求当事人以现在的思想、体验来认识过去发生的一些事情，以产生新的感觉。

6. 对立性

对立性，指直接地对当事人以口语和非口语行为指出一些差异的所在，它们可能是一些混合的信息、冲突以及矛盾的想象等。

7. 真实性

真实性，指辅导中，与他人相处时表现出真实的自我。

（三）案例分享*

1. 个案基本情况

小芳是高三年级的学生，成绩优秀，在同学的印象中是一个热情开朗的好学生，但事实上她认为自己是一个自卑、敏感，很在意自己在别人心目中的形象的女孩子。一直以来她都希望有足够的钱去买化妆品和漂亮的衣服，但由于家庭经济困难（她需要申请助学金上学），一直都没能如愿。上高中后，见到身边的同学穿着比较整洁漂亮，她要打扮自己的愿望越来越强烈，她经常把钱省下来买衣服或化妆品。每次上街，见到漂亮、精致的东西都想买；如果当时不买，回家后就很焦虑，如果当时买了，回家后看着那些东西又后悔不已（买回来的东西一般是不用的）。她常常把爸爸给她的生活费在一天内花完，以至于她常为没钱吃饭或买生活必需品而发愁。

2. 个案分析

当事人意识清晰，存在认知偏差（认为自己外貌不足，需要用化妆品和

---

* 本案例作者：陈美珠（台山市第一中学）。

漂亮的服饰装扮，才能获得别人的喜欢）和行为偏向冲动等问题。干预中选择信任当事人，以当事人为中心给予其无条件积极关注的当事人中心疗法。

3. 个案干预过程

（1）咨询关系的建立。

小芳第一次来心理咨询室的时候精神憔悴、神情悲伤，一看就知道心中有很大的困扰。在咨询室坐下来以后，刚开始她显得很局促，眼睛一直看着自己的脚，一副欲言又止的模样。“你是不是有什么疑虑？放心，咨询的内容是保密的。”辅导者察觉到她的紧张，递给她一杯水。小芳看了看辅导者，辅导者面带微笑，以示鼓励。“有些事我一直想说，我知道是我自己不好，我不应该那样，我不想那样的，但是不知道怎么办，（焦虑、着急）不知道怎么说。（停顿了一下）老师，我说了之后，你可能觉得我很坏，很不懂事。”

“无论你说的是什么事，老师都不会批评你的。我想这应该是你的秘密吧，我知道你想说出来，我也相信你能把它说清楚。”

“是的，我憋在心里面很久了，一直都想找个人说出来。”

（2）鼓励当事人开放内心，促其自我成长。

“从我懂事开始，家里的经济条件已经很不好了，小时候也没有太大感觉说这是不好，我爸爸说只要我的学习成绩好就可以了。上初中后，慢慢地我看到有些女同学很受其他同学的喜欢，我发现她们都有很漂亮的衣服，她们穿着很好看，我也希望可以拥有那些漂亮的衣服，但我没有。慢慢地，我发现我有点自卑了，还好，我依然觉得只要我成绩好也可以带给我优越感。”

“上初中后，你开始关注别人，也开始在意自己在别人心目中的形象了。”

“是啊。特别是到城里上高中后，我还发现了班上很多女孩子皮肤都很白，而我皮肤却很黑，站在她们身边我就像一只丑小鸭，我很担心别人笑话我，嫌弃我。我知道护肤品和化妆品可以令女孩子漂亮一点，所以我好想买化妆品把自己打扮得漂亮一点。我没有多余的钱，所以我一直很节省，希望可以把省下来的钱买化妆品。等我很艰难地把钱省下来，把东西买回来后，我又觉得用不上，之后就觉得很后悔，后悔完后，下次还是会买。”

“你担心别人因为你外表不好而不喜欢你，所以你想用化妆品改变你的形象，而事实上，那些东西买回来，你是用不上的。”

“我现在见到那些东西就烦。”（低头，玩弄自己的衣服）“我的父母以前不知道我是这样的，他们以为我很乖，但这次瞒不住了。”（沉默）

（辅导者身体微微前倾，关切地注视来访者）。

“我这次把我爸爸给我的300块补习费都买了化妆品，回到学校后，我才醒悟过来，钱花光了，看到那些东西，我很烦，我很想把它退了，把我的钱要回来，但这是不可能的。（哭泣）我觉得很对不起我的爸爸，他很辛苦，我不应该这样，我总是这样，我很想改，但是我不知道我可不可以改正过来。”

（沉默）

辅导者：“你刚才说了你总是这样，你知道这是不对的，但你怀疑自己能改过来的能力。”

“以前我买了没用的东西回来后，我都告诉自己以后不要这样了，后悔过后一段时间，我就慢慢淡忘了，特别是当我心情不好，见到别人有漂亮的东西的时候，我想买的感觉就非常强烈，觉得只要我拥有这种东西，我就会很开心，整个人都轻松了，我会忘记自己皮肤黑，我也不会记得我家里没有钱。”

“你是说你想买东西是因为每次拥有东西都令你轻松，令你高兴。”

“买东西是很高兴的，或许对于我来说买东西比东西本身还要重要，因为买回来后，我几乎都是不用的。”

（3）帮助当事人作出选择。

“老师，我应该怎么办呢？我要不要跟我爸爸坦白这件事呢？”

“你自己是怎么考虑的？”

“我不想告诉他，因为我怕他责怪我，同时他肯定很不开心，我妈妈也很伤心。但如果我不告诉他，我会很内疚，并且我怕如果我这次欺骗了他，下次还会欺骗他。所以我很矛盾。”

“我理解你的矛盾与心情，我相信你已经认识到自己的错误了，相对于爸爸的责怪与忍受不诚实后的痛苦，你更愿意承担哪个呢？”

（沉默）

“老师，其实我知道是我错了，我也知道应该怎么做比较好，我来这里是想得到一些支持和鼓励。”

4. 点滴体会

以上是辅导过程中的一些片断，在个案中，当事人是一个高三女孩子，因为一直以来家庭困难，也因为自己没有漂亮的外貌而自卑。购买东西，只是她内心焦虑的一个表现，在咨询过程中，咨询者始终以真诚、积极关注的态度对待来访者，让来访者敢于表达自己真实的内心想法。而在决策上采取了中立的态度，以当事人为中心，相信她可以了解自己，接受自己，进而作出决策，使她对自己的行为负责任。

五、行为干预技术

（一）行为塑造技术

1. 基本理念

斯金纳认为，人类的绝大多数行为都是通过操作性条件作用而形成；行为建立和行为消退的共同规律在于，受到强化的行为得到建立和保持、没有得到强化的行为将自行消失。其中，所谓的“强化”是指在一种刺激情境中动物的某种反应后果有使该反应出现的几率提高的作用。因此，通过强化一些反应而不强化另一些反应，强化愈加接近人们最终所期望的那些反应，就可以塑造行为。由此可见，行为塑造的基本理念在于“一切的行为都是学习而来；从纯心理学的观点来看，行为本身无善恶之分，全由与情境的适应与否而定，且行为是受制于环境因素的；行为的改变依据行为的后果而来；行为本身就是要处理的对象，只要行为改变，不论内在动机感受如何，即完成治疗”。

2. 操作要点

（1）强化对象的选择。

行为塑造是通过强化手段，矫正人的行为，使之逐步接近某种适应性行为模式的强化治疗技术。那么，在行为塑造过程中，如何选择强化的对象？

案例分析：一个四岁的小女孩，聪明而讨人喜欢，但具有不合群的性格特征。进入幼儿园后，她的不合群引起了老师的注意。每当小女孩离开其他小朋友独自一人玩耍时，老师就会主动地走到她的身边表示关注，希望能因此而引导小女孩和其他小朋友一起玩耍。老师的这一关注行为，是否能改善这个小女孩的不合群行为呢？事实上，老师的这种处理方式适得其反，反而带来了恶性循环。原因何在？这就是在行为塑造中，我们需要考虑的一个问题，即强化对象的选择问题。案例中，老师在“小女孩离开其他小朋友独自一人玩耍时”给予的关注，正是在不经意间又一次强化了她的不合群行为。那么，该如何调整？后来，老师改变了强化对象，即“只在她和小朋友们在一起时才关注她，当她离开小朋友想和老师接触时，老师就停止对她的关注”，如此一来，小女孩与别的小朋友在一起的时间明显增加了，她的合群行为得到了合适的强化。

（2）强化相倚原理。

即所谓的“小步子渐进原则”，斯金纳认为只要我们把复杂行为分解成一系列循序渐进的小步骤，精确地安排强化的组合方式，使有机体逐步向目标逼进，学习的过程总会达到成功。

3. 案例分享*

（1）问题概述。

李某，男，16岁，高一学生。李某从小学到初中毕业在学习方面的表现一直都很好，大家都觉得他聪明好学、遵守纪律、与同学关系融洽。李某的父亲是机关干部，母亲是商店营业员，父母对儿子有较高的期望，要求也比较严格。

李某经过努力考入一所重点高中。父母买了一台电脑作为对李某的奖励。从此，李某便玩起了电脑。开始时，李某只会玩一些简单的操作，但他每天放学后便开机练习，没多久就学会了玩电子游戏，并要求父亲买游戏软件。父母原以为这只是李某一时兴起，便答应了他。但李某对玩电子游戏的兴趣越来越大，每天一般都要玩三四个小时才罢休，平时大概从晚饭后的六点钟玩到十点钟，双休日玩的时间会更长些。

逐渐地，李某发现时常来不及完成应做的作业，而且作业的差错越来越多，成绩也不如初中和小学时那样好了。对此，李某很想控制自己，但只要一回家就会不由自主地打开电脑，开了电脑玩起游戏来就不肯罢休，而且还沉浸在对自己玩技的欣赏和得意之中。

一段时间后，李某无节制玩电子游戏的行为产生了一系列后果，主要有：难以完成作业，为了应付交作业而不得不经常熬夜突击或是早晨到校后抄袭别人的；上课注意力不能集中，常打瞌睡，觉得课程和作业变难了；似乎只对电子游戏和电脑感兴趣，对其他重要活动不关心或不投入；尤为严重的是成绩急剧下降。

对上述后果李某深为恐惧，父母的严厉批评，使李某感到压力很大，尽管李某曾有过不再玩的决心，但放学回到家里仍会控制不住自己。最后，李某求助于学校心理辅导员。

（2）问题分析。

心理辅导员与李某进行了数次常规性的交谈，从所得资料分析，李某无其他身心障碍。其间，李某曾表示：我现在已经清楚地感到玩电子游戏影响了学习，这样玩是有害的，爸爸妈妈的批评是完全正确的。这样下去不仅会导致学习落后，还会影响身体健康。我也想改掉这个毛病，但就是不知道该怎样做。不知怎么搞的，我总会鬼使神差地自己去打开电脑玩电子游戏，而

* 本案例来自：王玲编《心理健康教育B证教程》。

且一玩起来就什么都忘了……

分析李某的表述和前面的问题概况，可以看出：

①李某包括学习在内的各方面原有基础都很好，他家的环境条件也不差；

②李某当前的主要问题是无节制地沉迷于玩电子游戏；

③李某主观上已经认识到了自己行为的不良性质及其带来的有害后果；

④李某对自己的不良行为有悔改的决心，但不知道或不能够自己管好自己。

在经过上述分析后，心理辅导员在交谈中帮助李某树立起自己矫正自己问题行为的信心和恒心（如通过内归因的途径），同时把干预的重点放在使李某能够具体地实施自我管理，进而不再沉迷于电子游戏中。当然，其间还应争取家庭和学校的支持，要求李某的家长和有关老师予以积极配合。

(3) 自我管理的干预。

自我管理的干预，在这里主要是设法使李某能自己管好自己。具体做法包括三大环节：

环节一，自己管理自己的准备。

首先，与李某建立起相互信任、相互合作的人际关系，使李某感受到干预者对他的热情和理解。在此基础上充分肯定李某认识到自己行为的不良性质和很想改正的态度，同时让李某知道：改正不良行为有一个过程，需要行为者作出努力并具有耐心；尽管有外界帮助，但任何问题的解决最终决定于行为者本人，决定于行为者愿不愿意并且能不能自己使自己有所改变。

在看到李某作出积极肯定的反应后，为了使他对其后的自我管理的干预安排有足够的心理准备，进一步突出以下几点：

任何一种行为都是可以改变的，不良行为也不例外。只要采取恰当的方法，加上本人坚持不懈的努力，一个人自己就可以改变自己的行为（结合成功案例的介绍来证明）。

行为的改变不可能一蹴而就，总得经历一个过程，就像小孩子进餐从使用调羹改为使用筷子、成人吃西餐时学会使用刀叉等餐具都不是一下子就能学会的，所以对行为改变除了要有信心，还得有耐心和恒心。

把今天面临的问题和困境，如老师批评、父母指责、成绩下降等，与自己玩电子游戏时快意的感受，如掌握游戏技巧、获得游戏高分等相联系，多想想正是当时的这种快意造成了当前的种种痛苦。

不妨多设想自己的问题解决后会出现的令人愉悦的情况，如有更多的时间复习功课、上课精力集中、成绩明显上升、老师表扬、父母欢喜等。

环节二，拟订自我管理计划。

经过与李某几次磋商，对改变他的不良行为作出以下安排：

目标：在三四个月的时间内李某改变自己每天无节制地玩电子游戏三四个小时的行为，最终是每天玩的时间不超过 1 小时。

方法：以塑造和自我强化为主。

塑造时，提出逐级不同的要求：第一步，玩电子游戏不超过 180 分钟。第二步，玩电子游戏不超过 160 分钟。第三步，玩电子游戏不超过 140 分钟。第四步，玩电子游戏不超过 120 分钟。第五步，玩电子游戏不超过 100 分钟。第六步，玩电子游戏不超过 80 分钟。最后是第七步，玩电子游戏不超过 60 分钟。以上塑造的七步，要求能每两周通过一步，共约花 14 周时间。

自我强化的安排是：李某很想买一部 MP4，需 700 元左右，李某自己已经积攒了 400 元，父母也答应了给他 300 元。现在李某决定把这 700 元存入自己的“银行”，并给自己开设了“账户”。李某规定，每天只有达到前述塑造中某一步的要求，他才能从“银行”中提取 5 元记入自己的“账户”。如果一周能连续按某一步的要求去做，则每周额外奖励 15 元。

相关措施：

①指导李某设计一张记录单，如下表所示，记下自己每天玩电子游戏的时间、是否得到了奖励和从“银行”提取存款的总额。

李某的记录单

月	日	星期	要求不超过多少时间（分）	玩了多长时间（分）	能否得到奖励	账户总额

②指导李某在电脑台上放一张卡片，上面写着若干警示性句子，如“准备好记录单”、“准备好计时器（如闹钟）”、“明确今天玩的时间不能超过多长”、“努力获得奖励”等，这样，李某每天打开电脑玩电子游戏之前都会读到。

③不妨建议李某从周一开始按要求去做，因为周六、周日是李某玩电子

游戏时间最多的两天，周一至周五相对容易做到计划行事，这会促使李某在双休日更好地控制自己，以获取因为努力一周而可能得到的15元奖励。

④指导李某经常提醒自己：不按要求去做，尽管只是得不到奖励，但买MP4的时间将拖延下去；要买就得买好的、买称心的，但不按要求坚持到底，即使有点钱也只能买部牌子和质量都一般的。

为此，也不妨启发李某写两句话："争取早日买MP4"、"争取买部好的MP4"，贴在电脑台和书桌边及墙上。

⑤提醒李某减少与其他热衷于玩电子游戏的同学的交往，减少与其他人以电子游戏为主要内容的交谈。

环节三，督察与评价。

自李某开始执行上述计划后，从两方面进行督察与评价。其目的是：使李某的有关认识进一步提高，内心体验进一步增加，良好行为能持之以恒；使李某对矫正自己行为的信心更为坚定，耐心得以保持，恒心愈益巩固。

其中的一方面是由李某进行自我观察、自我监督和自我评价。对此可以：①指导李某利用记录单所提供的资料，每周绘制图表，直观地审视自己行为变化的进程。②指导李某结合记录单和图表，每周写一篇简短的关于自己行为变化的周记，主要谈自己的内心感受、体会和认识。③指导李某编撰"我就是行，做事能拿得起又放得下"，"我真棒，下决心做的事就一定能做到"之类的话语，用这些话对自己的积极变化进行自我表扬。④指导李某编撰"我真那么没出息吗"、"我能让这样的游戏毁了自己吗"之类的话语，在自己不能按要求去做时用这些话进行自我谴责。

另一方面是要求李某的父母、老师和同学从外部给予督察和评价。如要求李某的父母对他的表现和执行情况进行督促和检查，在计划执行的初期尤需注意。若李某能按计划一步步地做，就要及时赞扬，给予包括物质在内的激励；若发现李某不能严格按要求去做，则应及时提醒和督促，甚至批评。

要求老师关心和注意李某上课的精神状态和学习表现。若李某上课精神饱满、成绩进步，就及时给予表扬和肯定；若发现其上课精神萎靡不振、成绩下降，则及时了解情况，并给予必要的批评。

要求李某的一位好同学予以配合，这位同学也是"电脑迷"，但能合理安排自己的时间。请这位同学关心李某，向李某介绍自己是怎样合理安排时间的。

经过三个半月的干预，李某基本达到了预定目标，玩电子游戏的时间能控制在1小时之内，学习有了明显的进步，精神面貌也发生了很大的改观。

（二）代币制

1. 代币制的构成

代币制是由一系列相互联系的要素组成的一个有机的系统，主要包括代币、目标行为、后援强化物、奖惩系统表。代币是直接给予接受治疗儿童期望行为的奖励。它的形式是多种多样的，可以是具体的事物，也可以是标示出来的具体事物的形象。代币可以根据儿童的兴趣、操作的实际情况等来确定。而后援强化物是与代币相联系的具有激励目标行为再次出现的其他刺激物，也就是代币能够换取的东西。后援强化物是代币背后实质的增强物，因此它是具有维持与支援代币而产生增强力量的实际依据，它的形式可以包括消费品、活性的强化物（如看电视、玩电脑）或是一些特权等。后援强化物的明确与否，是否能够引起儿童的兴趣，直接关系着整个代币制的治疗效果。

2. 代币制的实施步骤

第一，确定目标行为。

实施代币制的首要任务，就是要与治疗儿童制定获取代币的行为规范，然后界定目标行为，借助代币的力量矫正与塑造儿童的行为。作为奖励与惩罚的依据，目标行为相应地也包括两个方面，正性的奖励强化行为和负性的惩罚行为两种。目标行为拟定之后，清楚地告知儿童，征得同意后，与儿童签订行为契约，规定好奖励与惩罚的条款，以备依约行事。

第二，用代币约束行为。

确定目标行为以后，就可以用代币对目标行为进行约束。要是代币制的效果显著，就要在代币与目标行为之间建立起一种明确的关系。如果儿童出现了我们所期望的合格行为，则马上给予代币奖励；同样，如果儿童出现了我们所不希望的需要纠正的负性目标行为，我们则给予一定的惩罚，扣除一定数量的代币，这样就可以阻止这种行为的继续发生。

第三，确定并提供代币的后援强化物。

代币是一种次级强化物，对于辅导儿童来说代币本身没有什么价值，它所换来的后援强化物才是真正吸引儿童的刺激物，所以，对于儿童有诱惑力的是代币所表征的后援强化物。代币的作用就在于它能够换取儿童所需要的东西，若代币制的实施没有后援强化物，代币的功效将降低并最终消失。

第四，消除代币。

通过一定时间的强化与矫正，儿童的良好行为由强制到最后形成一种良好的个性习惯，在自然情况下得到了保持，这时，代币制对于儿童的生活行为也就没有了意义。因为，代币制的目的只是为了使儿童养成良好的行为习惯，因此，一旦期望的行为目标得到巩固和保持，我们就要考虑消除代币制。消除代币制的途径包括：

①逐渐减少代币。

对于已巩固或已形成习惯的行为方式，就不再给予代币强化，或是行为出现的频率增加到一定数量才给予代币强化。但不给予代币强化并不意味着目标行为的出现不给予强化，我们可以采取社会孤立的形式对目标行为进行强化，如表扬、鼓励等。

②削弱代币的价值。

换取同样数量后援强化物的代币的数量在行为巩固之后逐渐增加，这样可以逐渐削弱代币在良好行为塑造中的作用。

3. 注意事项

（1）用后援强化物对儿童进行奖励时一定要注意不能完全满足。

（2）代币的价值在制度刚刚建立之初要稳定，获得代币的行为标准不可定得过严。

（3）后援强化物的范围要广，而且要明确、不能含糊。

（4）奖励必须及时。在给予儿童代币奖励时，一定要注意良好的行为一出现就要马上给予奖励。

（5）儿童行为难易程度必须与获得代币的数量相当，难度大的目标行为要多给予一些代币奖励，难度低一些的目标行为少给予一些代币；惩罚亦如此。

4. 案例分享*

我班学生小宁以前做作业很拖拉，做作业时还爱摆弄玩具，而且要家长提醒才做，经常不按时完成作业，但他很爱看课外书。也常因为看课外书而忘了做作业。针对这种情况，上学期我与他的家长取得联系，要家长配合纠正这种不良习惯。我让家长同孩子约法三章，并制作一张能够贴图的纸：一天不用家长提醒自觉完成作业，就给贴上一颗红星，并让他玩半小时玩具；一周内三天自觉完成作业，再给贴上一朵红花，并且周末带他到新华书店看两小时书；一周五天都自觉完成作业，给贴上“小精灵”图案，并让他挑选自己喜爱的一本书；五个“小精灵”换一张自己的照片，寒假可以到父亲上海的公司去参观，并能获得父亲赠送的一套书。经过两个多月的时间，这位学生基本上能自觉完成作业，看书的兴趣也更加浓厚，上学期一篇作文被校

---

* 本案例来自：http：//www. xinli110. com/education/zxzx/200705/26437. html。

刊《七色花》选登，他如愿以偿在寒假去上海游玩了一趟。这学期他还在“做平凡小事，塑美好心灵”征文比赛中获了奖。

值得注意的是，在运用代币制时还必须帮助当事人理解和掌握两方面的规定：

一是目标行为或行为要求与代币或表征系统的关系。

如上例：一天不用家长提醒自觉完成作业，就给贴上一颗红星。

二是代币或表征系统与强化刺激物的关系。

如上例：一颗红星，玩半小时玩具；一朵红花，换得周末到新华书店看两小时书；一个“小精灵”换取自己喜爱的一本书，五个“小精灵”换得游一趟上海和一套书。而三颗红星换一朵红花，连续五颗红星换一个“小精灵”，五个“小精灵”换一张自己的照片。这被称为“强化菜单”。

因此，根据这两点拟定“行为代币价值表”和拟定“代币交换系统”（即“强化菜单”）是非常重要的。

又如，我的学生小飞，中午在学校就餐。家长下午5：30下班，但他在4点钟放学后有时在路上游荡到家长下班时回家，即使按时回家也不做作业，而是等到晚饭后家长再三催促才肯动笔。家长和学生在我的指导下拟定了“行为代币价值表”，又根据该生所喜欢和选择的强化物拟定了“代币交换系统”。

表1－1　行为代币价值表

我的表现	获得代币	备注
放学按时回家	蓝星	每天晚上8：00交换代币： 2颗蓝星换1颗黄星，2颗黄星换1颗绿星 3颗绿星换1颗红星，5颗红星换1朵红花
在家长回家前开始做作业	黄星	
不用家长提醒就自觉完成作业	绿星	

表1－2　代币交换系统

我选择的活动	所需代币	备注
看15分钟动画片	1颗蓝星	①实施时间：2003年4月2日至30日。 ②执行代币制期间，避免发生打骂现象。 ③我和妈妈同意代币制表中的内容。 签名：____（子女）____（家长）
看半小时动画片	1颗黄星	
玩喜爱的玩具	1颗绿星	
周末可以踢球或去公园玩	1颗红星	
去外婆家玩（外婆家在灵昆）	1朵红花	

现在，该学生有了明显的转变，在此方案实施的两个星期后，他基本能

按时回家。一个月后，回家基本上能自觉地做作业，而且，他对数学也产生了浓厚的兴趣，在该学期的数学奥林匹克选拔赛中取得了较好的成绩。

六、理性情绪疗法

（一）基本理念

艾利斯的认知治疗理论也称为ABC理论，A代表诱发事件；B代表信念，是指人对A的信念、认知、评价或看法；C代表结果，即症状。艾利斯认为并非诱发事件A直接引起症状C，A与C之间还有中介因素在起作用，这个中介因素是人对A的信念、认知、评价或看法，即信念B。艾利斯认为人极少能够纯粹客观地知觉经验A，总是带着或根据大量的已有信念、期待、价值观、意愿、欲求、动机、偏好等来经验A。因此，对A的经验总是主观的，因人而异的，同样的A会因不同的人引起不同的C，主要是因为他们的信念有差别即B不同。换言之，事件本身的刺激情境并非引起情绪反应的直接原因，个人对刺激情境的认知解释和评价才是引起情绪反应的直接原因。

艾利斯的非理性信念可概括为以下十一种：

①每个人绝对要获得环境周围的人尤其是每一位生活中重要人物的喜爱和赞许。

②个人有价值与否，在于他是否全能，是否在人生中每个环节都有成就。

③世界上有些人很邪恶、很可憎，是坏人，故此应该对他们严厉谴责并施予惩罚。

④当事情不如己意的时候，实在可怕，也的确悲惨。

⑤要面对人生中的困难和责任，实在不容易，倒不如逃避来得省事些。

⑥人的不愉快是由于外在因素所造成的，所以人实在是无法控制自己的痛苦和困扰的。

⑦对于危险和可怕的事物，人应该非常关心，要不断作出关注和思考，而且要随时留意到它可能会再发生。

⑧一个人的过往经历往往决定了现今的行为，而且是永远不可改变的事。

⑨一个人总需要依赖他人，同时也需要一个较自己强而有力的人来让自己有所依附。

⑩一个人应该关心他人的问题，也为他人的问题而悲伤难过。

⑪人生中每个问题，总会有一个精确的答案，一旦得不到答案，就会很痛苦。

（二）操作过程

1. 教导ABC观念

在这一阶段首先设法让当事人领会“不同的人对同样一件事情会有不同

的感觉”；从而使当事人感悟人的观点、信念和人生哲学在引发其情绪和行为反应过程中所起的重要作用，使其认识到信念 B 是引起情绪与行为 C 的直接原因；继而协助当事人分辨理性想法与非理性想法，即找出造成情绪与行为障碍的不合理信念，帮助当事人认识到，如果某些想法是不合理的，就是可以放弃的，只有改变自己的不合理的信念，才能消除情绪障碍。

2. 修通

第一步，驳斥。这是对当事人存在的不合理信念进行讨论或辩论的阶段。这时辅导者主要采用辩论的方法动摇当事人的不合理信念，使他们认识到那些不合理信念是不现实、不合逻辑的，也是没有根据的。

第二步，实证上的分析。从实际生活中寻找证据，加以分析，以进一步驳斥个人的非理性想法。关键之处在于让当事人区分事实、意见、推论、假设之间的不同，并领悟个人的想法及概念不一定是真实的。如当事人的想法：“同学们不理我，就是张老师看不起我。”在这个想法中，“同学们不理我”是“真实事件”，而“张老师看不起我”则是当事人的感受，是无法证明的事情，但是当事人却已经将一个想象的东西当成确凿事件的前提。

第三步，理性的自我陈述。辅导者可通过一些示范，帮助当事人建立新的理性想法。

如目前的困境：“因为考试考砸（A），所以我不开心（C）。”

转换方法：情境不变，结果改为相反词。“因为”置后，补充完整。寻找（B）转换结果：“考试考砸了，我仍然开心，因为……”

3. 再教育

这是巩固辅导效果并结束辅导的阶段。这时辅导者往往以布置家庭作业的方式帮助当事人巩固在辅导过程中所学到的东西，以便能更熟练地采用合理的方式去思考问题，使其在脱离辅导情境之后能更合理地生活，更少地受不合理信念的困扰。

（三）案例分享*

1. 基本情况

小民，高三级理科班学生，初中时成绩很优秀，是班长，虽然当时也对自己的外貌不满意，但因成绩优秀，同学处处投来羡慕的眼光而没有过度自

* 本案例作者：黄银坚（江门市新会华侨中学）。

卑，但上了高中，在高手如云的学校里，成绩并不突出，自卑心态严重，对整个世界的看法也很悲观，认为世界上到处都是坏人，好人很难在世界上生存下去，高中以前，一直和弟弟以及婆婆生活，独立性很强，现在可以和爸妈一起生活了，可是感觉他们对自己不够关心，同时也认为周围的人都很冷漠。

2. 来访者自述

我总是容易因一些生活小事而情绪波动，心情不好的时候，又无法集中精力来学习，一些很小的事情我也会生气两三天。前段时间因为头痛严重，去医院看病，医生诊断是神经衰弱，开了一些药，也吃了一段时间，但自己认为药物副作用大，便停药了。近段时间情绪好了一些，但总感觉特别自卑，感到压力很大，但我可以肯定，这种压力不是来源于学习，而是来自人际关系，有什么话也不愿意和朋友谈，对于整个社会的看法都是消极的、灰暗的。

我自小并不和爸妈一起生活，独立性很强，什么事情都是自己做决定的。有过很辉煌的初中生活，当过班长，甚至还当过节目主持人，成绩也不错，直到现在，初中的同学还称呼自己为“老大”。上了高中后，我终于能和爸妈在一起生活了，但成绩不如意，对世界的看法也越来越消沉。

我不喜欢我的家庭，我觉得他们都没出息，都是自毁前途的人。我的叔叔、姑姑以及爸爸都是赌鬼，很多时候，爸爸为了有更多时间参与赌博，可以把很多的大生意都推掉（家里是开店的），我的叔叔也很好赌，本来好好的家庭就因赌博而毁了。我从小跟叔叔关系很恶劣，因为从小时候开始叔叔就总是看不起我，认为我样子长得丑，认为我没出息，为此我很自卑，因为发现自己确实长得很丑，还总是认为，即使我再努力，也改变不了长得丑的事实，我再有能力，也无济于事。

3. 问题分析与诊断

（1）家庭环境。

小民自小不在父母身边生活，一直由婆婆来照顾他，婆婆给予他的关心也仅仅是吃得饱穿得暖，父母生意上的繁忙也使他渴望得到爱和关心的心理得不到满足，可以说，他的童年缺乏爱，这样的童年是很不愉快的，悲观的心态逐渐产生并滋长。

童年的时候，住在乡下，只有年老的婆婆照顾，爸妈不在身边，经常受到其他小朋友的欺负，给他起外号，甚至打他，这些他都不敢告诉婆婆，也没告诉爸妈，因为即使告诉了他们，他们也帮不了什么，也不太关心他。因此，他的童年处在担惊受怕的状态中，安全感未能建立好，影响到他日后情绪的稳定性，而这种容易紧张与不安的心理也持续并贯穿了整个青少年期。

（2）成长经历。

小时候，一直和弟弟、婆婆住在乡下。大概四五岁的时候，有一次自己不小心掉进一口井里，当时很害怕，用手紧紧抓住井沿，但没有足够的力气爬出井口，这个时候，他大声地呼喊救命，一直没有人经过，后来有一个人走过来了，听到他的呼救声，回头望了他一眼，居然没伸出手把他救出，就一声不吭地走了，最后，他还是靠自己的力量摆脱了这种困境，而当他跟父母说这件事时，父母却不以为然，并没有及时抚慰他受了惊吓和伤害的心灵。这件事，留给他很深的印象，从此，他感觉这个世界是灰暗的，好人不存在。

小民生活在一个缺乏爱的家庭当中，被尊重与被爱的需求得不到满足，父母对他关心度不够慢慢地也影响到他与其他人交往的方式：冷漠。小时候痛苦的成长经历，他在井里孤独无助、路人又无动于衷，造成他很大的心理阴影，父母关心不足、邻居冷漠无情，身陷绝境却无人相助……他消极看待世界、悲观厌世的心态慢慢地形成了，遇事习惯往坏处想，思想较偏激。

4. 辅导过程

小民长得高高大大的，五官端正，皮肤偏黑，头发微卷，长相虽不出众但绝不是他自己想象的“丑”，而在辅导过程中，他自己也多次提到从小就有不少的同学、朋友、亲戚评价他“猥琐”，为此他很不能悦纳自我，另外，他对整个世界的看法也是悲观的，认为周围的人都很冷漠。

第一次辅导，我和小民一起制定了辅导的目标：第一，引导小民挖掘出少年阶段或者更早时期不愉快的体验，这些不愉快的体验隐藏在潜意识当中，使到这些潜意识能够上升到意识的层面，最终小民能直面这些孩提时候的伤痛，这是解决问题的根本；第二，帮助小民认识到自己消极看待世界、消沉悲观是由童年不愉快经历引起的，用“认知疗法”引导小民认识到问题存在的客观性，同时，对他的某些观点进行辩驳，改变小民的认知，让他懂得换个角度来思考问题，坦然地面对孩提时的伤痛，能看到生活积极的一面，逐渐培养他乐观积极向上的生活态度。辅导主要分三阶段来进行：第一阶段：消除紧张，敞开心扉；第二阶段：重新体验，抚平伤痛；第三阶段：乐观面对，走上正轨，以下是具体的咨询过程。

第一阶段：消除紧张，敞开心扉。

在辅导的最初阶段，小民显得非常紧张，拳头一直是紧握状态，讲到激动处，整个身体都在颤抖，尤其手抖动得厉害，但他思路非常清晰。考虑到他比较紧张，我先向他介绍了一些放松的方法，并且在辅导现场进行了简单的“深呼吸放松法”，待他放松平静后，再继续进行辅导。

辅导者：现在感觉舒服多了吧？

小民：嗯，好多了。

辅导者：平时你感觉自己很激动很紧张的时候，也可以像今天这样，做一些深呼吸，使自己平静下来，好吗？

小民：好的。我会的。

辅导者：今天你过来心理咨询室，想和老师一起分享一些什么呢？

小民：我鼓起了很大的勇气才踏进心理咨询室这扇门，但现在又不知道该不该跟你谈我的事。

辅导者：你发现自己存在一些心理困惑，并且能够主动来寻求老师的帮助，本身就是一种进步，你比起其他同学，已经做得很好了。（同时向其点头以示鼓励）

小民：（停了一下）……我很自卑，我觉得自己低人一等，周围的人都不好，好人在世界上没有立足之地，所以，我不相信有好人。

在取得小民的信任之后，他终于开始敞开心扉畅谈他的事情，他的家庭。第一次辅导完后，我给小民布置一项作业：静下心来审视一下自己的家庭系统，哪方面对你的成长是有帮助的，哪方面不利于你的成长。

第二阶段：重新体验，抚平伤痛。

小民第二次来辅导时，自我报告说已经完成了作业，并且说讨厌自己的家庭系统，不喜欢家里的亲戚。

辅导者：能跟老师具体谈谈你的家庭吗？

小民：可以的。我讨厌他们。

辅导者：嗯嗯……可以告诉老师，你为什么讨厌他们吗？

小民：我觉得他们都没出息，整天只想到去赌博，输了好多钱，好端端的家都被毁了。爸爸会因为赶时间去参与赌博而把大生意都推了。而叔叔姑姑他们也是这样的，我讨厌他们。

辅导者：嗯。老师很能理解你的感受，你因爸爸总是赌博而不长进感到失望，是这样吗？

小民：是的。我发誓要靠自己的能力，做个有出息的人，不让别人瞧不起！

辅导者：老师也相信你是一个很有能力的人，你将来会有出息的。

小民：可是，我发现自己在学习的时候经常集中不了注意力，情绪容易低落，而且我发现，自己看待世界的角度总是很消极的，这个世界上好人没有立足之地。

辅导者：那你是什么时候开始发现自己这么消极地看待这个世界的呢？

小民：从小的时候一直就是这样了，现在这个想法越来越严重，感到周围的人太冷漠了。

辅导者：你说的“从小的时候”具体是小到什么时候呢？

小民：上幼儿园开始，就有这样的想法了。

辅导者：哦，那你这样悲观地面对世界的看法一直影响着你的成长咯。能跟老师谈谈幼儿园的时候的一些事情吗？没关系的，你想到什么就谈什么，好吗？

小民：（有点紧张）好的。我的童年很孤独，爸妈都很忙，只有婆婆照顾我。

辅导者：能跟老师谈谈你的童年，你的小时候吗？

小民：我小时候爸妈不怎么关心我，我经常一个人在外面玩，玩到天黑了就回去，我记得我刚上幼儿园的时候，发生过一件至今仍然刻骨铭心的事情。

辅导者：嗯，什么事情呢？

小民：我记得那一天，是在中午的时候，我一个人在外面玩，不小心掉进了一口井里，当时害怕极了，拼命地喊救命，但好久都没人路过。好不容易来了一个人，但这人只看了我一眼，没有伸手拉我一把，就走了。后来，我还是靠自己的力量爬出了那口井。

辅导者：你认为这件事给你带来了什么影响呢？

小民：从那次开始，我特别讨厌这个人，那个人是我的一个邻居，我讨厌他，见死不救，简单地伸手拉一拉都不帮忙一下，这些人是冷血动物，我周围的人都是这样冷漠无情的。

辅导进行到这里，问题已经逐渐明朗。小民小时候不慎落井的事情对他造成很大的心理阴影，因当时村里没人路过，即使有人路过，也不帮忙，使其产生了这样一种观念：邻居是冷酷无情的，人也是冷酷无情的，这个世界就是这么现实。原因明确之后，辅导进入到“辩驳”的阶段，以下是“辩驳”的过程：

辅导者：既然这件事给你带来了很大的影响，现在我们重新来分析一下这件事，好吗？

小民：好的。

辅导者：距这件事发生到现在，已经有十多年的时间了，有没有想过当时这位邻居为什么没向你伸出救助之手呢？

小民：因为他太绝情太冷漠。

辅导者：在他面前，你是一个很弱小很需要帮助的小生命，他用得着对你这么绝情这么冷漠吗？

小民：……

辅导者：我们一起来分析一下，看有没有其他的原因，这样好不好？

小民：哦……

辅导者：你不小心掉进井里面，很久都没有人路过，你双手就一直这样按着井沿，然后出现了一位邻居，你确信他看到你了吗？

小民：我记得他望了我一眼，就掉头走了。

辅导者：当时你才四岁，还很小，可能确实是有个人经过，但不一定那个人看到了你，他那个回头，有可能是无意识的，根本没发现井里面的你。你认为呢？

小民：……

辅导者：我们再假设他真的看到了井里面的你，他为什么没有伸出救助之手呢？有可能此人正有更紧急的事情要做；也有可能，他看到你的处境，认为你完全有能力自己爬出来；也有可能，他离开，是因为他经过判断，感觉自己救不了你，要跑去喊其他更有能力救你的人，但是还没等到救助过来，你已经爬出来回家了……

小民：……嗯，你说的也不是没可能。

随后，我和小民继续就这个问题进行了讨论，小民也开始慢慢地接受了我的想法，对落井没人救助事件的想法也没有开始那么偏激了，慢慢能接受这件事情的合理化解释。通过认知干预，小民开始尝试从正面的角度来分析问题，进而缓解其消极看待世界的想法。

第三阶段：乐观面对，走上正轨。

在这一阶段，我和小民共同探讨社会上一些热点问题，并一起交换思想。针对热点问题“大学生救人遇溺，渔夫见死不救”进行讨论，引导他看到社会正面的、积极的一面，十多名不懂水性的大学生积极营救溺水少年，这是一种正面的力量，而事实上，渔夫也参与了救助，并不是外界传的“见死不救”，足可证明社会主流思想还是积极的、正面的，引导小民用真、善、美的目光来看待这个世界。

考虑到小民对自己的长相不自信，我与他一起进行了“辩驳”。小民也慢慢摆脱了“长得不好一定没出息”的固有思维。下一次来辅导的时候，他剪短了头发，换了一种发型，整个人清爽多了，神气了不少，我及时地赞美了他，他显得很开心，比以前更有自信了。在人际关系方面，我也鼓励他主动地跟同学交往与沟通，提醒他，要想别人真心对待自己，自己首先要做到真心对待别人，遇事要多方面多角度地看问题。

最后一次来辅导的时候，小民兴奋地跟我说：“老师，我给自己确定了目标，我会努力，会坚持的，我也发现周围的同学还挺乐于助人的，我也会乐于帮助他们！我要做回从前优秀的自己。”我再次祝贺他，希望他能成功。

第二节　学困生现象概述

一、学困生问题概述

在今天的中小学里，学困生现象有增无减，而且研究表明跟不上学业的儿童随着年级的递升而递增。国内外调查资料表明学习困难的筛出率是8.76%～31.62%。北京教科院学习障碍研究中心副主任、副研究员谢春风在“教师眼里的学习困难生的调查”中指出：“31.3%的教师认为：‘班里有10%的学生难教’；27.8%的教师认为：‘目前自己班里有20%以上的学生难教’；13.7%的教师认为：‘班里有30%的学生难教’。”成功地转化学困生，使其摆脱困扰，学习上出现转机，可以为他们的全面发展奠定基础；成功地转化学困生，也使他们所在班级中的每一个学生在与学困生的相处中学会合作、学会关心、学会共同生活，共同把班集体打造成一个平等友爱、团结和谐的大家庭。这对全体学生的生存能力、互相适应是一个考验，对他们素质的提高大有好处；再者，成功地转化学困生，还能使学校领导与教师在实施素质教育的战略转移中找到新的着力点，在面向全体学生中真正实现自己的价值，完成基础教育为全体学生打下良好基础的根本任务。因此，系统、深入地对学困生问题进行研究，探索一套成功转化学困生的方法，具有现实意义，并将产生深远的影响。

1. “学困生”的界定

美国学习障碍联合会对“学习障碍”的定义是：“学习障碍是指由不同原

因导致的失常，它包括不同缺陷类别的群体。这种障碍在获得与应用听、说、读、写、推理或数学能力上有明显的困难。一般推测这是由于个体内在中枢神经系统的功能异常所引起；在人的一生中，任何时候都有可能发生。学习障碍或许存在行为控制、社会知觉及社会互动的问题，但这些并不是构成缺陷的主要原因。虽然学习障碍有可能与其他的障碍状况（感觉损伤、智能不足、严重情绪困扰）同时存在，或受一些外在因素影响（例如文化差异、文化刺激不足或不当教学），但它却非由前述状况或影响所直接促成。”

日本的辰野千寿认为，学习困难是指这样的情况：有的儿童虽然智力一般，感觉器官和运动功能也没有困难，环境方面也不存在问题，但却出现视觉或听觉上的知觉困难，注意范围狭小，持久性也短，活动水平异常高，容易冲动，反应过敏，心神不定，所以在学习上（如读、写、算等）成绩不佳。一般认为，这是由脑机能的轻微障碍所造成的。这个定义更多地强调了知觉和注意力方面的问题。

国内教育工作者对学习困难生使用得最多的一个称谓是“差生”，其含义很不统一。一般而言，人们分别侧重于从三个方面去界定这个概念。一是学习成绩差：“差生是指学业成绩不及格或虽有及格科目，但是勉强及格的学生。这种学生的不幸，就在于他们经常遇到学业上的失败。”二是学习能力差：“所谓差生，是指那些比其他学生要花费更多时间和精力才能勉强掌握知识和技能的学生。”三是成绩、品行双差：“所谓差生，就是指按照学生守则的要求，在政治表现和道德修养方面未能达到合格的标准；按照教学大纲的要求，在基础知识与基本技能的掌握运用上未能达到及格的标准；在就业准备上缺乏应有的训练和能力。而学习成绩的优劣是衡量优生和差生的主要尺度。”

上海的“初中学习困难生教育研究”课题组曾使用“学习困难”这个概念。他们认为，所谓学习困难生，指的是智力正常，但学习效果低下，达不到国家规定的教学大纲要求的学生。这个定义大致包括这样的一些含义：第一，学习成绩长期而稳定地达不到教学大纲所要求的水平，是学习困难生显著而主要的标志。第二，学习困难生身心生长发育正常。第三，学习困难生之间是有差异的。如不同个体产生学习困难的原因是不同的，有的可能是外部因素为主，有的可能是内部因素为主；不同个体学习困难的表现形式和结果是不同的；不同学习困难生转化的条件也是不同的，等等。

2. 学习困难问题的研究成果

大体有神经心理学、智力结构、认知、行为特征、个性和社会性特征、情绪情感等方面。

（1）在神经心理学方面，研究发现，与正常儿童相比学习困难儿童有不同程度的神经心理缺陷，如解决问题、言语理解和长时记忆等缺陷。

（2）在智力结构方面，研究表明，儿童学习成绩与智力水平和智力结构都有密切关系，且智商和智力结构有较好的长期稳定性。但也有研究表明，智力在学生学习生活中的作用不是绝对的，很多学困生的智力正常，造成其学习成绩低下的原因是非智力因素。

（3）在认知方面，研究表明，学习困难学生的知识是零散的，其知识结构是无序的。他们更注重浅表加工，忽略隐含在课文中的程序性知识和情景性知识。另外，小学生数学问题解决能力与空间表象操作能力有密切关系。在表征上，学困生与学优生表征策略不同，在变量关系的表征上，一般学困生采用直译策略，学优生采用问题模式策略，元认知监控技能对解决比较问题的成绩有显著的预测作用。但是，学困生的元认知整体水平显著落后于一般学生，元认知的知识精确性和认知的调节能力都比较差，不能有效地掌握学习策略，不能调整自己的学习方式，不能学完回顾反思，不能把注意力集中于当前活动任务、活动情景上，面临新问题情境时表现欠佳，主要是策略的发现和运用上不如正常儿童，在使用和调整策略上需要更多的心理资源，一般不能主动而有效地运用、调整策略。但是，学习不良儿童在认知能力上具有“多病源”特征，即学习不良儿童并非在所有的认知能力上都有缺陷。就像学习不良儿童并不是在每门学科或每个基本知识、技能上都有问题一样。他们一般在一个或几个认知能力上有缺陷，而在其他的认知能力上无缺陷，属于正常甚至中等水平。

（4）在行为特征上，学习困难儿童与非学习困难儿童相比存在明显的问题行为，如被压迫感、孤独感倾向、学习热情缺乏、成熟欲求缺乏。学习困难儿童相对于非学习困难同伴社会技能低下，如学习、活动技能低下，社交能力低下。

（5）在个性和社会性特征的研究中发现：学习不良儿童的自我概念的发展远远落后，且性别差异十分显著（女孩自我概念发展水平略高于男孩）。对学业成功与否的归因第一位不是能力而是兴趣。适应性好的学生，在学习方面的正性意义事件多，并且多数着眼于学习过程的兴趣。例如：上某一门有趣的课，做出某一道难题等。但是学习不良学生较少把学习成败解释为内部原因，部分认为学习成败与学习不认真有关。

（6）在情绪情感方面，学困生的高焦虑者和低焦虑者明显多于学优生。

二、案例分享*

学困生是学生中的弱势群体，在这类学生中，“动力型”学困生所占比例最多，他们在学习态度、动机、意志以及自我意识方面存在较多障碍，他们的能力更多的是被动机抑制。他们在学习上缺乏动力的原因来自外因与内因。外因来源于学校、家庭的环境因素及教师、家长影响的外部因素；而内因，则是学生自我意识不强，缺乏自我效能感，在学业的起始阶段就屡遭失败，形成自卑感、依赖性，导致厌学、恐学，成为“学困生”。如何调动他们的积极性，帮助他们树立积极的自我概念，激发他们的学习动机，是这类学生教育的关键问题。

那么什么是动力?《现代汉语词典》解释为：“比喻推动工作、事业等前进和发展的力量。”“动力型”学困生指的是智力基本没有偏常，然而学习上缺乏前进的力量，学习态度、动机、意志以及自我意识等方面存在较多障碍的学习困难生。

在我教学的三年（3）班中，小贤同学从一年级开始就是一名令人头痛的学生，上课不认真，扰乱课堂纪律，学习成绩也一直不太好。我在辅导小贤的过程中，通过课堂行为分析、作业错误分析、能力诊断分析，诊断出他属于“动力型”学困生。同时抓住外在因素（家庭环境特点）及内在因素（学生心理特点）为突破口进行心理辅导，寻找他形成学困生心理困惑的诱因，归类出他的以下几个表现：“散”——表现为上课注意力涣散，爱做小动作，对自己要求不高；“懒”——表现为不按时完成作业，该做的事不用心去做，有叛逆行为等。在实施个案辅导时，我运用各种心理理论有计划地进行，根据学生的认知偏差，运用强化理论、成功归因理论等，摸索出一些针对性、操作性较强的辅导策略，如闯关活动、“契约合同”法等。

---

* 本案例作者：陈云穗（广州市铁路第一小学）。

（一）多方诊断研究，确定个案

1. 课堂行为分析（见下表）

课堂行为分析综合表

	个案表现	原因
对老师讲课的反应	1. 对老师的讲课毫无反应 2. 老是只顾自己玩，做小动作	1. 有些难点的地方听不懂 2. 注意力不集中
做课堂作业的表现	1. 随便乱做一遍，错误很多 2. 动作慢，一有难题就停下来	1. 反正不想做，想也想不出来，没听懂 2. 对知识一知半解，难做的地方懒得想
不安定的课堂表现	1. 自己做小动作，骚扰邻座 2. 随声附和，不动脑筋	自控能力差
回答问题的表现	回答语无伦次，发言不得要领	没有理解难点，口头表达能力差

2. 作业错误分析

小贤在做作业过程中，总会犯这样那样的错误。分析其作业错误的原因有以下几点：①学习目标不明确，学习习惯不好；②记忆力不强，辨析能力差；③依赖性强，独立完成的不多；④意志品质不佳，一遇难题就打退堂鼓。

3. 能力诊断分析

(1) 阅读能力分析：该生的词汇遗忘较突出，记忆力不强，遗忘的速度快；阅读慢，知觉信息能力弱，其信息编码、组织能力差。

(2) 言语能力分析：小贤不存在口吃的生理问题，但经常不能有条理地陈述一件事，不能将句子组成一个意群；说话不连贯；不能理解抽象词；理解词义狭窄；不能连贯、完整地讲述一个故事，课堂上正式表达时常常语无伦次。

（二）归因分类研究，确立方案

小学中低年级“动力型”学困生在学习上缺乏动力，产生心理困惑的诱因可分为两种，一种是外在的，即学校、家庭等环境的变化而产生的。如案例中的小贤，从小经历了母亲早亡，父亲下落不明，只有外公外婆抚养等，在他看来是有重大感情缺失的家庭环境，失去了对别人的信任，这种孤寂感、无助感是他在学习上缺乏动力的直接原因。他的心理问题颇值得我们关注，因为外在变故是现实无法改变的，它的存在就像一个个“堡垒”——需要“攻坚战”。另一种产生心理困惑的诱因来自心理方面，如动机、兴趣、情感、情绪、意志等。小贤学前阶段，其家庭由于经济、文化素养等方面的缺乏，不能给予他适当的启蒙教育，导致他进入小学后在学习上得到的都是否定的评价，因此产生了强烈的自卑感，将自己成绩不理想、作业做不出来归因为内部稳定的、不可控的原因，即自己脑子笨，在自卑心理的作用下，他对自己的评价很低，学习也因此失去了动力。而且小贤还存在着依赖心理，在家做作业一刻都离不开婆婆的监督和帮助，无法独立完成作业，无法自觉听讲。以上几种心理——自卑心理、逆反心理、依赖心理等，都使他对学习失去了动力。

1. 提出干预方案

（1）制定干预目标：经诊断发现，个案中的小贤同学上课都在做小动作，注意力不集中，其作业中错别字偏多，或根本不看题意，随便乱做，故对其提出要求：

① 上课精神集中，专心听课。

② 阅读课文要认识生字词。

③ 独立完成作业，字迹端正，不写错别字。

（2）具体拟定以下措施：

① 个别谈话，以增强信心。

② 学会倾听学习习惯辅导。

③在体育课上让其做小班长，体验成功。

2. 实施个案辅导

（1）摸清原因，针对缺陷，进行个别补救教学。如在语文学习上困难较为突出，就专门为他进行个别补救教学。以听写为突破口，先抄写两遍，再听写一遍，听写的当场批改，当场反馈。在后来的“闯关五项”中，都分别给予“闯关”的热身活动，如在小练笔时，先让其口头写作，再列好提纲，并提供一些好词好句，这样练笔时就不会无从下手了。

（2）真诚沟通。沟通是心理辅导的主要渠道，在师生沟通中，全面、客观地了解、评价学生，以激励的语言树立其信心；除此之外，我与小贤的家长也进行过多次的沟通，了解全面情况，达成共识，携手合作激起学生的内驱力。如有一次小贤自己做好了一篇阅读理解，没有错误，我就借机鼓励他：“每次通过认真思考做出了难题，你都可以作自我表扬。下次遇到难题时，你就会鼓励自己：‘再想想吧，我会做出来的，上次不是做出来了吗？我是聪明的。’慢慢地，你就会变得越来越聪明。当然，这需要一个过程，关键是自己要有自信心，把‘笨脑子’这种不合理的想法扔到太平洋去吧！”适时引导孩子正确归因，树立学习自信心。

3. 根据外在因素（家庭教育原因）及内在因素（心理原因），抓住个案在学习上缺乏动力的原因进行心理辅导

在个案辅导中，我发现小贤正是因为从小缺失父母的关爱而出现心理问题的。这种隔代养育的家庭的教育存在着一个弊端，那就是过分宠爱，因为父母都不在身边，不给他更多的爱作为补偿怎么行？于是凡是家长能代办的都办了，因此孩子在长期的包办中学会了依赖，这种依赖的心理导致了孩子在思维上的惰性，在行动上的惰性。我与其家长沟通让其改变家庭教育观，并让孩子克服过度依赖性的弱点；更关键的是树立他的自信心，教会孩子正确评价自己并在取得一点点成绩时及时给予表扬和鼓励；在孩子独立地办一些事情的时候，给予指导和帮助，为孩子的成功创造条件。

4. 挖掘潜能，让闪光点亮起来，体验成功

在研究过程中，用上“望远镜”淡化学生的缺点，用上“放大镜”强化学生的优点，让学生在某个领域展现出色的才华，获得越来越多的自信。小贤在学习上、行为上都有许多缺点，但他在体育方面却有自己的特长，喜欢跑步、锻炼身体。我就和体育老师商量，让他做体育科长，让班里的同学们认识他的这个优点，愿意去肯定小贤，结果他体验到了成功，体验到了学习的动力，也促进了下一阶段辅导的“良性循环”。

（三）深入个案辅导，形成策略

1. 进行专项训练

“动力型”学困生上课表现的特点，就是注意力不集中、记忆力差，因此在学习过程中落在了别人的后面。在辅导过程中，我对小贤进行了注意力的心理训练和记忆力的训练，激发其学习动机，培养其意志品质。

2. 正确归因，改变认知

“动力型”学困生因为对自己的评价不高，而产生自卑心理，感觉学习索然无味，常觉得自己“脑子笨”，这就可以运用韦纳的归因理论去辅导。小贤总是将考试成绩不理想、作业做不了归因为内部的、稳定的、不可控制的原因：自己脑子笨。而没有将之归因为外部的、可控制的因素：自己努力的程度不够。我运用倾听、复述和面质等方法，引导小贤冷静客观地分析成绩不理想的真正原因：由于平时遇到难题就不做了，使得他没有掌握好知识，思

考分析能力越来越差，而“脑子笨”这个错误归因又导致他放弃了努力。通过对他进行认知矫正，帮助他学会积极暗示，培养他的自信心。

3.“闯关计划”

“闯关计划”是在辅导过程中设计的“合同式”的责任状，更确切地说是行为改变计划。分解学习的远景目标时，就把它分成若干“关”，让学生去“闯一闯”。针对小贤语文学科存在的问题，设计了以下五点：听写、背诵、阅读训练、口语交际训练、练笔。每次累加，闯关次数完成率为70%，就算是成功了。完成率70%也是几经商讨才确定的，因为他平时成绩都在60分左右，定在70%，就进了一小步。最后还让他郑重其事地签上名，以增强责任感。

经过两个学期的辅导，个案研究也取得了一些成效，使小贤同学初步正确地认识了自己，客观地评价自己，在沟通中懂得了正确归因。在行为上有了一些转变，矫正了以往一些不良的学习习惯，上语文课注意力比以前集中了，边听边思考，有时还能举手发言，完成作业的效率也有所提高了。而且在自己特长的领域品尝到了成功的喜悦，增强了自信心，开始表现出积极向上的学习态度。

在研究中我发现个案辅导不是一蹴而就的，它具有反复性，有时虽然有所转变却又会出现反复，显然个案研究是十分艰苦的，也无法一下子取得一些大的成效。这也是个案辅导的艰巨性所在，我将继续为取得更好的辅导效果而努力。

第二章 学业问题及其干预

第一节 学习动机探析

一、学习动机

（一）学习动机的内涵

学习动机是指引起个体的学习行为，维持这种学习行为，并使这种学习行为朝向某一目标进行的一种心理状态。

（二）学习动机的类型

1. 内部动机和外部动机

内部动机指个体对所从事的活动本身有兴趣而产生的动机。这种活动能使个体获得满足，也是对个体的一种奖励和报酬。个体从事这种活动时不需外力作用的推动。美国哈佛大学心理学教授布鲁纳指出，内部动机是由三种内驱力引起的，其一是好奇的内驱力，即求知欲；其二是好胜的内驱力，即求成欲；其三是互惠的内驱力，即需要和睦共处协作活动。比如学生发自内心地喜欢数学，每天勤做数学题是为了得到正确答案，从而获得一种内心的满足感。

外部动机是由个体所从事的活动以外的刺激诱发而产生的动机。这种活动本身并不能给个体带来直接的满足，但通过这种活动却可以得到另外一种或另外多种效应，这种效应也就是活动以外的刺激。比如学生为了得到奖金、奖品或避免父母的惩罚等。

2. 近景性动机和远景性动机

近景性动机是对学习内容的直接兴趣和爱好，以及对学习活动直接结果的追求。如学生常因受老师的精彩演绎、某种奖励等因素的激发而努力学习。这类学习动机比较具体，效果较明显，但作用不稳定，常常不太持久。

远景性动机是与学习的社会意义和个人意义相联系的动机，往往受到社会要求、个人的志向等因素的制约，一般比较抽象，但作用却稳定且持久，不易受偶然因素和情境变化的干扰。

3. 主导性动机和辅助性动机

主导性动机是指在一段时期内或一种活动中，处于支配地位，发挥主导作用的学习动机。它对学习活动的影响强烈而稳定。辅助性动机是指在学习活动中居于从属地位、发挥辅助作用的学习动机，它对学习活动的影响比较微弱且不太稳定。

（三）学习动机与学习

1. 学习动机与学习之间是一种辩证关系

心理学家奥苏贝尔明确指出，学习动机与学习之间是典型的相辅相成的关系，绝非单向性的关系。学习动机可以提高学习效果，而学生收获了知识的体验反过来也会增强学习的动机。

2. 学习动机对学习的影响

（1）学习动机对学习过程的影响。

学习动机影响学习的过程包括以下几个方面：

①加强注意。学生选择什么内容进行学习，学习过程中注意力的集中情况如何，在很大程度上受学习动机的影响。

②降低知觉阈限。学习动机可以动员个体立即对学习做好准备，从而降低学习过程中的知觉阈限，增强识记效果和提高反应速度。例如，课堂教学中教师说：这段教材比较难，大家要认真听；这个公式很重要，一定要记住它；这个问题比较复杂，要好好把握它的因果关系（或推导过程）。这样，就会降低学生的知觉阈限（指引起知觉的最小刺激量），使他们听得真切，看得清晰，懂得透彻，记得牢固。学生做作业或考试时，教师说：时间不多了，大家抓紧时间做。这样的提醒，也会加快他们的反应速度。

③适中的学习动机的再现效果最好。学习动机通过影响回忆和再认的可利用性阈限而影响再现。所谓可利用性阈限是指从认知结构中提取习得的意义的可能性的大小。学习动机可以使可利用性阈限提高或降低。学习动机过强或过弱都会使可利用性阈限提高；学习动机适中会使可利用性阈限降低。在需要回忆时，过分紧张、焦虑或无所谓、精神涣散、不想作出努力，会使回忆或再认的可利用性阈限提高，致使有效提取的可能性降低。例如，考试中越着急越回想不起来就属于这种情况。反之，调动动机使上述因素排除，可利用性阈限降低，提取就会较为顺利。如考试中某道题暂时想不起来怎么做，不要着急，可以先做别的题，过一段时间再做这道题，可能就会做了。这说明动机过强或过弱对回忆和再认都不利，动机适中时效果最好。

④可以提高学习的坚持性。学习动机可以提高学习的坚持性，从而增进

学习效果。有的实验用成就动机强弱不同的被试作比较研究，结果发现，成就动机强的被试比成就动机弱的被试更能坚持学习，学习得更有效果。例如，美国心理学家洛厄尔（E. L. Lowell）选择两组其他条件相同但成就动机强弱不同的大学生作被试，要求他们用一些打乱了的字母去构成普通单词（简单作业）。如用打乱了的 w、t、e、s 构成 west。两组被试的实验结果表明：成就动机强的被试，学习的坚持性好，能够不断进步；而成就动机弱的被试，学习的坚持性差，没有明显的进步。

（2）学习动机对学习效果的影响。

耶克斯与多德森于 1908 年就提出了耶克斯—多德森定律。其要旨是：学习效率先随学习动机水平的升高而升高，到达峰值后学习效率又随学习动机水平的升高而降低，说明适中的学习动机水平学习效率最高。但这种适中的学习动机水平又随学习的复杂程度而变化。对于简单的学习，达到最高学习效率的学习动机水平应适中偏高；对于高度复杂的学习，达到最高学习效率的学习动机水平应适中偏低。

（四）动机理论

1. 本能理论

弗洛伊德主要从本能出发进行阐述。他认为，本能是人的生命和生活中的基本要求、原始冲动和内驱力。它有四个特征：第一，本能的来源是身体状态需要，主要是指身体欠缺什么；第二，本能的目的是消除身体的欠缺并重建内在平衡；第三，本能的对象是指减少或消除身体欠缺的经验和事物，有的对象是固定的（如异性），有的对象则是不断变化的；第四，本能的原动力决定于身体欠缺的程度。接着，弗洛伊德对本能的种类进行了分析，但在其早期和晚些的理论中，持有不同的见解。

在早期，弗洛伊德认为人有两种基本的本能，一种是自我本能，另一种是性本能。自我本能包括吃、喝、排泄等个体生存必不可少的本能，以及害怕危险，保护自我不受伤害的自我本能。性本能也称为力比多（Libido），它的主要作用是繁殖后代、延续种族。

第一次世界大战给人类带来了巨大的灾难，也促使弗洛伊德开始思考是否人性中存在某种侵略本能或自我毁灭本能。在此基础上，他修正了他早期的本能论，提出了生本能和死本能的概念。他认为，自我本能和性本能虽然各有其不同的直接目的，但最后都同样指向生命的生长和增进，所以可以合成一个生的本能，它代表爱和创造的力量。弗洛伊德把生本能提供的能量称为埃罗斯。与生本能相对的概念是死本能，它是有机体返回自己先前无机状态的趋向。死本能是一种破坏力，当它指向个人内部，则表现为自责、自杀或受虐狂等行为；当它指向个人外部，就会产生憎恨、攻击、侵犯和施虐狂等行为。弗洛伊德说：一切生命的目标是死亡。生命过程本身是一种紧张，只有死亡，才能最终解除这种紧张。因此，死本能是人与生俱来的。他把死本能具有的能量称为桑纳托斯。

2. 驱力—诱因理论

心理学家赫尔（Hull，1943）是驱力理论的主要支持者。他认为，机体的需要产生内驱力，内驱力激起有机体的行为。内驱力是一种中间变量，其力量大小可以根据剥夺时间的长短或引起行为的强度或能量消耗，从经验上加以确定。但他认为，剥夺的持续时间是一个相当不完善的指标，因而强调用行为的力量来衡量。在赫尔的理论中，内驱力主要有两种：原始性内驱力和继发性内驱力。原始性内驱力同生物性需要状态相伴随，并与有机体的生存有密切的联系。这些内驱力产生于机体组织的需要状态，如饥、渴、空气、体温调节、大小便、睡眠、活动、性交、回避痛苦等。继发性内驱力是指情境（或环境中的其他刺激）而言的，这种情境伴随着原始性内驱力的降低，结果就成了一种内驱力。也就是说，以前的中性刺激由于能够引起类似于由原始性内驱力所引起的反应而具有内驱力的性质。

赫尔认为：要形成学习行为，必须降低需要或由需要而产生的内驱力；为了使被强化的习惯产生行动，必须有与之相适应的诱因，而且必须引起内驱力。因此，产生某种行为的反应潜能（sER）等于内驱力（D）、诱因（K）和习惯强度（sHR）的乘积。这样，赫尔的理论体系可用下列公式来表示：

$$sER = D \times K \times sHR$$

这个公式表明，反应潜能是由内驱力、诱因、习惯强度的多元乘积决定的。如果 $D=0$ 或 $K=0$，则 sER 也等于 0 而不发生反应。同时，不论内驱力水平有多高，在未形成习惯的情况下也是没有行为反应的。相反，不论习惯强度有多高，内驱力水平低，反应潜能也低。由此可以看出，赫尔的动机理论主要有两点：第一，有机体的活动在于降低或消除内驱力；第二，内驱力降低的同时，活动受到强化，因而是促使学习效率提高的基本条件。

3. 需要理论

马斯洛是作为人本主义心理学代言人出现的。他认为，人类的行为不仅仅是一孤立的刺激与单一反应之间的直接联结，人类行为的心理驱力也不是性本能，而是人的需要，是受构成完整人格的全部感情、态度和愿望决定的。因此，用行为主义的观点来理解人格是一种简单化的、误导的取向。在理解人格发展动力的问题上，马斯洛找到了一个非常好的突破口——人类的动机与需要。他认为，正是因为人类有一种主动实现自我潜能的先天倾向，所以人格能不断发展，进而趋于自我实现。具体来说，他的理论主要包括以下几个主要方面：

(1) 需要层次论。

马斯洛认为人类价值体系中有两类需要：一是沿生物进化过程逐渐变弱的本能需要，称低级需要、生理需要或基本需要，包括生理的需要、安全的需要、爱与归属的需要、尊重的需要等；另一是随生物的进化逐渐显示出来的潜能，称高级需要、心理需要或成长需要，包括求知的需要、审美的需要、自我实现的需要等。

①生理的需要。这是人的需要中最基本、最强烈、最明显、最原始的一种需要，主要包括衣食住行，还有各种获得感官快乐的需要，如品尝、嗅闻、抚摸等。它是最强烈的不可或缺的最底层需要，也是推动人们行动的强大动力。如果一个人存在多种需要，例如极度饥饿，没有安全感，缺乏爱情等，那么饥饿的需要占有最大的优势，除了食物外，他对其他东西会毫无兴趣。这说明当一个人被生理需要控制时，其他一切需要都被推到幕后。但并不是这一层次的需要完全满足后才能去追求更高层次的需要，而是这一层次的需要必须持续不断地给予必要的满足。生理需要对人的行为只限于生理需要没得到满足时才会有强有力的影响。

②安全的需要。一旦生理需要得到了充分的满足，就会出现安全的需要。安全的需要表现为人们对秩序、稳定、工作与生活保障等的需要，具体表现在：物质上，如操作安全、劳动保护和保健待遇等；经济上，如不失业、无意外事故、养老有保障等；心理上，希望解除严酷监督的威胁、希望免受不公正待遇、工作有能力和信心等。

③爱与归属的需要。当生理和安全的需要得到满足时，对爱与归属的需要就出现了，它是指个人渴望得到家庭、团体、朋友、同事的关怀爱护和理解，是对友情、信任、温暖、爱情等的需要。对马斯洛来说，爱是一种人与人之间健康的、亲热的关系，包括互相信赖。人们渴望在生活圈子里有一个位置，自己能属于某个团体或组织，此时人们会把这个看得高于世界上任何别的东西，甚至会忘了当初他饥肠辘辘时认为爱是多么不切实际、多么不屑一顾。

④尊重的需要。爱与归属的需要的上一层次便是尊重的需要。这类需要包括两方面：自尊和来自他人的尊重。与自尊有关的，如自尊心、自信心，

对独立、知识、成就、能力的需要等；来自他人的尊重包括威望、接受、关心、地位、承认、名誉和赏识等。满足自我尊重的需要导致自信、价值与能力体验、力量及适应性增强等多方面的感觉，而阻挠这些需要将产生自卑感、虚弱感和无能感。基于这种需要，愿意把工作做得更好，希望受到别人重视，借以自我炫耀，期望有成长的机会等都会成为一种推动力。这种需要一旦成为推动力，就会令人具有持久的干劲。阿德勒也非常重视这一点。他认为，一个有足够自尊的人总是更有信心，更有能力，也更有效率。但当他缺乏自尊时，就感到自卑、无望，从而可能导致绝望和神经症行为。

⑤ 自我实现的需要。自我实现的需要是促使自己的潜能得以实现的趋势，它位于需要层次之巅，是人类需要发展的高峰。健康的人满足了前面那些基本需要后，他们就会被自我实现的愿望推动着。自我实现就是要求充分发挥个人的潜力和才能，对自身内在本性的更充分的把握和认可，是个人自身中的统一、完整和协调的一种倾向。有自我实现的需要的人，似乎在竭尽所能，使自己趋于完美。自我实现意味着充分地、活跃地、忘我地、集中全力并全神贯注地体验生活。马斯洛指出，自我实现的特殊形式可因人而异，自我实现的需要并非必须在重大发明和艺术创造的形式下才能实现，学生、工人、保姆等只要尽自己能力，也可以实现潜能。在五种需要层次中，自我实现这一层次中的个别差异也是最为明显的。

马斯洛认为，一般而言，基本需要一般呈现出这种顺序，从低级需要向高级需要逐级上升，力量较弱的高级的需要在力量较强的较低级的需要得到满足后出现。但他同时指出，这只是一种一般的模式，实际上它并不完全像台阶形排列那样刻板，也有很多例外。例如有理想、有崇高社会标准的人为了追求真理、实现理想，可以牺牲自己的一切。另外，马斯洛的需要层次论在其不同时间出版的不同著作中有不同的说法。有时他将需要分为五层次，有时又将它分为七层次，还有时将它分为八层次。这里我们取其最常用的五层次的说法。

（2）自我实现。

自我实现是指个体在成长中，身心的潜力获得充分发展的历程和结果，也就是个体本身生而具有但潜藏未露的良好品质，得以在现实生活环境中充分展现出来。换句话说，就个体人格的发展和形成而言，自我实现可以看作是个体发展的历程，也可以看作是促使个体发展的推动力。个体之所以存在，之所以有生命意义，就是为了自我实现。因此，自我实现又被马斯洛视为人格发展的最高境界，也可以说是人生追求的最高境界。自我实现意味着充分地、活跃地、深入地、全身心地体验生活，全力以赴地献身于某一件事或某一项活动而忘记一切。

自我实现不是一次性的，并不是一种终结状态，而是一个连续不断的、渐进的活动过程，它没有时间和质量限制。在社会活动过程中，一个人可能会表现出趋向防御、安全、畏缩的行为，也可能会产生趋向发展的选择。作出发展的选择而不是防御、畏缩的选择，就是朝向自我实现的运动。

马斯洛指出，尽管所有的人都有自我实现即发挥其全部潜能的内驱力，但是只有少数人能达到自我实现。自我实现的发生之所以如此罕见，原因之一是它要求非常真实地认识自己，而大多数人害怕这种认识。他认为，人们常常像害怕失败那样害怕成功，这种害怕，与对自我认识的害怕一样，会妨碍自我实现。

4. 期望理论

期望是影响个体动机的一个重要因素。美国心理学家弗鲁姆对它在个体行为中的重要作用进行了研究，提出了著名的期望理论。它的基本观点是：人们在预期他们的行为将会有助于达到某个目标的情况下，才会被激励起来去做某些事情以达到这个目标。用公式表示为：

激励力＝期望值×效价

这里，激励力是指调动一个人的积极性，激发人内部潜力的强度。它的高低表明了动机的强烈程度。效价是指一个人对某一目标（奖酬）的重视程度与评价高低，即主观认为的奖酬价值大小。期望值则是根据个人经验判断经过努力导致某种结果和满足需要的可能性的大小，即主观上估计达到目标或得到奖酬的可能性。从公式上可以看出，如果个体把目标的价值看得越大，估计能实现的概率越高，那么激发的动机越强烈，焕发的内部力量也就越大。反之，当一个人对达到这一目标漠不关心时（效价是零），或者当一个人宁可不要达到这一目标时（效价是负值），或者期望值如果是零或负值时，他都会没有任何动力去达到这一目标。

5. 成就动机

成就动机是人们在完成任务的过程中，力求获得成功或取得成就的内部动因，即个体对自己认为重要的、有价值的事情乐意去做，努力达到完美的一种内部推动力量。在行为上，它表现为个体对自己认为有价值的、重要的社会或生活目标的努力追求。成就动机具有多维度、多成分的心理结构。阿特金森认为个体的成就动机由两种稳定的倾向组成，即希望成功与害怕失败。如果个体处在一个成就导向的情景中，两种倾向可以同时被唤起，此时希望成功和害怕失败之间会产生情绪冲突，这些情绪力量决定个体是接近还是逃避成就取向的活动。阿特金森还指出，接近成就目标的趋势是由三个因素决定的，即成就需要或渴望成功的动机、成功地完成任务的可能性，以及成功的诱因值。这些因素之间是一种乘数的关系。例如，如果目标太难实现，哪怕此目标的实现对于个人有着重要的意义，也难以激发个体的成就动机。相反，如果目标很容易实现，但它对个人几乎没有什么激励作用，那么即便不用怎样努力就能完成，也无法激发个体的成就动机。

6. 归因理论

所谓归因，是指个体对某一事件或行为结果原因的知觉。不同的归因会导致个体产生不同的行为结果和情绪反应，从而产生不同的动机，对个体的后继行为产生积极或阻碍作用。那么，人们在对事件结果进行评价时，一般选择怎样的归因模式呢？比较有代表性的观点是韦纳的归因效果理论：

(1) 归因的三个维度。

韦纳认为，无论事情成功与否，人们总是习惯于对其原因进行分析和总结，这种分析和总结主要包括三部分，即内外因、稳定性和可控性。

内外因是指个人把成败的原因归结为自身或自身以外的原因。内因是个人把行为的结果归结为自身，如自己能力的大小、努力的程度等；外因则是指从自身以外寻找原因，如领导是否重视、自己有无机遇、工作或任务的难易程度等。稳定性则是指影响行为结果的内外因素是否稳定，它会对以后类似情境中是否成功的期望或预测产生重大影响。如果个体把成功归因于稳定的因素，如自己的知识比较渊博、能力比较强等，则会期望自己在以后的类似情境中继续成功；如果把失败归因于不稳定的因素，如运气太差、努力不够、没有社会关系等，也会对成功抱有很高的期望，并不会丧失信心。可控性是指在导致个体行为结果的因素中，有些因素是自己可以控制的（如自己的情绪、努力程度、知识的掌握、某些技能的形成等），有些是自己无法或很难控制的（如领导的赏识程度、管理水平、对自己的看法，社会环境，管理体制等）。如果个体认为自己的成功是可以控制的，则会产生比较强的动力；相反，如果个体认为自己的失败是无法控制的，则会对后继的工作产生厌倦情绪直至放弃。这样，如果一个人从能力、努力、工作难度、运气、身心状况、他人反应六方面归因，那么依照韦纳的这三个维度可以将其归纳如下（见表2－1）：

表 2－1 归因内容与归因维度的关系

归因内容	归因维度					
	稳定性		因素来源		能控制性	
	稳定	不稳定	内在	外在	能控制	不能控制
能力	√		√			√
努力		√	√		√	
工作难度	√			√		√
运气		√		√		√
身心状况		√	√			√
他人反应		√		√		√

(2) 归因的两种类别。

另一种划分归因的方法是从归因的主体角度进行的，这样可以将其分为自我归因（或叫个人归因）和社会归因（或叫人际归因）。自我归因是指当事人自己对行为结果的归因。自我归因与当事人自身的特点密切相关。有的人常常从自身寻找原因，而有的人则习惯于从外部寻找原因；有的人归因时能够做到客观、实事求是，而有的人则易受情绪的影响与干扰，导致错误归因；有的人对于可以控制的原因善加控制，而有的人则紧紧抓住不可控制的因素不放。社会归因则是指周围的朋友、同学、同事、领导和家人等对个体行为结果进行的归因。当然，这两种归因并不是孤立存在的，而是相互联系的。社会归因常常成为个人归因的依据，并最终通过自我归因对个体的意识、情绪情感及后续行为产生影响，成为个体后续行为的动力或阻力，并对个体的自我归因产生强化或抑制作用。

二、学习动机的培养

（一）成就动机训练

一些学生倾向于成功，并且预感到获胜之后的自豪感会鼓励他们去追求优胜，这些人被称为是成功倾向的人，他们会努力进取获得成功，对成功感到自豪，对失败也不怎么沮丧，他们的情绪积极向上，敢于大胆追求，对未来成功的希望比较高；另一些学生胆怯并害怕羞辱的体验，这会驱使他们回避他们认为可能失败的情境，这些人被称为失败倾向的人，他们会努力避免失败，对成功没有多大追求，思想负担重，焦虑程度高，心情压抑，对未来成功的希望偏低。学生在正确认识成就动机的基础上，要进一步分析和合理运用成就动机引导自己的行为。

第一，学生首先应该明白，决定自己行为时除了要认真分析自己渴望成功的需要（如提高自己的英语成绩）以外，还要根据实际的情境分析获取成功的可能性（如快速提高的可行性）。

第二，应该为自己的成就动机设立若干具体子目标，这样可以使成功目标变得可操作化，使自己的行为具有坚持性和长久性。例如，在英语学习中，设立若干分目标，能够避免想快速提高自己成绩的浮躁心态，以及防止在经过一段时间努力后没有收到明显成效后变得灰心，进而降低甚至丧失学习动机的倾向。

第三，养成积极的思维习惯，即只要自己竭力去追求成功，相信通过自己的努力朝着既定的目标去奋斗，一定会有所收获。即使失败了也没关系，并不因此而沮丧，仍然保持健康快乐的心情，这样成就动机就会演变成朝目标奋斗的动力，进而逐渐形成积极、健康的行为习惯。

（二）自我效能的培养

（1）多选择自己力所能及的事情，因为个体行为的结果（成与败）对自我效能影响最大。成功的经验能够提高个人的自我效能感，多次的失败则会降低自我效能感。尤其是在一项行动刚刚开始之时的失败，因其不能反映出努力的不足或不利的环境因素，容易使人归因于自己能力的不足。当然，不同的人受影响的程度并不一样。对于先前已经具备很强自我效能感的学生而言，偶然的失败不会影响其对自己能力的判断，他更有可能寻找环境因素、努力不足或策略方面的原因。这样，失败反而能提高其信念，因为他能想到改进后的策略会带来将来的成功。而对于自我效能水平不高的学生来说，选择难度较小的任务则对其自我效能的提高有更明显的帮助。另外，在选择任务的过程中，学生还应培养自己的自信心，学会经常自我鼓励、自我表扬，从而增强自己的信心，努力克服困难，完成各种任务。因为较强的自信心，能使自己充分发挥各种潜能，明确自己的目标。同时，自信心也是维持内在动机的重要因素。

（2）要善于观察和学习。人们观察别人所得到的替代性经验对自我效能影响也很大。特别是看到与自己相近的人成功能促进自我效能感的提高，增强实现同样目标的信心；但看到与自己相近的人失败，尤其是付出很大努力后的失败，则会降低自我效能感，觉得自己成功的希望也不大。另外，当一个人对自己某方面的能力缺乏现实的判断依据或知识时，这种间接经验的影响力最大。因此，学生应善于观察与自己相近的同学或朋友的成功经验，同时也要学习借鉴他们的失败经验。

（3）正确辨析他人的评价。他人的评价、劝说及自我规劝是影响自我效能感的信息源。学生应该学会分辨这些评价。对于缺乏事实基础的评价和言语劝告，可以置之不理，但对于别人在直接经验或替代经验的基础上进行的劝说、鼓励等，应该认真听取、仔细分析，以提升自我效能水平。

（4）学会控制自己的情绪。情绪和生理状态对自我效能会产生影响。比如紧张、焦虑等消极情绪容易降低人们对自我效能的判断。因此，学生要努力探索克服消极思维、情绪和行为的方法，以激发固有的学习动机，及早转变到积极向上的健康心态上来，形成积极的思维定式；同时，应学会对自己的思维进行控制，正确评价自身及各种情境，从而提升自我效能。

（三）合理归因的培养

（1）培养自我归因能力，形成积极的归因风格。

不同的归因方式将会产生不同的成就动机水平。学生应养成积极的归因风格，在完成一定难度的任务后，应更多地从自身内部而不是从外部寻找原因，注重对活动过程而不是对活动结果进行评价，促使归因由外控向内控转移，增强自我归因的主动调节能力。还可以运用强化法，定期让自己完成一定难度的任务，然后通过不断的自我暗示和引导，促使自己形成比较正确的归因倾向。有关成就行为的归因模式表明，成就动机水平高的个体往往将成功的原因归为个人的能力水平高而将失败归为个人缺乏努力，这种归因属于积极模式；成就水平低的个体往往将成功的原因归为运气、偶然而将失败归为自己缺乏能力，这种归因属于消极模式。如果学生把成功归因于自身内部因素，则能够体验到成功感和有能力感，进一步增强其今后完成任务的自信心；若学生把失败归因于稳定且不可控制的因素（如能力），会严重挫伤学生的学习积极性和自信心。教师应指导学生正确评价自己的能力，同时认识到努力对于取得成就的巨大作用。例如，将成功归因于稳定的内部的可控制的原因，而将失败归因于不稳定的外部的可控制的原因。

（2）创设成功情境，增强自我体验。

学生应经常性地创设通过努力而取得成功的情境，增加自我的成功体验，增加自我效能感。在获得成功体验的同时，自我评价应以正面评价为主，对活动结果作出积极的归因（如将成功归因于能力）而产生自豪感，增强自信心。倘若失败了，应该把重点放在对失败原因的分析与改进上，而不是放在自责和内疚上，同时适当降低自我的预期目标值，淡化自我挫折感。另外，还要学会通过其他情境的成功来补偿该情境的失败，将注意力从失败的阴影中转移到这一成功的情境中，从而在失败后仍然保持对后继活动的成功期望。值得注意的是，成功情境的创设应遵循"最近发展区"原则，即学生应根据自身能力水平的高低创设合适的情境，切不可好高骛远。

（3）向榜样学习，增加替代性经验。

替代性经验指个体通过观察能力水平相当者的活动，获得的对自己能力的一种间接评估，它是一种间接经验。它使观察者相信，当自己处于类似的活动情境时，也能获得同样的成就水平。学生应有意识地多向榜样学习，对他们的成功行为作出积极归因，从而受到替代强化。在这个过程中，榜样既是强化物，又是他们评定自己的参照物。为了增加向榜样学习的机会，学生应积极参加一些活动，经常与成功榜样一起活动。研究表明，这不仅有助于增强他们的成就动机，而且有助于将观察学习的效果外化到日常行为中。

（四）正确运用期望理论

1. 设立难度适度的目标

学生处于一个爱幻想的阶段，好高骛远的想法可以是他们将来的目标，但不可能一蹴而就。每一位学生都应该学会把自己的长远目标分解转化为现实的目标，并确认这些目标是可以达到的。为此，首先，他们应清晰地分析自己的能力，准确地估计自己的水平，通过分析主观和客观条件，给自己树立一个适当的期望目标。切记，目标太高或唾手可得都会导致没有干劲，缺乏内部动力。显然，由于各种主客观原因，每个人设立的目标应是不同的，同学之间没必要也不应该过多地对此进行比较和评论。

2. 要确立有吸引力的奖赏

学生在看待目标的价值时应该将外在奖赏与内部自我激励相结合。外在奖赏切忌单纯以学习成绩作为标准，它包括老师的表扬，解决了某个问题，获得了某种荣誉，通过了某次考试等；内部激励则可以包括人际关系和谐，自我组织能力得到提高等。当然，与目标的差异类似，同学之间对相同或不同目标，或者某一同学在不同时间对同一目标的效价估计都是有差异的。因此，同学之间也不应对此进行评价或诋毁。

3. 阻止不良行为通向绩效的可能性

达到一个目标的路径有很多条，可以通过自身的努力，也可以通过一些不良的行为。例如对于考试取得好成绩这个"绩效"，学生可以通过积极勤奋的学习获得，也可以通过抄袭等作弊手段达到。学生除了应该遵守学校的行为规范外，还应自觉自律地设立内在行为准则，鞭策自己保持健康、积极的心态，激励自己不断进步。

三、学习动机的激发

（一）远景性动机与近景性动机相结合

1. 提高学生的抱负水平

研究表明，学习目标的高低、大小，往往与一个人的抱负水平呈正相关。教师要从社会的发展趋势、国家的需要出发，采取生动而适合学生心理发展特点的教学形式，激发学生为国家和社会作贡献的愿望，提高他们的抱负水平。如通过学习的目的性教育，帮助学生正确认识学习的社会意义和内在个人价值，使他把当前的学习与祖国需要和未来建设结合起来，把个人理想与崇高的社会主义和共产主义事业结合起来，从而端正学习态度，提高学习的自觉性与主动性。

2. 目的性教育要贯穿于各科教学之中

如教师在讲授新课之前，可以先说明学习这门课程的目的、任务和重要性、必要性；在讲授知识之前，可以强调知识在学科体系中的地位与实践意义；从实际出发，采取生动、有说服力且适合学生心理发展特点的形式和内容，避免空洞说教。

3. 教师要帮助学生设立恰当的具体学习目标

可参考期望理论的相关知识予以引导，一般而言，目标高低以一个人在其原有水平上增加20%为最佳。

（二）创设问题情境以激发求知欲

创设问题情境，激发学生的求知欲望，通过解决问题，使其求知需要得到一定的满足，从而强化其求知兴趣，进而转化为探求更多新知识的动机。在情境创设中，需注意以下几个问题：第一，教师须关注新旧知识之间的联系，考虑学生的“最近发展区”。第二，教师要充分了解学生，包括其已有经验与智力水平，遵循从已知到未知，由表及里，由简到繁，由易到难等渐进原则。第三，在教学全程的不同环境中进行情境的创设。第四，教学内容、作业布置等多样化。第五，可在课外活动中拓展情境的创设。

（三）及时反馈与适当评价

1. 反馈应该及时、反馈提供的信息最好是全面的

教师应让学生及时了解自己的学习结果（即反馈），这样可以增强其进一步学习的动机。因为学生知道学习结果后，既能看到自己的进步，提高学习热情，增加努力程度；又能发现自己的不足，激发上进心，克服缺点，改正

错误，争取更好的成绩。运用反馈时应注意：反馈要及时，对低年级学生更应如此；反馈的内容应包括学生对教师课堂提问的回答、课内外作业和各种考试结果的反馈；让学生知道什么是正确反应，这比知道什么是错误反应更重要；应随时让学生了解与已定目标的距离。

2. 对学生的学习态度、能力、掌握知识的情况、今后的努力方向等方面的评价要适当

运用评价时应注意以下问题：端正学生对评价的正确态度，特别是正确对待考试和考试分数；坚持正面鼓励的原则，以表扬为主，评价尽量做到客观、公正；评价时应考虑学生的心理发展水平和个体差异。

（四）科学运用奖励和惩罚

奖励泛指能引起学生愉快情绪体验的过程。如被老师表扬、被同学称赞、被学校表彰等。反之，能使学生产生不愉快体验的过程，就是惩罚。比如学习成绩不理想、老师的批评、同学的指责等。心理学家的研究结论是：第一，从性格的角度，对内向的学生采取奖励的方法更有利于提高其学习动机水平，而外向的学生反之。第二，从学习能力的角度，奖励对能力差的学生作用最大，对能力一般的学生次之，对能力强的学生作用最小。惩罚对能力强的学生作用最大，对能力一般的学生次之，对能力差的学生作用最小。第三，从性别角度，奖励对女生作用更大，惩罚对男生作用更大。

在具体的实施中，奖励和惩罚的作用还受到了以下因素的影响：学生过去受到奖励和惩罚的历史；教师的威信及师生关系；学生对奖励和惩罚的预期；学生对奖励和惩罚的重视程度；学生对教师评价的看法；奖励和惩罚的次数等。

（五）合理开展学习竞赛活动

竞赛是激发学生学习动机和提高学生学习成绩的一种有效手段。通过竞赛活动，学生的成就动机会更加强烈，学习兴趣和学习毅力也会有所增强。为了保证竞赛对动机的激发与培养产生积极作用，避免不良后果，应注意以下几点：竞赛内容应多样化，除学科知识竞赛外还应开展课余文化知识竞赛；在多种竞赛形式中，应以团体间竞赛为主，培养学生的集体责任感和合作精神；进行个体间竞赛时，必须按能力的高、中、低分组，使每个学生都具有同等获胜的机会；竞赛活动要适量，因其本身在一定程度上会增加学生的情绪紧张感，产生一定的心理压力；在竞赛活动中，要注意对学生进行思想教育。

四、案例分享*

（一）个案情况

海来木果，小学六年级学生，近期上课注意力分散，回答问题反应迟钝，交作业拖拉现象时有发生，并且作业及考试的错误率上升，成绩滑坡，好像对学习失去了兴趣，学习动力不足。以往他学习自觉，上课积极回答问题，成绩良好。怎么会变成现在这样呢？

原来，海来木果与同桌是邻居，他们俩的学习成绩不相上下。近两年来，海来木果同桌的学习进步特别快，成了班中的佼佼者，海来木果努力学习，决心赶上同桌。经过一年多的刻苦学习，海来木果还是未能赶上同桌，有点灰心，失去了原有的学习动力。

其实海来木果是勤学向上的，只不过付出努力而未达到目标，感到失败、不如别人并形成了心理障碍，是思想冲突、挫折、忧虑、惧怕等情绪的应激反应。

（二）分析与诊断

积极的归因模式：

失败	缺乏能力	内疚、维持较高成功的期望	增强坚持性，趋向成就任务

消极的归因模式：

失败	缺乏能力	羞愧、无能感，沮丧，降低对成功的期望	缺乏支持，回避成就任务

根据海来木果的情况分析，很明显可以看出他是消极的归因模式干预，导致学业习得无能。一般来说，学生在学习上的成功能增强他的学习动机，而失败则可降低其学习动机；海来木果正是把班上成绩最好的同学当作自己的较量对手，结果经过自己较长时间的拼搏，而未达到目标，感到自己无能，所以丧失了学习自信心和学习动力。

（三）干预过程

1. 尝试与回忆成功经验

（1）我首先肯定了海来木果“勤奋学习，积极向上，努力为自己的学习

---

* 本案例来自：http：//scpx. cersp. com/article/browse/109784. jspx。

目标而拼搏”是正确的，然后指出他原来制定的学习目标太高，不合理。根据他的学习情况，指导他将学习目标制成“台阶式”，分阶段完成，以降低坡度，减轻学习压力。

（2）创造条件，享受成功。在课堂的教学中，我注意多给海来木果安排一些较简单的提问，让其不断尝试成功，并及时给予表扬强化，要求他在日记中多写自己成功的事情，多挖掘自己的优点，增强学习信心。

2. 协助增强“你行，我也行”的观念

一方面，让其知道，只要付出劳动，就一定有收获的道理，以此增强他的自信心；另一方面，帮助他掌握互补技能，让他明白在生活学习中，人各有长短，要扬己之长，补己之短。不要为没有聪明的头脑而自卑，不要为暂时的成绩低下而失落，只要在学习的道路上执著追求，就一定能给自己的学业写下一串串闪亮的感叹号。

3. 协助正确对待挫折、失败

我给他讲一些名人小时候在逆境中奋发图强的故事，如蒲松龄考场失意，仍埋头收集整理民间故事，创作出《聊斋志异》，让他明白在人生的道路上，挫折与失败是不可避免的。遇到挫折与失败时，要善于总结失败的教训，要善于在挫折中学习，要敢于迎难而上，不屈不挠，战胜困难和险阻，这才是强者对待挫折和失败应持的态度。经过老师的帮助，海来木果终于恢复了原有的学习动力。

第二节　明晰粗心现象*

粗心，就是所谓的“疏忽大意”现象，最常见的表现是在个体本不该出错的地方出现了错误。有研究者提出，学习中的粗心现象大致有两种类型：真性粗心和假性粗心。所谓“真性粗心”，是指学生已经理解和掌握了相关的知识，对于其中的某些问题本来完全可以解决，但由于做题时不仔细，粗心大意，从而造成错误；而“假性粗心”则是指学习上的问题，从表面上看已经弄清楚，但是真正做起来却感到困难，对问题答不完全或说不清楚，总是对一部分错一部分，并给人以为是他粗心的假象。出现这种现象的原因在于，作为解释犯错误的合理化原因之一，“粗心”这一理由比主动报告说自己“不

* 本节作者：钟小兰（广州市第四十一中学）、陈小芳（珠海市理工职业技术学校）、许艳湾（广州市天河区棠下小学）、卢洁蓓（茂名市茂南区金塘职业高级中学）、袁翠云（广东省茂名市第十五中学）。

会”，更容易得到来自老师和家长的宽恕。比如，求半圆的周长时，一学生只算了圆弧的长度，没有加上弦的长度。对于这样的错误，学生可能会报告这是他“一时疏忽”造成的。然而实际上是他对于周长的概念并没有掌握，他不知道周长应是一条封闭的曲线。因此，此时所谓的粗心，实际上是对问题没有真正理解，仅是一知半解，似懂非懂。

本节所讨论的“粗心”现象，主要是指“真性粗心”现象。该现象常常表现为：学生在计算时容易将相似（包括形似与音似）的字符混淆或是在书写与运算过程中将个别文字、数位、小数点，甚至是题目本身遗漏，以及在作业操作过程中受到之前或之后的一些特殊信息的影响，相互干扰，造成将计算类型弄错、忽略正确的计算顺序、混淆计算法则之类的错误等。

一、解读“粗心”现象

（一）四大流派的观点

1. 精神分析理论的观点

精神分析流派认为，人是受力比多控制的，这是一种心理能量，它出自先天的本能。人是一个能力系统，能量是守恒的，因此在对于我、自我和超我的分配中，当其中之一操纵控制权的时候，就会阻抑其他两个系统的作用，打破“三我”之间的平衡，从而导致各种心理问题的出现。与自我或自我保护有关的驱动力，包括饥、渴及其他与生存有关的生理需要，是个体生存必需的。在个体发展中，随时都要维护个体的安全，他对现实中一切危害生命的危险，必须及时予以反应，以尽自己的职守。粗心是一种行使自我防御机制的方式。个体潜意识可能在某些层面需要以“粗心”这一行为以达到被关注的需求，又或者是个体潜意识拒绝完美完成答题。粗心可能是“三我”（本我、自我、超我）冲突的结果。在辅导中强调，寻找症状背后的无意识动机，使之意识化，通过分析，使当事人自己意识到其无意识中的症结所在，产生意识层次的领悟，使无意识的心理过程转变为意识的心理过程，了解症状的真实意义，使症状消失。

2. 行为主义理论的观点

行为主义流派认为，条件反射的形成和建立，是条件刺激取代无条件刺激，形成刺激与反应之间的特定关系。人或动物会把学习到的经验泛化到其他类似的情境中去。粗心现象的原因主要在于条件反射的泛化。行为治疗是使用实验确立的行为学习原则和方式克服不良行为习惯的过程。对待个体不良行为的态度，应该就事论事，即在行为治疗中，要治疗的东西就是不良行为本身。注重形成粗心的现实原因，而不是它的历史原因，对于每个个体，要根据其问题和本人的有关情况，采用适当的经典条件作用、操作性条件作用、模仿学习或其他行为治疗技术。如要消灭粗心写错别字，就要对容易混淆的词做多次强化，即从音、形、义的结合上，多次复习，并注意用多种形式复习，使一个字的音、形、义三者在大脑皮层上形成稳固的联系。

3. 人本主义理论的观点

人本主义学派的理论强调创造一种良好的环境，形成真诚相待，互相理解，彼此尊重的气氛，帮助来访者进行自我探索，认识自身的价值和潜能，发现真正的自我，对自己的成长负责，并朝着自我实现的目标前进。马斯洛提出自我实现的关键在于改善人的自知，使人认识到自我的内在潜能和价值。当人达到自我实现时，就可以体验到一种无自我中心的、达到目的的状态，使人产生极大的幸福感和内心生活的丰富感，马斯洛称之为“顶峰体验”。罗杰斯认为人类除了与生俱来的自我实现的动机外，还有两种习得性动机，一为“别人关心的需求”；一为“自我关心的需求”。前者指每一个人需要他人对自己热情、尊重、喜爱和接受的态度；后者指个人对自己评价的需要。鉴于以上理论，人本主义心理学派对于粗心的学生的治疗，只需为学生提供适宜的环境和创设良好的心理气氛，给学生以无条件关怀，对学生的粗心表示理解，设身处地为学生着想。治疗成功的关键不在治疗技巧而在治疗者对学生的态度。

4. 认知主义理论的观点

认知学派认为，人的情绪反应不是由外界诱发性事件引起，而是由人对事件的认知和信念所引起。它认为人的信念有两种：一种是合理的信念；另一种是不合理的信念。合理的信念产生正常的积极的情绪，不合理的信念则产生不正常的消极的情绪。所谓不合理的信念就是对事物的认识绝对化、片面化、极端化。粗心的现象可能是学生不合理的信念所造成的，如学生求快速做题就是一种不合理的信念。因此认知学派治疗粗心的方法就是使用合理情绪疗法，改变人的认知，以合理的信念代替不合理的信念。另外，Meichenbaum&Goodman 提出的自我指导训练也广泛用于处理儿童心理问题的认知行为干预方法，认为儿童把来自外界的言语转变为自我评价是发育过程中的一个重要阶段，问题儿童缺乏适当的言语调节功能，不能自觉评价和调整自己的思维和行为，需要训练来矫正。这包括：训练儿童自身内部的言语评价，使其行为反应渐趋适当和正常；加强儿童内心言语的调节成分，使其在自己言语的控制之下；鼓励儿童适当地强化自己的行为。重视示范和行为的矫正。这种自己指导训练方法也可以用于粗心学生的治疗当中，通过学生自我言语的训练，达到自我控制，克服粗心。

（二）探究“粗心”的成因

1. 粗心与分心有关

认知心理学派提出了注意分配理论。注意分配是指在同一时间内把注意分配到两种或两种以上的对象或活动上。如上课的老师需要一边讲课，一边写板书，一边观察学生的情况；学生需要一边听讲，一边记笔记等。注意分配的条件首先是在同时进行的两种以上的活动中，每一种活动都是熟悉的，要有熟练的技能与技巧，而且其中的一种活动在某种程度上达到了自动化水平。也就是说，同时进行多种活动中，只能有一种活动是生疏的，需要集中注意力，而其余动作必须达到一定的熟练程度。其次，有赖于同时进行几种活动之间的联系。如果它们之间没有内在联系，同时进行几种活动要困难些；如果它们之间有内在联系，可以形成某种反映系统，组织具有合理性，则注意的分配要容易些。另外，注意分配时，大脑始终要保持正常的兴奋状态，因为注意分配的主要活动是在大脑皮层的优势兴奋中进行的，那些“自动化”的活动则是在其他处于一定程度抑制状态的皮层区域进行的。所以，注意分配有着重要的实践意义，许多活动和职业都要求人们有高度的注意分配能力。

所谓分心就是注意力分散，不集中。教育心理学研究认为，学生具体学习过程是依靠短时记忆来进行的。短时记忆又称工作记忆，其容量小，保持的时间短。一般来说，短时记忆的内容若得不到及时强化，只能在大脑中保持30秒左右的时间，当有新的内容进入大脑皮层时，原先的记忆内容便被清除。如果学生在学习过程中注意力不完全集中在所思考的题目上，而是想着另外一道题或其他的事情，那么另外考虑的内容就进入了短时记忆，并将原有的记忆内容冲掉。这样便产生了读错词、写错字、算错题等粗心现象。

2. 粗心与求快心理有关

低年级学生的学习动机主要是以附属的内驱力为主，为了获得教师、家长等成人的表扬和赞许而努力学习。现实生活中，有的小学生为了在班上争第一，为了引起同学的关注、得到老师的表扬，不由自主地加快学习速度。但由于小学阶段刚刚接触文字和数学公式等抽象符号（抽象符号在头脑中留下深刻的痕迹需要多次重复强化），未经多次强化，头脑中还没有形成清晰准确的记忆痕迹，符号被提取时就容易产生泛化现象。如“已经”还是“已经”，需仔细区分辨认，而求快心理的存在使学生顾不上斟酌分辨，导致忙中出错。

3. 粗心与动机强度和情绪有关

动机理论认为学习动机是直接推动学生进行学习的内部力量。心理学研究表明，中等强度的动机为认知活动提供最佳心理背景，动机强度过高或过低都会对认知活动造成不良影响。缺乏动机，情绪低落，往往造成注意力不集中，神思恍惚。例如，很多小学生在做简单的整数四则运算时容易出错，当你给他指出来时，他会毫不在乎地说“有什么了不起，我本来会做的”。其原因就是题目太简单，无法激发其动机。在这种情况下，成人应该让孩子知道，我们经常遇到的问题都不会很难，你与别人的区别就在于是否能把简单的事情做好；动机过于强烈，情绪过于兴奋，则会导致意识狭窄，思维混乱，甚至头脑一片空白。有些孩子平时谨慎用功，是父母和老师眼中的好学生，可一到重大考试就发挥不好，平时会做的简单题目也会出错，甚至漏答整张试卷。原因就是他动机过于强烈，太在乎考试，太想考好了。对这样的孩子，家长不要在考前对孩子耳提面命，也不要表现出过高的期待。让孩子把考试当成学习的一部分，怎样学就怎样考，轻松上阵。

4. 粗心与缺乏精加工有关

其实，“粗心”的毛病，一般的孩子都有。由于年龄的原因，小学生感知事物的特点比较笼统、不精确，往往只注意到一些孤立的现象，看不出事物之间的联系和特点，对时间和空间的概念也比较模糊。学习中的粗心也常常是因为缺乏对认知刺激物的精细加工（精细加工往往是通过对比和辨别进行的）。为了防止粗心，有意识地引导孩子进行比较和辨别，培养孩子的精细加工能力是很重要的。例如，小学生经常分不清“衰”、“衷”、“哀”这三个字，我们不妨教他们“横为衰，竖为衷，中间有口诉悲哀”，找准问题的关键，学生就能够正确书写和使用了。心理学研究告诉我们，在小学生的思维中，单向思维强于多向思维，纵向思维强于横向思维。因此，小学生做比较复杂的作业时，常常只注意问题的一个方面而忽略了其他方面，很少将事物联系起来进行全面的、综合的思考、分析和判断，从而造成顾此失彼的错误。

5. 粗心与思维定式干扰有关

思维定式，又称定式，是指由先前心理活动所形成的心理准备状态，决定着同类后继心理活动的趋势。定式实质上是已强化的思维类推到其他，表现为以固定的方式、方法去认识或作用于对象，“想当然”的粗心是思维定式的表现。比如，学生在做下一道题的时候，很容易受前面的题目的影响，但结果两道题目却完全不相干。或者当学生看到一些比较熟悉的题目时，习惯把它和以前的某个题目相比，之后把原来的答案套在这个题目上，而这个题目并不是以前做过的那个类型。例如，一个孩子的作业本上是这样写的："0×6=0"，"0÷6=0"，"0+6=0"。当你指出他的错误时，他却振振有词：既然0乘以6等于0，0除以6等于0，那么以此类推，与任何一个数加减乘除都等于0，难道还有错吗？……学生往往容易受到已有的知识和解题方法，特别是已牢固掌握的知识内容的影响，从而限制了他们对问题作深入细致的探讨，产生思维的惰性，造成解题的失误。不少同学在解题时由于受到这种思维定式的影响，对于新的条件往往视而不见，从而造成眼中的"盲点"。

6. 粗心与不良性格特质有关

性格是一个人对现实的稳定的态度和习惯化了的行为方式的总和。粗心是一种不良的行为习惯，是性格结构中态度特征的直接表现。粗心的学生普遍性格急躁，经常丢三落四，做事图快不图好，这样的学生在做题的时候往往犯一些低级错误，不是写在草稿纸上的内容没抄到答题纸上就是抄错了，或者题目没看清楚就急着做题等。中小学阶段是性格形成的关键时期，在此期间若形成了做事匆忙、不认真、缺乏责任感的态度，其行为方式必然表现为粗心大意，不够细致等不良习惯。小学生由不良性格特征导致的粗心在日常作业的审题、计算及抄写中均有表现。例如，审题不清不楚，带有一定的盲目性，在没有弄清条件之前就急于解答；由于忽视了课题中某些隐蔽的条件，因而找不到解题的突破口；严重的还会出现考试漏答或多答现象，因此丢分或浪费宝贵的时间。

7. 学习负迁移影响

布鲁纳和奥苏贝尔认为，学习普遍存在着迁移。在学习活动和教学实践中常常发现，以前的学习会对当前的学习产生积极的或消极的影响，即正迁移或负迁移。其中负迁移是产生作业马虎的另一重要原因。例如学生学了乘法分配律后，掌握了"8×（125+9）=8×125+8×9"的形式演变，又常会出现"8×（125×9）=（8×125）×（8×9）"之类的错误。

针对粗心现象的成因，国内的早期研究大多倾向于认为，粗心现象的发生与感知不全面，注意分配能力差，错误心理定式的影响，以及智力技能的不熟练有关。而国内的研究结果却倾向于揭示粗心现象的发生与个体内部认知加工之间的关系。如高亚兵通过实验研究指出，粗心型学生与无粗心型学生在注意的稳定性，智能水平上无显著差异，粗心的发生与学生知觉的精确性及短时记忆的编码方式有关。粗心型学生不容易形成对数字、符号、单位的精确知觉，习惯采用单纯视觉编码，加工层次浅。莫闲通过对小学生考试粗心现象的心理分析，发现小学生考试粗心现象与其皮质神经的活动强度没有必然的联系，与其皮质神经活动的均衡性也没有必然的联系。而小学生考试粗心程度与个体书写水平呈中等程度的正相关，加强学生的书写规范的训练可能有助于克服其考试粗心现象。王笃年通过对中学生“粗心”问题的调查，发现“粗心”现象目前在中学生中是广泛存在的，并且“粗心”不是学生与生俱来的素质，而是在长期不正确的学习态度、过多的学习任务、过大的学习压力作用下形成的。

（三）“粗心”现象的矫治

粗心看似小毛病，形成习惯却很难改正，且疏忽大意铸成大错的事例在工作、生活、学习中已屡见不鲜。所以我们应该做好学生粗心的预防和矫正工作。从前馈理论看，教师掌握学生由粗心导致错误的反馈信息，在教学中给予有意控制，是防止错误再次发生的有效措施。具体来说，我们可从以下几方面去努力。

1. 塑造学生优良的性格特征

不良的性格特征是形成粗心的重要原因。要根治粗心，首先要从改造学生的不良性格特征入手。我们认为，培养学生认真的态度、严谨的作风和高度的责任感是克服粗心的首要条件。只有认真，学习才能一丝不苟；只有认真，知识大厦的基础才能牢固。“世界上怕就怕认真二字”，面对认真，任何形式的粗心都没有施展伎俩的机会。因此，我们要教育学生从一点一滴做起，培养认真严谨的行为习惯；从日常生活做起，要踏实，忌浮躁。字要一笔一画地写，不厌其烦地练，要求正确工整；作业要有理有据，有因有果，不能敷衍了事。这样持之以恒，就能在潜移默化中养成优良的性格特征，改掉粗心的不良习惯。

2. 训练学生良好的注意习惯

注意是心理过程的开端，为认知活动提供清醒的心理背景。注意力不集中，学习时心理活动的指向经常变化，注意对象就不能得到清晰而完整的反映，因而极易粗心出错。训练良好的注意习惯应包括两方面内容：能高度集中注意而不分心和能迅速转移注意而少惰性。为此，我们可选择一些有一定难度，需要集中注意才能完成的任务交给学生，让他们解决。任务既可以结合课程，也可以是训练性的，教师可根据要求自行设计问题。如指导学生快速阅读或组织抢答竞赛，以培养他们高度集中的注意能力；将不同学科、不同性质的问题交叉随机地呈现，以训练学生注意灵活转移的能力等。

3. 培养学生的元认知能力

所谓元认知能力，是指个体对自己的认知活动的认知能力，它是一种高级的心理能力，是学会“如何学习”的能力。通过元认知指导调节学生的认知活动，实现对学习活动的自我意识、自我评价、自我监控和自我调节，是学生学会如何学习的有效途径。具体来说，我们可以从学生的审题、答题、检查、反思等环节下工夫。教师要教会学生如何审题、怎样解答、如何检查、怎样反思，检查的目的是防止答题遗漏、纠正错误。不可缺少的环节检查：一要仔细，二要耐心。要先检查题目要求，对照原题，验证是否抄错了数字、单位、符号；再检查答题过程是否规范，已知、求解、证明等是否符合要求，抄写是否错误；最后检查答案是否正确，有无错抄、漏抄的情况，答语是否完整。另外，还要检查题目是否有丢漏。反思是对整个解题过程的审视。反思既要审视解题的知识，也要根据解题的思维过程，反思解题的不同方法、解题的收获启示。检查是作业的最后环节，反思是学习后的总结提高，两者均是学生元认知能力发展的具体途径，不仅对克服粗心很有必要，对培养学生良好的心理素质也具有重要作用。

4. 改进学生作业的评阅办法

对粗心学生的学习不仅要加强指导，如怎样审题、怎样选择方法、怎样检查等，有意识控制粗心，还要针对作业中不同的粗心错误信息，运用恰当评阅手段将失误原因反馈给学生，使学生掌握自控方法，这是减少粗心错误的有效捷径。例如，变单一批改符号为多样有针对性的批改形式。如计算性错画“——”，方法性错打“?”，普遍性错误批以简短导语等。此外，评讲形式应多样化，可以采用个别评改、学生互评、讨论等多种形式综合进行，使学生发现自己粗心之处，达到自控，同时对那些克服粗心毛病卓有成效的学生及时进行表扬。

二、案例分享

（一）案例1

1. 案例描述

谭永，男，某小学一年级学生，6岁，父母因为要上班无暇照顾他，便让他提早入学，未经幼儿园学习阶段。随着学期进展，谭妈妈接到老师投诉电话越来越多，因为谭永的数学测验成绩由最初的80分、70分、50分到现在的三四十分。谭妈妈非常苦恼。虽然上班“班倒”，一到下班时间她便抓儿子学习，希望花更多时间和精力来辅导他，让他逐渐走上正轨。然而，第一次辅导作业便让谭妈妈火冒三丈：“永，这道算术加法怎么算?”“妈妈，我的笔盒装不下笔了，你再帮我买一个。”“先做作业。”“5+4……”“啪”铅笔掉地上，谭永蹲下身去捡，发现椅子下面躺着变形金刚，于是捡起变形金刚开始模仿动画片段。谭妈妈一巴掌打到他手上，大喝一声："扔掉，妈妈在要求你做作业！"谭永开始哇哇大哭。妈妈更加生气了，边打边骂，越骂越觉得这个儿子实在太让她伤心了，吓唬要打死他，闻声而来的奶奶进来"救驾"。"不做就不做嘛，你打痛我的孙子了，作业不会做逼也逼不出来啊。"奶奶将孙子带出房间，剩下妈妈独自生闷气。

等儿子停止号哭，妈妈也冷静下来之后，妈妈再次哄他坐在书桌前继续完成作业。时间已到晚上九点了，他渐渐开始失去耐心，开始数手指数脚趾，拖鞋反着穿，咬手指，用笔涂画指甲。妈妈一直忍着性子陪伴，一直慢慢哄，当作业好不容易完成已是晚上十一点，两人都已筋疲力尽。离开书房时，房间一片狼藉，书包、书、笔盒、练习本、玩具、校服凌乱不堪。

下一个晚上的作业，将又在这个房间开始。这个难题，该怎么解决？

2. 原因分析

谭永的问题是典型的注意力不集中的案例。注意力不集中也称注意力分散，是指无法长期将注意力集中于某一事物或某一活动，或常把注意力不由自主地从一个对象转向另一个对象。

中小学生注意力不集中主要表现有：学习中思想经常开小差，搞小动作，东张西望，定不下心来听讲或学习；心不在焉，很少能高效完成课堂作业和家庭作业；学习粗心大意，错误百出，但通常都是已经掌握了知识，却常遗漏或曲解等。

导致中小学生注意力不集中的原因主要有以下几个方面：

（1）学习目的不明确。不能很清楚地了解自己的学习目标，把学习看成是一种任务，无法体会学习的重要与快乐。

（2）学习能力的欠缺。注意力不集中有时是生理学习能力不足造成的，如果是这种原因造成的，那么要改变必须经过一些专门的注意力的训练。

（3）缺乏学习兴趣。有的学生碰到学习内容枯燥，就对学习和作业产生厌烦，坐不住，小动作多，容易分心。

（4）学习自控能力差。有的学生容易受情绪的影响，感情起伏较大，这些事情都会影响注意力的集中。

（5）不良学习环境的影响。如学习环境不安静，嘈杂等。

3. 干预方案

（1）增强孩子的学习动机。

帮助小孩明确学习目标，努力将目标细化成小孩力所能及的小目标，并可给予一定的精神或物质上的奖励，也就是“小步子原则”，家长应该为小孩写好计划表并密切关注小孩对计划的完成程度。在目标达到后还需要注意系统脱敏，让孩子成功脱离对物质奖励的依赖。

(2) 尽力排除学习环境干扰。

学习环境对谭永非常重要，谭永之所以注意力不集中是因为书房不够干净整洁，所以每天完成作业后家长应和小孩一起共同收拾书房，排除外部干扰。

(3) 作为家长，要冷静有耐心，要持之以恒地进行帮助。

孩子出现反复，也不可急躁，不可用粗暴的态度对待，应用讲理劝导的方法进行帮助，或用督促提醒的方法进行帮助，或用暗示感悟的方法进行帮助等，促其重收心绪学习。每个人的学习能力都不一样，有的孩子心智发展很快，有些则较慢，而专心认真的学习态度是通过后天训练的，因此从小培养孩子的专心习惯，对孩子未来的学习、生活将会有很大的帮助。

(4) 家长应该对孩子进行一定的注意力集中的训练。

注意力不集中、易分心，是孩子的共性，年龄越小，控制注意力的时间越短。所以家长要注重培养孩子的注意力。训练开始前，先要寻找孩子的兴趣爱好，然后在他的爱好中挑选文静的活动，如讲故事、画图、拼板……从这些内容开始训练注意力，每日多次，每次几分钟，直到注意力不能再集中时停止。家长可挑选讲故事作为训练注意力的项目之一。具体做法是：讲故事前，先与孩子面对面手拉着手坐好，再开始有声有色地为孩子讲故事并用眼神和体态语言与孩子交流。还可用提问形式让孩子参与讲故事，直到发现孩子的注意力实在无法坚持集中时，立即宣布“今日故事讲到这里，明日继续”。随着听故事时间的延长，注意力的提高，可以发展到让孩子听电台里的故事。其他活动形式也可按类似方式进行。训练刚开始时，可能孩子合作得不太好，父母这时切忌打骂，否则他们会对训练产生厌恶情绪而无法坚持下去。训练内容一定要围绕兴趣，切忌认字、写字或课堂式教育。训练时间长短一定要根据孩子的年龄与特征决定，切忌用成人的标准去衡量和要求孩子。如果您的孩子太过活泼，特别好动，肯定是一时难以集中注意力的，这就需要家长正确引导，教他一些比较费劲的游戏，如折纸、穿珠子、拼图等，让他能够静一静，促使其集中注意力。

(5) 家长应达成一致，形成合力帮助孩子。

谭永的奶奶和妈妈在教育孩子方面不一致，很容易混淆孩子的是非观，同时会令孩子产生依赖心理，完成不了妈妈的要求便转而向奶奶求助。所以，妈妈和奶奶应该给予小孩一致的态度和方式。

（6）教师应该及时肯定小孩的进步。

小孩大部分的时间都在学习，六岁的小孩具有非常明显的向师性。教师如果对小孩的每一步努力都给予肯定，孩子便会获得成就感，将被动学习转变为主动学习，实现良性循环。

（二）案例2

1. 案例描述

梁俊，男，13岁，初中一年级，在他身上有一个很显著的矛盾特征：既细心又粗心。很难想象一个小男生的心思会细腻到这个程度，有客人过来他会摆两双一大一小的拖鞋出来；约同学出来打球，因为担心同学忘记带水他会带上两瓶水；堂姐想要到他家做客，他还会特意叮嘱堂姐注意他家小区门口新近被盗的路井盖，骑车经过时要注意安全。

这些生活的细节，他总是能注意到，并且能够明白他人的心思，替他人着想，这是小男生很难得的一个优点。也许缘于他有一个同样善解人意的妈妈，他的妈妈能言善辩，待人接物处理得丝毫不差，人缘甚广，每一个和她接触的人都能够感受到她的“好”，想他人之所想，做他人之所未做，典型的贤妻良母。

但令人奇怪的是，生活中如此细心的他，在学习上却经常犯粗心大意的毛病。他的语文作业一般在80分左右，仅仅是错别字的失分就会有10分左右。例如“玫”写成“玖”，“径”写成“经”；英语方面，经常单词的词序搅乱，如“very”写成“veyr”，“road”写成“raod”。这些错误若经过纠正训练，会有所改正，但这一类型的错误还是经常会犯。他的数学成绩也是不错的，若非审错题或者写错小数点的话，基本上能获满分。

有这么一个生活细节或许能对梁俊同学这一矛盾性格作出解释：通常他在房间做作业的时候，爸爸在客厅看电视，妈妈在讲电话，电视声还混杂着一两句妈妈很尖锐的高八度“不是吧，你什么时候听说？我看这个人就有点问题……”

这个男孩，我们应该怎样帮助他？

2. 原因分析

梁俊的问题是典型的粗心大意的案例。他是个细心的孩子，之所以做作业粗心的原因在于分心，因为他在家做作业的时候被外在环境所干扰。所谓分心就是注意力分散，不集中。教育心理学研究认为，学生具体学习过程是依靠短时记忆来进行的。短时记忆又称工作记忆，其容量小，保持的时间短。一般来说，短时记忆的内容若得不到及时强化，只能在大脑中保持30秒左右的时间，当有新的内容进入大脑皮层时，原先的记忆内容便被清除。如果学生在学习过程中，注意力不能完全集中在所思考的题目上，而是想着另外一道题或其他的事情，那么另外考虑的内容就进入了短时记忆，并将原有的记忆内容冲掉，这样便产生了读错词、写错字、算错题等粗心现象。

3. 干预方案

粗心看似小毛病，形成习惯却很难改正，且疏忽大意铸成大错在工作、生活、学习中已屡见不鲜。具体来说，我们可从以下几方面去努力：

（1）在家中营造良好的学习环境，排除外部干扰。

（2）训练良好的注意习惯。干预中，选择一些有一定难度、需要集中注意才能完成的任务，让他尝试解决。给予的任务主要是结合课程特征带有训练性质，每天均安排半小时的训练。

（3）培养元认知能力。运用出声报告与榜样示范的方法相结合。首先请一位学生以出声报告的方式向梁俊讲解每一项思维的过程，特别是如何审题、怎样解答、如何检查、怎样反思等。再让梁俊模仿演练，如此反复练习，逐渐帮助他养成良好习惯。

（4）改进作业的评阅办法。针对梁俊的具体情况，在作业评阅手段中作出了适当的调查。如针对审题、方法选择，如何检查题项等，均作细致提点。

第三章 考试现象及其干预

第一节 考试焦虑及其干预

一、考试焦虑现象

（一）基本概况

通俗而言，焦虑就是人们在社会生活中对那些可能造成心理冲突和挫折感的事物或情境作出反应时的一种不愉快的情绪体验。常常以不安、担心和忧虑为标志。当处于焦虑状态时，人的自主神经系统的活动增加，肾上腺素的输出量提高，血压升高，心率加快，皮肤出汗，嘴唇发干，呼吸加深、加快，尿频，并出现坐立不安的举动，持续时间长了，会影响到消化和睡眠。严重的可以成为焦虑症。

一般认为，焦虑的产生既受到个人的性格特点的影响，也受到那些可能造成内心冲突和挫折的负性生活事件的影响。如因适应不良而产生焦虑。这主要是由于学生身心发展的不平衡造成他们对新情况难以适应，因而引起各种焦虑反应。例如适应性不良的焦虑情绪突出地表现在那些超前或滞后发育的学生，尤其是早熟的女生和晚熟的男生身上。又如，处于学校起始年级的学生，也常见因适应性不良而产生焦虑反应。具体而言，因小学与幼儿园在环境、教育方法、教育的性质与目标、教育内容等多个方面存在不同，因此，刚进入小学一年级的学生很容易出现被教育界称作“小一问题”的现象：如哭闹着怎么也不愿意上学，或者上课时蹲在凳子上，在教室里面随意走动，甚至跑出教室，不遵守规定的上下课时间等。

考试焦虑则往往指由于担心考试失败或渴望获得更高的分数而产生的一种忧虑、紧张的心理状态。考试焦虑高的人总是认为考试是对自己的一种威胁，继而产生紧张、忧虑、思维缓慢并伴有一些生理变化，如心跳加快、血压升高等。考试焦虑对个体考试行为的影响是积极还是消极作用，不能一概而论。有研究表明，考试焦虑与学习效率之间呈现“倒 U”形关系。当考试焦虑处于中等水平时，个体的学习效率达到顶峰；当考试焦虑处于零状态或高焦虑水平时，个体的学习效率将被抑制。

（二）考试焦虑的干预

1. 思维转化法

同是桌面上的半杯水，有人叹息："唉，怎么只有半杯水！"有人雀跃："太好了，杯子里还有半杯水！"何种想法更有利于个体？美国心理学家威廉·詹姆斯曾说："人有一种惯性，心里想：我要怎么样，真的就会怎么样。"这就意味着，对于同一件事情而言，如果你觉得这是痛苦的，那么你自然就会感觉痛苦；反之，如果你认为是快乐的，你就能体验到快乐。生活中，我们的烦恼，不是源于我们的遭遇，而是源于我们对世界的看法！为何如此？艾利斯的 ABC 理论给我们提供了详尽的解释。可参考前述第一章的相关内容。

2. 情绪宣泄法

情绪宣泄法是指人处于激烈的情绪状态时，要有意识地采取合理的途径直接或间接地表达情绪体验和反应。情绪宣泄法的形式多种多样，包括适度倾诉、转移注意力等。

①适度倾诉。在情绪的调适中，适度的倾诉有许多好处：它能帮助我们在倾诉的互动中处理问题，能使我们表达自己的情感，有利于增强与人沟通的能力，帮助我们减轻压力，还能给予我们反省和总结的平台，并享受被陪伴的感觉。因此，可以建议学生不妨寻找自己喜欢的人、自己信任的人、关心自己的人进行倾诉。

②转移注意力。心理学研究发现，情绪的调控与人们对该情绪的"注意"程度有关。比如，紧张的情绪，大多是由于我们把注意力过多地"固定"在那些令人担心的事情或情境而造成。这就使得我们越注意就越紧张，越紧张就越注意，如此恶性循环。因此，我们不妨采用转移注意的方法来调控情绪。比如，可以试试离开引起你心情不畅这种感觉的地方；可以做自己喜欢的事，如跑步、打球等运动，听自己喜欢的音乐，唱自己想唱的歌曲；可以尝试把这些心路历程记录下来。

3. 身心放松法

当自感身心疲惫、情绪紧张、焦躁不安时，可以采用适当的放松技术进行自我调整。

①放松训练。这是国内外广泛应用的控制紧张情绪常用的方法。放松训练主要是通过放松肌肉、骨骼关节、呼吸以及神经等基本动作来降低机体能

量的消耗，从而达到控制情绪强度的目的。一般而言，神经放松尤其是大脑的放松是需要进行专门训练的，其中颈部的放松动作对于消除紧张情绪十分重要。颈部位于中枢神经系统的中间位置，是联系大脑和脊椎的桥梁，颈部肌肉和骨关节的放松可以使来自内脏器官的兴奋冲击降低甚至是中断，从而使紧张的情绪状态失去激发的物质基础，进而降低情绪的紧张感。

②音乐疗法。音乐自古以来就被认为是可以影响人们的身心和行为的艺术形式，音乐能够陶冶人们的性情，这是人所共知的。如悲哀的乐曲，使人热泪盈眶，靡靡之音令人意志消沉等。音乐是人与人之间交往的一种工具，也是人感于物的一种媒介，由此可使人的机能从心理紧张状态中恢复正常，改善个性。悦耳的音乐，对神经系统是良性刺激，音乐的速度、旋律、音调和音色不同，可以使人兴奋或抑制，也可以起到降低血压和镇静等作用。当然，由于个体的情绪、情感、文化水平、兴趣爱好、音乐素养等差异，音乐影响的效果有很大的不同。不同的乐曲可产生不同的情绪状态，所以，可针对病情和病人的爱好选用不同乐曲进行治疗。

二、案例分享*

（一）基本情况

阿华，男，高三物理班学生，右脚有点不灵活（患小儿麻痹而留下的后遗症，不是很严重）。他学习认真刻苦，上高中后成绩不断上升，高二期间成绩在班上一直名列前茅。上高三后学习任务繁重，使他感到压力很大。他觉得如果自己考不上大学，脚又有点不灵活，人生就没有希望了。因此他非常焦虑，出现了上课注意力很难集中，经常走神，学习效率下降的问题，并在模拟考试期间出现入睡困难障碍。这些问题的出现让他痛苦不已，对自己也失去了信心，产生了辍学的念头。

阿华家在一个比较偏远的农村，父母务农兼开一家很小的杂货铺，家庭经济属中等水平。父母对他的学习很关心，但因为自身文化程度不高，在指导儿子求学和开导儿子情绪方面都感到力不从心。父亲对他的期望很高，因为他自己吃过没有文化的苦头，所以非常希望儿子能考上大学有所作为。

阿华上小学的时候因为怕周围的同学笑话他的脚，所以很少跟同学们玩游戏。上初中后，又因为性格比较内向，很少跟同学们沟通，但有一两个比较合得来的朋友。上高中后，独自一个人来到城里读书，刚开始的时候，因

---

* 本案例作者：陈美珠（台山市第一中学）。

为怕同学笑话他，所以从来不主动跟同学交流，也很少说话。半个学期过去了，发现身边的同学都没有笑话他的迹象，老师也很关心他，他才慢慢地融入班集体。

阿华学习认真刻苦，在高三之前，学习成绩都在班上领先。上高三之后，学得比较吃力，有力不从心的感觉，之前成绩比较好的数学和物理有下滑的迹象。经过努力之后，虽有进步，但很难回到高二时候的水平。

（二）分析和诊断

由于阿华的脚有点不灵活，虽然这点不灵活不足以影响到生活，但还是让他觉得自己在同龄人当中是特殊的一员，使他比较自卑，性格也比较内向。根据阿德勒的超越自卑原理，每个人都有可能自卑，但也因为自卑，所以激发了个体自强的需要，然后以自强的一面让个体获得自信。上高三之前，阿华的成绩都比较好，使他获得了比较好的他人评价和自我评价，但上高三后，由于学习任务的加重和成绩的波动，使他对自己的能力产生了怀疑，也大大地降低了自我评价。

另外，由于性格比较内向，当成绩出现波动的时候，没有主动跟朋友交流自己内心的想法，排解自己内心的焦虑，这使他出现焦虑、烦躁的心理。在生活上，他又是一个比较懂事的孩子，他了解家里的情况，了解父母对他的关心和期望，所以一直以来，考上重点大学是他生活的目标，现在实现目标出现了障碍，使他感到很迷茫。

学习上的压力、自我评价的降低和无法排解的内心苦闷，使他产生了焦虑、无助、悲观失望的心理，也由于不想面对高考可能的失败，让他产生了放弃高考的念头。

（三）辅导策略

（1）在辅导初期与阿华建立良好的信任关系。

（2）分析现实，共同探讨问题的解决方法，尤其是减轻心理压力的方法，讨论不能承受的后顾之忧。

（3）自信心训练，从改变认知到改变行为。

（4）教会他一些自我调节的放松方法，推荐各种音乐和书籍给他用来调节自己的情绪。

由于阿华是由班主任介绍到辅导室的，所以一开始跟他建立良好的帮助关系是非常有必要的。他第一次来辅导室的时候精神状态不是很好，主诉已经有好几天晚上睡不好，白天精神很差，注意力很难集中。出现这种情况，辅导者先从关心他的精神状态着手，以充满关怀的语气跟他交谈，取得他的信任后，对他进行了无条件积极关注，听他把自己内心的困惑、感受一一诉说。了解了他大致的情况后，首先对他现在的情况表示同感，进而对他之前所作的努力表示赞扬和肯定。然后跟他一起讨论现在所面临的主要问题有哪些，分析这些问题的原因是什么。当了解到当事人最迫切想要解决的是睡眠问题时，就根据他的具体情况，利用合理认知疗法的原理，帮他认识到自己对睡眠的错误认识，消除了他对睡眠的焦虑，同时也给他提供一些消除失眠的方法，建议他去尝试。会谈结束后，总结了该次谈话的要点，提出要他每天抽出一些时间外出散步或运动的建议，并与他预约好下次会谈的时间。

阿华第二次来的时候，精神好了很多，虽然睡眠还没有达到他所说的理想状态，但他说自己对睡眠已经没有之前那么焦虑了。第二次会谈过程中，辅导者主要跟他一起分析现实以及跟他谈论他的理想追求，利用冥想放松的方法让他把自己内心最担忧的结果写在纸上。接着辅导者就根据他写出来的最担忧的后果与他一起进行具体分析和深入讨论，让他更深入地了解自己内心以及面对自己内心的恐惧。当他了解到自己其实还是很希望留在学校读书的，只是担心自己承受不了高考失败的结果，才想到不如主动放弃还比较好的内心想法时，他突然领悟到，其实相对于高考失败，辍学的选择更让自己接受不了，所以他打消了之前想退学的念头，并暗示自己一定要调整心态，好好考虑自己接下来两个月的安排。听完阿华的自我分析，辅导者再一次肯定了他的成长，并与之约定下一次会谈的时间。

接下来的第三到第五次会谈，都是围绕着当事人的具体问题展开的。

关于不合理的认知：例如，针对他“因为我的脚不灵活，别人不喜欢跟我交朋友”、“即使有人愿意跟我交谈，也是带有怜悯之心”的想法，辅导者让他通过逆位思考和角色互换的方法，了解到自己认识的偏差，也让他知道了即使脚有点不灵活，也可以通过健全的人格和良好的精神面貌展现个人魅力。

关于自信心方面：辅导者通过一个小故事跟他说明了自我暗示的作用，然后一起和他讨论健康的自我应该是怎样生活的。还向他提供了加强自信的具体训练方法：找出自己的优点，写在纸上，贴在自己的书桌上，每天早上出门前看一遍，并朗读一些积极的话语。例如，我今天精神很好，肯定可以完成我的学习任务……然后昂首挺胸地走向课室，开始新一天的生活。

学习压力方面，根据他现在数学和物理成绩有所下滑的情况，辅导者给了他一些具体的意见，同他班主任（数学老师）联系，让班主任给他制订一个新的学习计划，并与他一起制定了学习奋斗目标和短期的学习目标，激发了当事人的学习动机。

第六、七次辅导时，阿华的精神状态已经有了很大的改善，辅导者与他已经能够保持良好的沟通关系，与他一起承担学习过程中的压力和分享进步的喜悦。阿华已经重获了学习的信心，把自己的注意力从原来“我为什么会失败”转移到现在“我怎样才能学得更好”，这是一个积极的转变。在精神上也消除了对睡眠紧张的态度，不再为睡得早还是晚而焦虑。

五月份后，阿华就没有来辅导室，报考志愿完了之后在学校的路上见到他，发现他走得匆忙，但神采奕奕，他说刚忙完报考的事，他报了广州某理工大学，现在正在为即将到来的高考做准备。五月的阳光格外耀眼，暖暖地照在他渐行渐远的身影上……

（四）点滴体会

（1）造成学生学习焦虑的原因有很多，有社会的、家庭的、学生本人的，在辅导这些学生走出困境之前，给他们积极的关注与同感，消除他们内心的焦虑与不安是首要的。

（2）然后再从当事人的具体情况出发，找出具体的焦虑源，方能提出针对性建议和可行性的辅导方案。

（3）要善于在现实中找到可帮助的资源。当事人的问题来源于生活，也需回到生活中去解决。即使当事人在辅导室内表现得很好，他也要回到现实的学习环境中，所以在征得当事人同意的情况下，辅导者联系了他的班主任，并取得了他的配合。让班主任在生活和学习过程中，给当事人针对性的建议和及时的鼓励。实验也证明了个案最终能取得良好的效果，班主任的鼓励与监督也起了很大的作用。

第二节　考试作弊及其干预*

考试是教学教育工作中普遍采用的一种形式，也是检验教学质量，改进教学工作，检查学生对所学知识的理解程度、运用能力，并加以巩固等的重要手段。然而，自古以来，随着考试的出现，其附带品——作弊也就随之出现。考试作弊现象可以说源远流长、从未断绝，成为一种社会性问题。不少学生信奉：“分不在高，及格就行；学不在深，作弊就灵。”考试作弊现象的

* 本节作者：罗杭杭（广东省梅州市大埔县虎山中学）、邓明玉（广东省理工职业技术学校）、魏洁明（广州市花都区秀全中学）、吴智敏（广州市第八十六中学分校）、黄葵（清远市清新职业技术学校）。

存在和蔓延污染了校风，败坏了教风、学风，降低了学校培养人才的质量，令人痛心疾首。本节针对学生中存在的考试作弊现象，就考试作弊的原因进行深入的分析，并探讨如何解决中学生考试作弊的问题。

一、考试作弊现象分析

（一）考试作弊现象的界定

Pavela（1978）将“作弊”界定为学生在学业活动中为拿到学分而故意使用或试图使用不被允许的材料、信息，以及伪造论文、协助他人作弊的行为。Pincus 等人（2003）认为作弊的形式有多种，从抄袭答案到偷试卷到伪造成绩单，这些行为都属于作弊，可见作弊是一个较宽泛的概念。参照《汉语大辞典》对作弊的解释，考试作弊可以被定义为考试中用欺骗的手法去做违背考试有关规定的各种行为，它包括两个要素：一是发生在考试过程中，与考试过程无关的作弊行为不属于考试作弊的范畴；二是人为地违背考试的有关规定。

（二）考试作弊的原因探讨

考试作弊的原因是多方面的，关于考试作弊原因的分析，学者们从多角度进行了解释。

1. 心理学的原因

综合谢君在《大学生作弊心理分析及对策建议》和吕占京在《大学生考试舞弊的心理探析及教育调适》等的观点，对考试作弊的心理动因分析主要有：①过关心理，作弊是为了考试过关；②虚荣心理，作弊是为考高分、争取奖学金、评优；③从众心理，作弊是因为很多人都作弊了；④侥幸心理，作弊是为侥幸不被发现而过关、考高分；⑤逆反心理，作弊是因为对考试形式、内容、作弊现象的逆反；⑥自暴自弃心理，作弊是因为无力改变自己的状态，破罐子破摔；⑦功利心理，作弊是因为认为所考课程没有意义。蒋波（2002）、孙云鹏（2005）的研究均认为，中学生考试作弊行为是由以下的心理矛盾引起的：社会的高期望与个体的低水平之间的矛盾；自我意识发展与意志道德薄弱之间的矛盾；知识层次丰满与人格素质缺乏之间的矛盾；渴望期待成功与害怕逃避失败之间的矛盾。杨燕（2011）的研究则发现作弊行为与个性特征相关。通过 16PF 性格测试显示，作弊者个性中有共同之处，得分最低的因素集中在独立性、怀疑性、自律性、有恒性四个因子上，得分最高的因素集中在兴奋性、乐群性、敢为性三个因子上。可见，考试作弊这一行为与个性特征的自我约束力、责任感、主见性、恒心等有很大的相关性，同时，人缘好、冒险精神强与考试作弊行为的产生有一定的联系。

2. 经济学的原因

郝玉柱在《大学生考试作弊的经济学分析》中，认为考试作弊产生的具体原因是：主观上，作弊者认为自己学习的机会成本大，而课堂学习收益小；客观上，考场上真正履行职责的监考人员付出的成本大于收益，从而造成考生的作弊成本小于预期收益，作弊成为考生在权衡作弊成本及预期收益后的理性选择。林兴在《考试作弊的成本分析及其控制》中，从道德和思想成本及风险成本方面进行了原因的探讨。他们主要是从成本角度进行分析，认为成本大于收益，所以考生选择作弊。黄素霞在《大学生考试作弊行为博弈分析及对策》中对作弊行为进行博弈分析。考试作弊和考试管理之间存在着零和博弈关系，即学生和学校都因作弊而遭到损害，增加考试作弊行为的成本对减少作弊发生起着关键作用。

3. 社会学的原因

曹汉斌在《大学生考试作弊行为分析》中，从越轨行为以及考试亚文化方面对考试作弊的原因作了探讨。从越轨的角度来看，考试作弊是一种对策行为，是受到社会制度等方面影响而作出的行为。还有学者认为考试制度、考试内容和方法存在一定的不合理也是导致考试作弊的原因。吕亚（2010）发现中学生不正确的利益需要是考试作弊的根本原因；当前教育制度的不完善必然带来考试作弊；缺乏对中学生诚信应考的教育间接助长了考试作弊；对中学生考试管理的不规范直接助长了考试作弊；家长、教师和学校考试压力的转移推动了中学生的考试作弊；当前社会的不良风气对中学生考试作弊有重大影响。

4. 教师教学质量

教学质量可能会影响学生的自我效能感判断和结果预期。比如，无条理的教师会使学生觉得学习困难，进而影响他们的自我效能感。根据这个假设我们可以推论教学质量高低与学生的作弊行为存在相关，同预期一致，Murdock 等人（2001）发现当让中学生评价教师的能力和尽责程度时，相比没有作弊的学生，有过作弊的学生给出更低的评价。在大学生被试中研究者也发现了作弊和指导教师工作尽责性之间的负相关。教师工作越认真，学生的作弊行为越少。

（三）考试作弊的干预

1. 利用群体的影响

美国有研究表明，经集体成员共同讨论决定的公约、规则有助于学生态度的改变。因为经成员讨论的规定，使成员承担了执行的责任，这样的规定对学生会产生约束力。一旦某个学生出现越轨行为，就会遇到群众有形无形的压力，迫使他们改变自己的态度。

2. 小组道德讨论

小组道德讨论是美国布莱特实施的道德教育模式。他认为，学生通过对假设性两难问题的讨论，能够理解和同化高于自己一个阶段的同伴的道德推理，拒斥低于自己道德阶段的同伴的推理。学校可将不同年级的学生编成各个班组，对考试作弊和不作弊的两种结果进行深入细致的讨论。在讨论中，教师帮助学生辨明是非，分清好坏，认识到作弊是不可取的可耻行为。

3. 加强意志训练

教育者要使学生了解意志在成长中的作用，需有意识地进行意志训练。一方面，要善于引导学生抵抗不符合行动目标的诱因干扰；另一方面，要善于激发维持已经开始的符合目的的行动。有意识地加强对学生进行意志磨炼教育，有目的地引导学生参加各种社会活动，增强学生的抗挫折和抗诱惑的能力，养成优秀的品质。

4. 加强诚信教育

为了提高学生的诚信意识和诚信素质，学校应该着力营造“诚信待人、诚信做事、诚信学习、诚信立身”的校园氛围。通过开展各种形式的教育活动，帮助学生懂得诚信的重要性，引导他们自觉地诚实守信。

5. 严格考试制度

在考试之前对学生进行考试规则等方面的教育。加强监考老师的责任心，保证足够的监考人力物力，加大巡考力度。

二、案例分享

（一）背景资料

5 月 26 日下午 3 点多，我接到某班主任的电话，被告之我们班王小明（化名）同学在下午的科学考试中作弊了。

中午 12 点多，我在教室里监督自修时就察觉到他的举动异常，最后我发现好几张很小的黄色纸上，端端正正地抄着英语作文，还有科学等资料……我知道，他昨天晚上已经准备好在下午的考试中作弊了（怪不得他此刻如此逍遥呢）。于是我就这一现象对全班作了诚信考试的教育。然后带着忐忑不安的心，我去参加培训。

不出所料，那孩子还是作弊了！

我在难过与自责中听完报告，因为已经放学，所以我没有回学校。5 点多回到家，我赶紧拨通孩子妈妈的电话。

我问："王同学妈妈，你好。孩子回家了吗？"

她说："刚回来。"

我说："孩子心情怎么样？有没有跟你说什么？"

她说："蛮高兴的，没说什么呀？"

我说："孩子在学校闯祸了，他在下午的科学考试中作弊，你问问他到底怎么回事。"

于是，电话那端吵吵嚷嚷了几分钟，她说："我儿子说没有偷看，再说，老师呀，我儿子从来不偷看的，他说的一定是对的。"

我对他妈妈的态度与偏袒有点生气。我接着告诉她中午在教室发生的一切，说他确实有考试作弊的动机，然而她在电话里的嗓门越来越响，于是，我说："王小明妈妈，你的孩子昨天晚上就有考试作弊动机，另外他是在科学考试期间被监考老师发现的，不是我胡乱冤枉你儿子。我怎么可能无端说你儿子呢，如果你不信，那么你明天来学校，我们当着全班的面，还有监考老师的面说清楚。我今天告诉你这个事情，是为了解决你儿子这个问题的。儿子既然有了这个问题，我想请你和我们一起来查找一下原因，然后有的放矢地进行教育……"

（二）心理分析

据了解，该生几乎每一科考试都会作弊，我询问了他考试作弊的原因，他回答说："我对作弊没什么感觉，反正大家都在作弊。如果不作弊，像我这种学生只能不及格，每次都不及格多丢人。"而且他还认为他们是来学技术的，对理论的东西不太感兴趣。根据这些内容分析，造成中学生考试作弊的原因有相当部分来自心理因素，大体有以下几种：

1. 侥幸心理

有的学生希望能蒙混过关，不用努力就通过考试。而作弊是一种有效的方式，他们一般认为自己作弊不会被发现。

2. 怕吃亏心理

由于有些学生依靠作弊的不光彩行为骗取了高分，获得了不该获得的荣誉，给了其他学生一个负面的影响，认为不作弊的人吃亏了，于是，为了"不吃亏"，也就错误地加入作弊者的行列中去。

3. 习惯

有的学生作弊已成为一种习惯，成为准备考试的一种习惯。这种学生对作弊根本就没有感觉，认为作弊是理所当然的事。

4. 家庭教育的失败

由于一定的社会和经济原因，部分家长文化水平较低，心理素质较差，有急功近利思想，往往对学生有过高的要求，这样会使中学生产生强烈的心理失衡。表现为情绪不稳，一遇到挫折和打击就容易出现意外。

（三）干预方法

（1）对学生应注重正面教育和诚信教育，使学生明确考试作弊是一种不诚信的表现，帮助学生在认识上分辨是非，树立诚信为荣的观念。

（2）对学习成绩差的学生，教师应给予热情的帮助，考前应对学生进行课程辅导，找学生谈心，解除他们的心理压力，调节情绪，平衡心态，提高信心，坚决不讽刺、不挖苦，促使其人格和心理健康正常发展。

（3）在教学中，应注重对试卷科学性的探讨，在组织测验考试时，要从知识的基本点出发，让全体学生都能接受，兼顾各层次的学生的水平，让他们都得到正确的评价，使各层次的学生都能尝到成功的喜悦，使学习有困难的学生能通过考试看到希望，增强信心。

（4）开展小组道德讨论。在班级中进行一次以“考试作弊利与弊”为主题的“小组道德讨论”，对考试作弊和不作弊的结果进行深入细致的讨论。在讨论中，教师帮助学生辨明是非，分清好坏，从而澄清学生的道德认知，并提升相应的道德情感，进而影响其道德行为。

………… 第四章　说谎现象及其干预*

第一节　探究说谎现象

说谎这一话题由来已久，而儿童青少年的说谎研究一直是儿童社会性发展领域的研究者感兴趣的焦点之一。早在20世纪初，从皮亚杰对说谎的研究及概念界定开始，到几种说谎理论模型的陆续出现，再到近年来发展显著并逐步成熟的以心理学理论、跨文化、道德评价、情境因素等作为视角的说谎研究，不可否认，以说谎为主题的研究已经积累了大量的成果，并且还在不断地丰富着。关于儿童青少年说谎的进一步探究有利于解释与儿童心理理论有关的一些争论，解决道德发展的一些普遍性问题，为儿童青少年教育提供一定的理论指导。

一、探究说谎现象

（一）说谎现象概述

1. 说谎的界定

对于什么是说谎，不同的学者有不同的理解。

在皮亚杰看来，谎言的定义包括纯粹实在论、纯粹客观论和一般意义三个层次，即谎言是儿童顽皮的话、不符合事实的一种断言和任何有意图的错误陈述。

英国学者 AldertVrij 提出，“说谎是一种成功或者不成功的有意尝试，没有预先警告，从而使另一个人产生一种沟通者自己知道是错误的信念”。

西班牙学者 Masip（2004）提出，说谎是通过言语或非言语的方式，有目的地隐瞒或伪造有关事实或情绪信息的行为，且无论成功与否，均视为说谎。

苏联学者 A. B. 彼得洛夫斯基（1997）认为，说谎是个体的一种心理特

* 本章作者：何焕好（东莞南博职业技术学院）、韩桂莲（芦溪县上埠镇第二中学）、叶华文（江门市培英高级中学）、王秋香（广州松岗经济管理职业技术学校）、董晓丽（广州市第四中学）。

征，其表现是有意歪曲实际情况，竭力对事实和事件造成不正确的印象。

我国学者陈会昌（1996）认为，从道德意义上来说，说谎是一种处于故意给别人或自己造成伤害的不真实的话。这主要是从道德意义上对说谎进行界定，那种处于故意，但是能给别人带来好处或使别人避免伤害的不真实的话，就不能算作谎话。

目前，较为一致的观点认为，判断谎言必须具备三个要素：第一，它确实是假话；第二，说的人明确知道它不是真的；第三，说的人希望听的人能够认为它是真的。

2. 说谎的类别

在谎言的分类问题上，大多研究者会根据自身的兴趣点，从不同的角度对谎言进行分类。例如，根据动机的性质，谎言可分为恶意谎言、习惯谎言、玩笑谎言、正规谎言；另一种较为常见的分类将谎言分为直接谎言、夸大谎言和技巧谎言。从认知的角度，说谎可分为无意说谎和有意说谎两种类型。而说谎行为表现又可分为外显、内隐和错误信念理解三种形式。

我国学者徐芬等人参考各种分类并结合研究实际，提出黑谎（Black Lie）的概念，即为了逃避惩罚而说的谎话。从这个角度来说，还有另一类谎言是为了不伤害他人情感而说的，即白谎（White Lie），具有亲社会性。此外，考虑到我国的文化背景，又有“面子谎”之说。它与“白谎”的区别在于，后者通常是为了他人的感受，而“面子谎”可能是为了他人，也可能是为了自己。

3. 说谎的动机

皮亚杰指出，7 岁以前的儿童在作出判断之前根本不考虑说谎者的动机，他们所关注的只是错误陈述本身与事实之间有多远的距离，却几乎不对说谎者歪曲事实的动机提出质疑。儿童直到 11 岁才有能力认识到有关谎言真正的道德问题是它的欺骗意图，他把这一变化解释为儿童具有把自己从自我中心立场中摆脱出来的能力后所产生的结果。

温默、彼得森等（1983）的实验与皮亚杰的实验相比较发现：各年龄组儿童说谎行为的态度转变具有更为明显的渐进性，对谎言的道德判断标准会随着年龄的增长而变得越来越宽松；而且低年龄组的儿童在判断谎言的自私功能和道德含义方面具有更强的能力，更可能从为人要正直以及谎言会对信任产生影响的角度来看待谎言，从而杜绝说谎。

卢乐珍认为儿童早期说谎行为动机主要表现为天真幼稚、争强好胜、虚荣心强、逃避惩罚、恐惧焦虑和利益诱惑等 6 个方面。她进一步强调，说谎首先是一种后天习得的行为，与儿童的社会生活环境密切相关。其次是由于强化的原因：第一，儿童偶尔尝试说谎并获得成功，由此得到强化；第二，儿童简单幼稚的说谎行为在成人眼中却成了聪颖的体现，一笑而过，也就强化了儿童早期的说谎行为。再次是某些成人教儿童说谎或欺骗他人。

Ekman 通过对儿童及成人的探究发现，说谎的动机大概有下列这些：避免受到惩罚；原本可以得到的奖赏，不说谎可能得不到；为了保护别人免于受罚；为了保护自己不受伤害；为了让别人看得起自己；避免社交场合的尴尬；为了避免丢脸；为了保守秘密，完全不加声明地将某些信息据为己有；为了行使凌驾于别人之上的权力，控制别人想要知道的信息。

（二）说谎行为的原因

1. 基本观点

（1）精神分析学派。

在说谎过程中，本我本着人类最纯洁的冲动，会强烈地驱使自己去说实话。而自我会考虑到这样对自己不好，那就会极力压制本我的冲动，并且采取另外的方式避免本我的冲动，外在表现为说谎的时候焦躁不安，举止不定，情绪变化大。这种外在的表现是本我和自我相互斗争消耗大量精神能量的结果。而两者斗争之外，超我会采取更加合理和有效的措施，那就是说谎。超我越强的人，说谎的时候越发镇静，本我强的人表现为不会说谎，自我强的人表现为说谎能力差，容易被人看穿。

（2）行为主义学派。

行为主义学派认为，孩子的说谎行为往往是后天“学会”的。模仿是孩子的天性，孩子的第一次说谎往往是模仿父母或者周围其他人而来，父母的行为潜移默化地影响着孩子。

（3）人本主义流派。

人本主义流派则认为，人是为了满足自己的某种需要而说谎。此时说谎是人为了达到自己的某种目的而采取的一种自己认为最有效的方式。如在学习成绩上说谎是为了得到表扬，或者是为了逃避惩罚。

（4）认知心理学派。

在认知心理学层面，较为常见的观点是命题理论、原型理论与民俗模型。具体而言：第一，命题理论（Propositional Theory of Lying）。持命题理论观点的研究者认为，言语涉及的“事实”、说话者的“意图”和“信念”等语义特质在说谎概念的形成与发展及其道德评价中起关键的作用，它组成了说谎概念与道德评价的认知结构。第二，原型理论（The Prototypical Approaches）。

原型理论通过3个语义成分定义了原型说谎的特征：①言语表述与事实相违背（事实成分）；②说话者知道此言语表述是错的（信念成分）；③说话者有意欺骗听者（意图成分）。如果是原型真话，则这3种成分都与原型说谎的特征相反。这个理论预测，说谎概念的发展取决于儿童对此3个关键成分的理解，不受社会背景或文化因素的影响。第三，民俗模型（A Folk Loristic Model）。20世纪80年代末，Sweetser的民俗模型向原型提出了质疑，强调社会与文化因素在个体定义说谎时所起的重要作用。Sweetser（1987）认为，一种言语表述是否被认定为谎言不仅取决于说谎的原型成分是否出现，还取决于交谈发生的背景。

2. 说谎行为的发生与认知有关

（1）皮亚杰的道德发展阶段说。

皮亚杰对儿童道德认知的研究可谓独树一帜，对儿童撒谎的行为分析得更是有理有据。他根据儿童对游戏规则的理解和判断，从儿童思维发展的特点出发去研究，把儿童道德认知发展水平划分为三个阶段：

第一阶段，前道德阶段（0～3岁）。儿童的思维大部分处于感知运动阶段（2～7岁处于思维的前运算阶段），主要以感知外部世界为主，偶尔表现为以自我为中心、认知不守恒等。在这一阶段，2岁左右的孩子就出现了撒谎的行为，这是儿童思维发展的一种表现，是儿童无意识的行为，不属于道德的范畴。

第二阶段，他律道德阶段（3～7岁）。儿童的思维处于前运算阶段，以自我为中心，表现出的显著特点就是服从权威。此时，儿童说谎是一个自然倾向："这种倾向是自发的、普遍的，以致我们可以把说谎看成是儿童自我中心思想的一个基本的部分……儿童的说谎问题乃是在儿童自我中心态度和成人道德强制之间发生的冲突。"皮亚杰还进一步从这个阶段儿童的认知特征分析了儿童说谎的原因。前运算阶段儿童的思维具有一种下意识的自我中心态度，往往把现实同化于自己的活动之中，而不考虑其客观性；当加上语言和出于动作的内化而形成了表象能力时，主体的活动对于现实的同化作用进一步加强；在以自我为中心的幼儿尚未真正感到有必要对原有的图式进行调节，以适应现实的需要时，便会自然地按照自己的欲望和想象来歪曲客观现实，这是儿童说谎的认知原因。在儿童看来，说一次谎话的严重性，不在于儿童存心欺骗的程度，而在于说谎和真相在实质上相差的程度。皮亚杰的分析对于幼儿教育工作者及家长正确认识幼儿说谎原因并正确对待是有价值的。

第三阶段，自律或合作道德阶段（7～12岁）。思维处于具体运算阶段，并开始向形式阶段过渡。儿童不再被表面的事物所蒙蔽，学会了换位思考，能够通过观察别人的行为判断他的动机。在判断行为时，不仅考虑行为的后果，而且考虑主观动机。这表明儿童的说谎可能是有意的，由不良的动机驱使的。皮亚杰认为儿童道德认知发展的顺序是固定不变的，是从他律道德向自律道德转化的过程。在儿童的他律道德阶段，只考虑行为的直接结果，不考虑行为的动机，说谎是行为结果的驱使；在儿童的自律道德阶段，不仅考虑行为的结果，而且考虑行为的主观动机，说谎可能是儿童有意的行为（袁传明等，2010）。

（2）罗素的恐惧说。

儿童之所以说谎，主要来自于儿童对成人的恐惧心理。事实上，不诚实几乎都是恐惧的结果。这种恐惧又来自儿童对受到恐惧刺激的成人的观察（认知）。如果儿童从小就没有遭遇成人的恐吓，反而受到贤明和善的对待，那么长大后必定是诚实的，因为他根本不知道除了诚实之外还有说谎这一说法。

3. 说谎行为的发生与动机有关

（1）卢梭的观点。

卢梭将儿童说谎分为两种：一种是就过去所做的事情撒谎，另一种是就将来承担的义务说谎。前一种又分为，儿童否认他所做过的事情和硬说他做过他没有做过的事情。卢梭指出，就其本意而言，儿童是知道事情的真相不是那样的，反而偏偏说成那样。他认为，儿童天性是善良的，当他们受到别人的帮助或恩惠时，绝不会产生欺骗的想法，因此，说谎绝不是孩子的天性。然而，有些儿童为了逃避惩罚和责备，或是为了贪图眼前的利益，他们也可能选择说谎。由于儿童的想象力还处在懵懵懂懂的状态，12 岁前处在理性的“睡眠期”，根本想象不到这种谎言所带来的间接后果，对此不应苛责。第二种谎言，卢梭认为，产生的原因是成人将一些成人社会的义务强加在儿童身上，而实际上是做不到的，从而导致了说谎。卢梭指出，那些义务不仅违反自然的状态，而且约束了儿童的自由。在此情景下儿童所许下的一切诺言是不符合自然规律的，是在他们不理解的情况下作出的，因而是无效的。当儿童答应将来做某事或不做某事的时候，是并未说谎的，因为在他作出诺言时，他对他所许诺的事情没有什么了解。

由此可见，在卢梭看来，儿童之所以说谎是由两方面因素造成的：一方面是儿童思维想象力还没有发展到可以预见自己的行为后果；另一方面应归咎于成人处置不当，是成人没有意识到这点。他们认为凭一些空洞的格言和不合理的清规就可以重新约束孩子的心灵。因此，他们宁可让孩子背诵功课和说谎，也不愿意让孩子保持天真和诚实。儿童本身没有错，而是错在成人无知的教导，是他们教会了儿童说谎。

（2）生物进化论的观点。

从生物进化论的角度，欺骗是自然界最基本的现象之一。从病毒表层蛋白对人体免疫系统的欺骗到昆虫的拟态，欺骗是生物为了更好地繁衍而进化出的本领。进化心理学认为，虽然人类个体本质是自私的，但也存在利他行为；利他行为不仅存在于血亲之间，也存在于陌生人之间，基于互惠的利他行为是社会发展的重要因素。但如果一方试图利用对方对其互惠的信赖，就会产生欺骗。说谎行为本身会根据结果的反馈不断演化，并且随着说谎频次的增加，对方识别能力逐步提高，说谎行为也会相应地演变得更加难以识别。

Trivers 等进化心理学家进一步提出，为了更好地防止谎言被识破，人们还具有自我欺骗的能力，自我欺骗使说谎行为合理化，有助于说谎行为的成功；同时，通过自我欺骗，个体的心理处于更加平和健康的状态，有益于个体的整体适宜性（Inclusive Fitness）。

社会心理学家（张亭玉等，2008）认为，说谎与身份维护、自我呈现和印象管理有关。日常社会生活中展现的“自我”多少都是经过改编和包装的，通常人们会根据当下所处的环境来调整自己的表现和表达方式以塑造恰当的形象和身份、获得或提高他人的情感支持、影响他人的偏好、赢得他人的赞同等，这些目标的实现对人们社会交往的顺利进行具有重要意义，说谎成为非常普遍的一种社会行为也就不足为奇了。

4. 说谎行为的发生与情景、文化背景有关

洛克声称，儿童说谎是一种恶劣的品质，是许多恶德败行的温床和庇护所。他分析了儿童说谎的原因（袁传明，2010），指出社会是个大家庭，人的品格素质参差不齐，环境极其复杂，说谎行为在这样的社会上广为流行，就为儿童说谎孕育了罪恶的环境，尽管成人尽量掩饰，要使儿童察觉不到别人在各种情况下说谎是很困难的。如果成人不加以谨慎防范，尤其是从自身做起，为儿童树立良好表率，儿童是很容易学会说谎的。因此在洛克看来，儿童说谎的原因应从社会环境寻找答案。

从目前研究结果看（张兢兢等，2007），儿童对于亲社会情景下（如做好事）的谎言以及反社会情景下的谎言有不同的评价。在亲社会情景下，随着年龄的增长，儿童对说谎的评价越来越积极，对说真话的评价则相反。在人际交往情景下，随着年龄的增长，儿童对白谎（为了避免尴尬或者伤害他人

的情感而说谎）的评价越来越积极，相反，对于直率真话（直率地说不喜欢某事）的评价越来越消极。随着儿童的成长，儿童在对说谎或说真话进行道德评价时越来越多地考虑到说话者的动机，而且在不同的情景下也有所不同。在说谎的道德评价中，除了考虑到原型理论中所述的事实（言语表述与事实是否相违背）、信念（说话者是否知道此言语表述与事实不符）与有意性（说话者是否有意欺骗听者）三个认知成分外，随着年龄的增长，儿童会越来越多地考虑到说话者的动机以及情景因素，甚至会出现不同文化间的差异。

（三）说谎的表现及应对策略

1. 儿童说谎的主要表现

从认知的角度，儿童说谎主要表现为无意说谎和有意说谎。

第一，无意说谎。无意说谎也称无恶意说谎或想象性说谎，这是说谎的初级形态，属于一种无意识行为。年龄小、认知水平较低的儿童容易出现想象性谎言。当儿童把自己日常的所见所闻交会融合进自己虚构世界的各种素材进行随意加工，编成自己的童话故事，便出现了表现好奇心和求知欲的创造性谎言。这一类的说谎现象大多是由于孩子的心理发展特点造成的。低年龄的孩子记忆很不精确，在回忆时往往会歪曲事实，将幻想与现实混同，加之理解能力尚浅，容易造成认知不足或理解错误，从而使说出的话不符合真实的情况，这种谎话与意志品质毫无关系，因而不能称为真正的说谎。儿童分不清自己的想象与现实之间的界线，会把他自己想象的东西当作事实加以描绘，形成无特殊目的的谎言。这种“谎言”，实质上是儿童想象的反映。

第二，有意说谎。有意说谎也称恶意说谎，此类说谎是指孩子为了达到个人的某种愿望有意地说谎、欺骗成人和隐瞒事实或嫁祸于人的举动。处于自我中心阶段、尤其期望得到别人的赞美或表扬的低龄儿童，容易出现夸张、虚构的虚荣性谎言。有意说谎是一种比较严重的说谎行为，若不及时制止，很可能造成儿童的品行问题。此类说谎根据目的不同可以分为三个层次：

第一种：逃避型说谎（逃脱惩罚的恐惧心理）。

儿童的思维方式与成人不同，他们头脑简单，遇事不会从多角度考虑。比如，他们往往简单地认为好孩子就不能做坏事，做了坏事就不再是好孩子。如果承认错误，老师会把自己当成坏孩子来对待，他无法接受一个好孩子却做了一件错事这一矛盾。当然，也有儿童因为以前做了错事照实承认了却遭到老师的斥责、惩罚的缘故，因而故意用说谎来掩盖事实，或用假话来取得老师的信任，讨得老师的欢心。此外，孩子说谎是他们推理的产物，例如当他们知道一旦讲出事实真相就会受到惩罚时，就可能用谎言来掩盖事实。或者，当孩子意识到不隐瞒事实就得不到社会承认或老师表扬时，也可能说谎。

第二种：虚荣型说谎（取悦他人的虚荣心理）。

受虚荣心支配的儿童不能独立地估计自己的行动实质，仅对他人注意的外在效度感兴趣，为了博得他人的赞赏、夸奖以及取悦他人，在实力难以达到的情况下，便出现了有意说谎。此种说谎的动机也包括牟利性的、物质利益的驱使。如果家长要求严格，当儿童没有达到父母或老师规定的目标又想得到父母或老师的赞美时，儿童往往用谎言来将自己不足的地方“补”上，从而达到自己受表扬的目的。说谎的目的很明确。随着年龄增长，儿童已能意识到自己所说的话与实际情况有出入或者是虚构的，但因虚荣心作怪，也会促使儿童说谎。

第三种：模仿性说谎（模仿他人的行为）。

模仿是小孩子的天性，父母、老师的行为都会潜移默化地影响孩子。有的家长为了让孩子做某事，往往会在事前许下诺言，可当孩子真的达到要求后，却总会对先前许下的承诺不了了之，这样久了，孩子以后做事也会变得不讲信用，以谎话来代替真诚。家长虽然没有教孩子说谎，但可能无意中在孩子面前表现出说谎的言行；或成人的说谎尽管有时是善意的，可幼小的孩子分辨不清楚，以致孩子行为上失去了标准，产生心理的不平衡，从而可能模仿这种说谎行为。心理学研究发现，同伴和家长对儿童的影响是很大的。如儿童在玩耍时发现大年龄儿童用欺骗的手段轻而易举赢了自己，久而久之，也会养成欺骗的行为。孩子的感觉是敏锐的，模仿能力是无限的。

2. 中学生说谎的主要表现

（1）习惯性说谎。

有的学生往往自我表现欲极强，善于随机应变，这部分学生知识并不一定丰富，但表现得似乎无所不能。这类说谎者更多的是缺乏良好的教育，他们从小就学会了说谎，没问题时会说谎，遇到问题更会说谎，以蒙蔽老师、家长和同学。这些学生一旦发现谎言将要败露时，还会继续说谎，以掩盖事实的真相，用谎言来支撑和巩固原有的谎言，这是一种典型的病态心理。

（2）报复性说谎。

这种说谎行为的动机是利用谎话对他人进行报复，发泄对他人的敌意、愤怒等情绪。当遭到他人的批评、殴打、戏弄等挫折后，一些青少年就有可能用说谎的方式诱骗对方上当，利用他人的力量惩罚自己不喜欢的人，使对方承受物质上的损失、精神上的痛苦。

（3）恶作剧性说谎（逗乐心理）。

这种说谎行为的动机是为了戏弄他人，从中获得心理满足。当一些学生感到生活不充实，难以打发时间时，就有可能用恶作剧说谎的方式来戏弄他人，从他人不恰当的行为反应中获得畸形的心理满足。

（4）表现性说谎（引人注意心理）。

这种说谎的动机是吸引他人的注意，在他人面前夸耀、表现自己，获得他人的表扬。有些学生长期得不到老师和家长的关心和重视，有些老师把注意集中在所谓的好学生身上而忽视了所谓的"差生"，有些学生家长忙于工作而忽略对子女的关心和教育，因而导致了学生有被冷落的感觉，为了引起他人的注意，学生就会故意说谎。还有的学生性格比较内向，不善于交际，但为了排除自己的孤独，证明自己的存在，有时也会说谎。

（5）从众性说谎。

当学生中发生了一件不好的事情，老师追究这一事件的责任时，许多同学虽然知道，但不会向老师告发。这里有的是朋友的义气心理因素影响，有的是恐惧心理影响，害怕同学报复。还有不少的学生则是一种从众心理，大家不说我也就不讲，反正与自己没有关系。如在一些中学里，有的学生破坏了学校的课桌、门窗等，如果没有被教师发现的话，学生往往都不会承认，这需要教师花很大的力气才可能查出来。

（6）善意性说谎。

也有一部分学生尤其是一些思想品质较好的学生也会编造善良的谎言，如有些学生做好事不留名或为了帮助某一同学而采取不留名甚至于用假名的形式，所有这些都是善良的表现。说谎并不都是坏事，在特定的条件下需要人们去说谎，最常见的如医院里的医生对垂危的病人或得了不治之症的病人，他们往往把病情告知家属，而不是直接告诉病人本人，其目的则是让病人能在心理上放松并能配合治疗。

3. 干预儿童、青少年说谎的对策

（1）创造民主、愉悦的家庭氛围。

家庭是孩子成长的第一环境。培养具有健康心理品质的孩子，其首要因素就是为孩子创造一个民主、愉悦的生长环境。在这样的家庭氛围中，孩子不会一做错事就产生害怕、恐惧心理，而是将自己的困扰、忧虑、羞愧告诉父母，因为他们信任父母，确信父母会陪伴和支持他们，给予他们解决问题的力量和智慧。首先，父母教养方式要一致。在一些家庭中，父母之间的教养方式是不一致的，甚至彼此矛盾。父母之间应该达成一种相对一致的教养方式，并对问题行为的处理制定出一套协调、可行的方案。其次，鼓励孩子说真话。即使有时候孩子所说的实话令父母为难、尴尬，甚至有损某种利益，父母还是要鼓励孩子说真话。不过，对于那些出于避免他人受到伤害的善意谎言，父母可以与孩子分享自己的想法和感受，并在肯定这种善意的出发点的同时，让孩子明确地了解说谎行为的不可取。因为对孩子而言，表达其真实的情感体验和想法及观点，可以促进其身心的健康，以及人格的健全发展。再次，要尊重孩子。通常来说，凡是受到父母的尊重，并可以宣泄自身情绪的孩子，都相对比较诚实；相反，在父母过分严厉管教下的孩子对父母的亲近感较少，恐惧感较多，他们常常为了逃避斥责和惩罚而选择说谎。当父母发现孩子说谎时，不一定非要追问个水落石出，也不一定非得让孩子承认自己说了谎，尤其是当他人（如孩子的同伴）在场时更不应该如此。

（2）父母应言行一致，以身作则。

首先，不要欺骗孩子，做好榜样。父母作为孩子的第一任教师，是孩子直接模仿的对象，其言传身教十分重要。因此，父母要以身作则作出表率。父母在要求孩子诚实的同时，自己也要做到言行一致，成为孩子的正面示范。犯错后要及时承认错误，并认真改正，即使是无意忘掉了也要诚恳认错。不要当着孩子的面说谎。说了谎，也不要爱面子，应勇敢地当着孩子的面做自我批评，承认自己的过错，给孩子树立一个良好的榜样。其次，对孩子或他人的承诺要认真履行，有的父母为了激励孩子去做好某一件事，事先作出了这样那样的许诺，而当孩子达到目标后，事先的许诺早已忘记了或者继续开“空头支票”。这样时间长了，不仅会使孩子失去对父母的信任，而且也会学着欺骗父母。

（3）加强诚实教育，强化诚实行为。

首先，教育学生说实话，做实事。在家做一个诚实守信的好孩子，在社会上做一名诚实守信的好少年，在学校做一名诚实守信的好学生。要教育孩子认识到任何形式的不诚实都是不道德的。让孩子深深记住，说谎是不光彩的事。其次，应及时奖励诚实行为。对于诚实守信的孩子，成人应及时给予表扬和鼓励，从而给其他孩子以正向的引导，以强化孩子的诚实行为。通过反复进行诚实教育来强化孩子的诚实行为。有预见性、反复地进行诚实教育。心理学家说，在矫正孩子的说谎时，奖励诚实行为比惩罚说谎行为更为重要、有效。所以，父母和老师在日常活动中要有意多表扬孩子的诚实之处，奖励他的诚实行为，这样孩子就能体会到诚实比说谎更好。再次，营造良好外部环境，引导良好社交。说谎是一种情境性行为，因此，成人应以敏锐的观察力和判断力，善于察言观色，给予孩子安全的心理环境，及时发现并加以教育和引导。良好的孩子同伴交往或者混龄交往有助于孩子个性发展和社会性进程。

（4）根据孩子的个性特点采取不同的纠正方法。

首先，要搞清孩子说谎的动机和性质，对症下药、有的放矢。当老师怀疑孩子在说谎时，先应该进行仔细调查、了解，搞清孩子是不是真的在说谎。有些孩子的性格较为软弱、内向，什么事都放在心里，父母纠正其说谎行为时更应循循善诱，晓之以理、动之以情。对开朗、活泼、外向的孩子来说，父母在与他们谈论说谎事件时可不必像前面这类孩子的父母那样小心翼翼、如履薄冰。要根据孩子的年龄特点，分析孩子说谎的动机，以自己的实际行动帮助孩子树立正确的是非观，为他们适应复杂的社会生活奠定良好的基础，引导孩子的行为逐步向社会所期望的、有益的方向发展。其次，不轻易贴标签，不横加指责。不要给孩子贴上“谎话专家”、“吹牛大王”等标签。成人喜欢用给孩子归类的方式来谴责孩子，但它造成的后果则与我们的初衷背道而驰。孩子今后可能会更加“努力”地说谎。应从终身发展这个角度来看待孩子的说谎及说谎行为。即使孩子犯了错误，也要耐心地给他讲道理，变被动的说教为主动的行为引导，这样，孩子才会对成人有信任感，才肯说真话，不说假话。有时孩子并非真的想说谎骗人，因而老师不能盲目加以责怪，伤害孩子的自尊心。让孩子对自己的行为感到羞愧和内疚是塑造孩子道德行为的有效途径。家长应少责骂与体罚，让孩子敢于承认自己的过失。再次，信任孩子，给孩子改过的机会。著名的德国教育家克雷奇默认为，说谎是由于孩子对成人的不信任而产生的。因此，家长和老师应该采取理解的方式对待孩子的说谎。要想孩子相信成人，先要成人信任孩子。要认真思考孩子为什么会这样，尽量从孩子的角度去理解他，认真分析他产生说谎行为的真正原因，帮助他应对面临的挫折，对他的合理要求予以满足，对不合理的要求讲明不能满足的原因，引导的效果远比简单的批评说教要好得多。父母、老师以及同伴的充分信任会使孩子自觉地进行自我约束、自我监督。成人应该以宽容的心态，给其爱的抚慰，抓住孩子说谎时的矛盾心理，消除孩子说谎的心理刺激动因，缓解孩子情绪和较大的心理压力，将问题扼杀在萌芽状态。儿童说了谎，要给他一个宽松的气氛和环境，减轻他的心理压力，给他改过的机会。

（5）加强家校之间的协作和配合。

当孩子出现不诚实的有意说谎行为时，家长和老师等成人要言行一致，不要敷衍塞责，否则孩子就很容易养成不良的说谎习惯，进而影响其心理健康发展。坚持示范教育，家长及教师身正为范，教师和家长要言行一致，以身作则，把教育融于日常学习、生活中，把课堂教育与家庭教育融为一体，在日常生活、学习中真正地起到示范、榜样的作用。学校教育是孩子社会化过程的重要阶段，要纠正一个孩子的不良行为，教师的爱是非常重要的。在教育过程中，教师应该给学生多一些爱心，多一分信心，多一分耐心和恒心。师爱可以给予一个孩子改正错误的勇气和力量，也可以使孩子产生自省，激发出内心深处改正错误的愿望，从而树立起自信心，直面自我，改正错误，这胜过无数的惩罚。家校协调共同施教，加强家校联系是教育孩子不说谎话，养成诚实品格的重要保证。

二、关于说谎的相关研究

（一）儿童说谎的主要研究范式

1. 对偶故事法

皮亚杰在研究儿童道德判断的过程中运用“对偶故事法”考察了儿童对说谎概念的理解。作为儿童道德发展研究的先驱者，皮亚杰向儿童呈现成对故事，故事中主人公的主要行为是进行各种不同形式的言语交往，这些言语可分为说谎、猜测以及夸张等方面，要求儿童判断违背事实的言语是否是坏的。

2. 情境故事法

为了使研究任务简单化，研究者用一个故事代替皮亚杰研究模式中的两个故事，利用情境故事法来研究儿童的说谎认知。在这种研究范式中，一般先向被试呈现几个情境故事（若是学前或者小学的低年级儿童，都要求利用图片加以形象说明），而后要求被试回答一系列的问题。首先是有关说谎或说真话概念理解的问题：“这样说有没有说谎?”如果儿童回答“没有”，就问：“有没有说真话?”儿童反应后，记录他是否作出了正确的选择。接下去的问题是要求儿童对言语的好坏进行道德判断：“这样说好还是不好?”然后根据他的回答，在多级计分量表上，让儿童评价主人公的言语“有多不好”（或者是“有多好”）。最后，研究者可能还会对儿童作出判断的原因进行访谈。

3. 抵制诱惑情境

对于儿童的说谎行为，很多研究者采用实验研究的方法来进行探讨。Lewis 等人在 1989 年运用了一种“抵制诱惑情境”（Temptation Resistance Situation）：让一个 3 岁儿童进入一个房间，此房间中有一个吸引人的玩具。当实验者离开此房间时，指示儿童不能偷看此玩具。然后通过单向玻璃观察儿童的行为，并用摄像机进行记录。当实验者回来之后，询问儿童是否有偷看，并记录他们的回答。后来的很多学者运用类似于“抵制诱惑情境”的实验设计对儿童说谎的问题进行了研究。

4. “藏与找”任务

还有一些研究者往往采用“藏与找”任务（Hide and Seek Task）。该任务的模式为，先向儿童讲述一个故事，故事中会涉及三个人物：Tom、国王和强盗。之后给儿童一些容器，让儿童帮助 Tom 把宝物藏起来。任务分两步完成，第一步，让被试帮助 Tom 把宝物藏在一个容易让国王找到的地方；第二步，让被试帮助 Tom 把宝物藏在一个令强盗找不到的地方。在儿童帮助 Tom 藏宝时，主试会在地板上设计一些脚印作为 Tom 留下的“证据”，儿童会根据实际情况来判断，为了给他人造成错误信息，可以考虑擦掉脚印或改变脚印的方向。车文博等人（2006）运用的“找钱币”任务，其实就是这个研究范式的变形。

5. 观察记录法

心理学家 Clara 和 William Stern 通过观察自己的孩子以及根据其他孩子父母的报告最早系统研究了谎言。一些学者对儿童说谎的研究则采用自然观察记录法。如 Wilson 等人，追踪两年调查了 40 个家庭中 2 ~3 岁儿童在自然情景下的说谎行为。

6. 一件不如意的礼物

另外，在有关“白谎”或“面子谎”的研究中，“一件不如意的礼物”（An Undesirable Gift）是使用频率较高的一种研究范式。Victoria Talwar 等人（2007）就通过操作这一范式，考察了 3 ~11 岁儿童具有亲社会性的“白谎”行为（Prosocial Lie-Telling Behavior）。实验中的大部分儿童被试来自白种人、中高等收入的北美中等城市家庭。在第一个情境中，儿童收到了一个不如意的礼物，而且送礼者还会询问其是否喜欢。在第二个情境中，儿童同样收到了一件并不喜欢的礼物，但在送礼者询问之前，父母鼓励其说“白谎”。在第三个情境中，儿童的父母收到了一件不如意的礼物，儿童被鼓励代表父母说“白谎”。

7. 跨文化研究

跨文化的研究范式也是焦点之一。李康等人（1997）比较了中国和加拿大儿童在不同因素（亲社会/ 反社会、谎话/真话）的组合条件下，对主人公说谎行为的道德评价所产生的影响。结果发现，在反社会条件下，中加两国儿童对说谎的评价比对说真话的评价更为消极；在亲社会条件下，相比加拿大儿童，中国儿童对说谎的评价更为积极，即“认为做了好事不告诉老师是好的”，而对说真话的评价却更为消极。该研究结果除了证明说谎的动机会影响儿童对不同说谎类型的道德评价以外，还支持了社会因素或者说文化习俗对该类道德评价的影响作用。

（二）儿童说谎年龄特征与说谎率的研究

有关说谎行为的研究主要集中在说谎发生的年龄和发生率两个方面。从目前国内外的研究结果看，无论是轶事报告、个案观察，还是实证性的实验研究，都发现儿童的说谎行为在幼儿时就已经发生，并且会应用到各种不同的情境中。因涉及具体年龄与发生率，研究者之间至今没有达成一致的结论。但基本趋势是：无论是说谎概念理解以及道德评价的能力，或者是说谎的行为，2～6 岁儿童都是随着年龄的增长而不断地提高的，然而 6 岁以后，儿童的说谎行为并未随着年龄的增长而增加，反而有下降的趋势。

从说谎发生的年龄来看，目前研究普遍发现：

2～3 岁幼儿的说谎特点：这个阶段的孩子基本上不可能分辨出自己是在说谎还是在说实话。孩子的那些无伤大雅的谎言可能源于活跃的想象力、健忘等。

3～4 岁幼儿的说谎特点：这个阶段的孩子，说话时会不假思索地脱口而出，讲不符合实际的假话。经研究，这些多半是为了实现某些愿望所致。初次说假话，经教育后一般就不会再发生。但如果处理不当就会导致孩子继续说谎。

4～6 岁幼儿的说谎特点：这个阶段的孩子因害怕受罚而试图欺骗，谎话成了保护伞。

我国学者徐芬等（2005）的研究也表明，4 岁儿童的说谎人数显著多于 3 岁儿童，这也反映了随着年龄的增长说谎率上升的趋势。从说谎的策略性角度来看，这一趋势就更为明显，即 4 岁儿童有策略地说谎的人数明显地多于 3 岁儿童。这说明了随着年龄的增加，说谎的发展更可能体现在技能上的提高（主要指更有效的言语性策略的运用）。这与 3、4 岁儿童认知上的成熟有关，而其中最重要的可能就是儿童心理理论上的发展。有关说谎发生率的研究结果与上述结果相似。例如，Lewis 等人（1989）的实验发现在 33 个儿童中，有 4 个没有偷看并说了实话；在那 29 个偷看的儿童中，有 38% 的儿童说了真话，38% 的儿童说谎，还有 24% 的儿童没有进行言语反应。Gervais（2000）通过让父母和老师连续三年记录儿童说谎行为的纵向研究发现，6～8 岁的孩子说谎是普遍的现象，只有11.5%的男生和15%的女生没有被老师和母亲记录为说谎者。在被老师和母亲一致记录为说谎的人群中，有4.9%的男生和2.2%的女生为持久性说谎者。

这些结果说明，儿童说谎行为的发展，不仅会受到自身日趋成熟的认知能力的影响，可能还会受到社会道德和文化环境因素等外部因素的影响。

（三）分项研究

1. 说谎认知与道德判断的相关研究

研究者关于儿童说谎的认知和道德评价的研究则受社会文化的影响而各不相同。

国外研究表明，儿童对说谎道德判断和说谎概念的理解并不是同时发展的，道德判断的能力似乎相对要早一些，即儿童对于道德评价的发展先于对道德概念的理解。

早在皮亚杰的研究中就已经发现，对于“说谎”的概念，儿童表现出一种系统的发展趋势：年幼儿童把说谎和其他言语行为（如骂人）相混淆；而6岁儿童把不好的（坏的）言语当成是说谎。同时，对这些儿童来说，他们并不考虑说谎的意图，即“是否故意”说谎。他们对说谎与说真话的道德判断主要依赖于言语违背事实的程度以及说谎是否会受到惩罚。如果言语与现实相违背的程度大，或者受到了惩罚，儿童往往把其判断为说谎。从国内外的研究结果看，比较一致的结论是，从4岁开始，儿童就能够清楚地理解说谎或说真话，并对此作出相应的道德评价。

而我国学者张文静、徐芬等（2005）通过情境故事法对3岁和4岁儿童的说谎认知进行研究，他们对此持不同的观点。他们认为，说谎概念的获得与道德评价应该是一致的，而且说谎概念的获得是基础。

对于白谎的研究表明，儿童从4岁起开始能够理解“白谎”的概念。徐芬等人（2002）通过4类情景故事对3~5岁儿童关于白谎、伤害性说谎、积极真话和直率真话的概念理解和道德评价进行了研究。他们发现，3岁儿童基本上处于一种随机判断的水平，可以说还不能理解“白谎”这个概念；与此相比，4岁儿童却开始把“白谎”作为一种谎言来判断，有多于一半的儿童把其判断为说谎，而5岁儿童大部分都把白谎判断为说谎。儿童对于白谎的道德评价，虽然都比伤害性说谎的评价显著积极，但对白谎的评价本身，却随着年龄的增长而越来越消极。其中3岁儿童可能与白谎的概念理解一样，仍处于随机水平。

2. 儿童说谎的情境性研究

在个人说谎故事条件下，随着年龄的增长，儿童越来越倾向于选择说真话；在集体说谎故事条件下，11 岁儿童比 7 岁、9 岁儿童更倾向于选择说谎。且随着年龄的增长，集体谎和个人谎的说谎均数相差越来越大。7 岁儿童已具有初步的集体观念，并随着年龄的增长，小学儿童的集体观念日趋稳定。随着年龄的增长，小学儿童更多地从诚实、为集体或为个人等多个方面来陈述道德行为抉择的理由。假想的道德两难情境下的小学儿童对说谎或说真话的道德行为抉择不存在性别差异。

在对说谎的道德评价中，7、9、11 岁儿童对于具有积极意义的说谎的评价显著地好于消极性说谎。但在对具有积极意义的说谎进行评价时，情景间的差异显著，即随着儿童年龄的增长，对个体情景下谦虚谎的评价越来越积极，好于交往情景下的白谎，其次是集体情景下的说谎与伤害性说谎；儿童对个体行为情景下做坏事说谎予以最消极的评价。在对说真话的道德评价中，7、9、11 岁儿童对于具有积极意义的说真话评价同样显著地好于消极性真话。但情景间的差异显著，即随着儿童年龄的增长，对具有消极意义的真话进行的评价越来越消极。

集体情景下，做好事说真话与做坏事说真话之间没有显著的差异；但在个体情景下，随着年龄的增长，对于做好事说真话的评价越来越消极，11 岁时处于中性；在交往情景下，所有年龄的儿童对直率真话的评价都趋于中性。

3. 道德认知与说谎行为的关系的研究

说谎行为与道德认知之间不是简单的一一对应关系，即儿童积极或高水平的道德认知并不必然产生积极的道德行为。而究其原因，就像是持社会学习观点的研究者所假定的：道德判断与道德行为的产生与发展没有特定的关系；道德行为可以被视作是非理性的，即对行为的界定、情感和好或坏的判断与道德行为本身并没有关系，相反，社会学习过程、情景因素或无意识的行为倾向可能是行为是否表现的决定因素。

道德认知的发展是否导致某种必然的道德行为，目前仍未有定论。有观点认为，道德认知与道德行为的关系在不同类型或性质的道德行为上会表现出不同；或者说，道德发展并不必然以相同的方式影响道德行为。如柯尔伯格（1976）的研究发现，青少年犯罪者在道德认知发展上主要处于前习俗阶段，而非犯罪的青少年的发展阶段主要在习俗水平上。但一些研究者却没有发现道德发展与犯罪行为之间的关系，也没有发现公平行为与公平认知之间的直接关系。

国内外研究均表明，儿童的说谎认知与其说谎行为之间没有相关关系。London & Nunez（2002）通过对儿童说谎认知和行为的测验发现，儿童对说真话和说谎问题的回答不能预测之后的诚实行为。

张文静等人（2007）的研究表明，儿童是否说谎与儿童对说谎和真话概念的理解没有相关关系，与对说真话的道德评价也没有相关关系。具体地说，有说谎行为的儿童，无论在说谎和说真话概念的理解上，还是在道德评价上，与没有说谎行为的儿童没有显著的差异。

王平（2005）的研究认为学前儿童对说谎概念的理解程度与他们的实际行为没有显著相关，虽然他们基本理解说谎的含义，但大部分儿童仍然表现出实际的说谎行为。

李胜男（2003）对10～16岁儿童有关诚信价值的心理学研究发现，相当一部分在问卷判断反应中作出诚实判断的被试在模拟情境中却发生了不诚实的行为。

第二节　说谎案例分享

案例1：

一、个案基本情况

（一）家庭生活背景

杨某，女，1985年出生在一个干部家庭，在她一岁左右父母离异，生母从此弃她而去，父亲忙于工作，对她很少关心，她长期与祖父母一起生活。后来其父再婚，她得到的父爱就更少了。她曾很伤心地向我哭诉："我几乎是一个没爸没妈的孩子！"她的祖父母家庭经济条件很好，又怜惜她缺少母爱，非常溺爱她，从小对她有求必应，使她的物质生活极其富足，她在祖父母家里没有得不到的东西。但是，她很少接受是非观念和伦理道德的正面教育。

（二）学校和社会环境

她从上小学开始，就上学迟到，经常不完成作业，因此学校的老师和同学们都不喜欢这个娇生惯养的小姑娘，渐渐地开始排斥她。她为了能在班集体中找到些自信，就编造出一些"理由"为自己的过错披上美丽的外衣，结果却适得其反，老师和同学们发现她说谎后就更不喜欢她，更加排斥她。她为了避开大家摒弃的目光和老师的训斥，就开始逃学，在社会上结识了一些品行不良的朋友，学会了说脏话、抽烟等坏习惯，为了不被家人责骂，其说谎行为愈演愈烈。

二、个案特征及说谎行为的产生过程

（一）个案特征

我认识她是在 2000 年，她的声音很好听，眼睛大大的。第一次见到她时，她由她的姑妈领着，很有礼貌地向我问好："老师好！"我觉得她很有礼貌，心里很喜欢她，可她离开后，她姑妈却再三要求我一定要严格管教她，她的毛病很多，特别是说谎话，当时我还真不相信她姑妈的话。可是，不出一周，我果然发现她的毛病还真不少：说谎、打架、骂人、说脏话、乱花钱……最厉害的要算是说谎了，她曾经骗过亲戚、朋友无数次，在学校她欺骗过同学、老师，起初每次说谎都凑效，后来班里的同学和老师们都不再相信她的话了。

（二）说谎行为的产生过程

说谎行为的产生有一个发生发展的过程，是从无到有的渐变过程。学生杨某的说谎行为的产生也不例外。

（1）家庭早期教育不当，从小就没有树立正确的是非观念，家庭溺爱使杨某形成了娇生惯养、好吃懒做、以自我为中心的性格。在她不满一岁时父母离异，从此失去了母爱的她也很少得到父爱，只有爷爷、奶奶关心她。因为怜惜她几乎是个无父无母的孩子，爷爷奶奶从小就对她百依百顺，渐渐地爷爷奶奶对她的这种无私的爱，在她的心田里开始泛滥，她肆无忌惮地在家里为所欲为，却没有人去制止她。爷爷奶奶总觉得她还小，又无人疼爱，就包容了她的一切，包括说谎等不良行为。经过了解得知，有一次，她把家里的烤鱼分给小朋友吃了，到吃饭时奶奶不见鱼，就问她鱼哪里去了，她说大猫吃了，她奶奶也没追问。其实，她家所住的地区已经多年没见过猫了。还有一次，她用写字台上放着的五元钱买了个塑料玩具，没玩几下就摔坏了，于是就扔了。结果她奶奶要买菜，找不到那五元钱就问她，她说没见。她奶奶又问，爷爷却说："我用了。"经过两次的"化险为夷"，杨某尝到了说谎的甜头，此后，遇事就开始不说实话了。

由于爷爷奶奶的溺爱，包容了她的许多行为，特别是说谎这样的不良行为，导致杨某幼小的心灵中分不清什么是对、什么是错，什么应该做、什么不应该做，所以一些不良的行为习惯没有正确的是非观念来指导，逐渐地习惯成了自然。

（2）学校教育中，同伴群体的排斥也是说谎行为产生的重要诱因。由于她在溺爱中养成了一些不良的行为习惯，自己还不以为然，加之不懂得如何与人交往，从一开始上小学就表现出不合群的现象。如懒懒散散，不完成作业，迟到早退，因此经常受到老师的批评，在同伴群体中长期处于被排斥的地位，使她对被接纳的需要难以满足。为了获得老师和同伴的好感，她开始编造各种谎言来博得同学和老师的欢心，如“我写完作业，可忘记带了”等，后来真相大白，同学和老师们就开始不信任她、更加排斥她。这样形成恶性循环，其说谎行为愈演愈烈。她对学校生活失去了兴趣，开始逃学、旷课、流落社会。

(3) 物质生活富有而精神生活匮乏必然使人颓废。杨某混迹于社会闲散未成年人中间，为了不被他人欺负和在伙伴中获得“地位”，她编造谎言以取得伙伴的信任，并且花钱请大家吃饭、玩游戏、娱乐等，没钱了就编造谎言向爷爷奶奶要，向姑姑等亲戚要。当家里人知道真相后，开始对她进行“严管”，但为时已晚。爷爷奶奶由溺爱变为严爱，使杨某一下子难以接受，于是开始夜不归宿，常常撒谎说在某某同学家，其实是经常出入于网吧等娱乐场所。杨某的说谎行为已经处于失控状态，而且还结识了一些有不良行为的朋友，沾染上了说脏话、抽烟等社会不良习气。

三、诊断依据及归因分析

经过老师的平时观察和个案访谈资料，以及与心理学专家的商讨，杨某说谎行为的产生可归因于以下几个方面：

（一）溺爱泛滥，缺乏正确的“爱”

据杨某的口述和她姑妈的言谈，我们可以了解到，上小学以前，她在家庭中缺少父母的疼爱，得到的只是爷爷奶奶的溺爱，这种不平衡的爱几乎占据了她的全部情感世界。在学校，她缺乏老师的关爱，缺乏同学之间的信任和友爱。在社会上，她缺乏朋友之间的真爱。爱是人世间最美好的情感，没有感受过适度的爱，就不会有对他人的爱。缺乏一颗感恩的心，对自己的错误就不会受到良心的谴责。这就是她开始说谎，并对说谎行为不以为然的根源。

（二）自尊心受挫，丧失了自信心

“自尊心是个体要求自己与他人对自己的认可和敬重的一种心理倾向。”自尊心是一个孩子身心健康成长的源泉。杨某从上小学开始就经常受到老师的责骂，同学们也鄙视她、排斥她，把她当成坏学生，使她的自尊心受到了严重的伤害。为了找回自尊，她就开始说谎，用美丽的谎言来逃避周围人的斥责，但适得其反，谎言总能被拆穿。结果人们对她更不信任，渐渐地老师和同学们对她失去了信心，爷爷奶奶对她也开始产生怀疑，确认她在说谎后，也不再相信她，这导致的最终结果是，杨某彻底对自己失去了自信心。“自信心是指个体相信自己有能力有力量完成任务以实现目的。”在访谈中，她曾告诉我：“我一遇到事情总觉得自己做不好，或者不会做所以根本不去尝试，最后，怕人知道后没面子，就编些谎话，找理由为自己开脱。”由此可见，说谎是人们为了逃避惩罚而采取的自我保护的一种心理机制。所以，对于孩子的错误一定要谨慎对待，切勿滥施惩罚，一旦惩罚不当，就会导致孩子说谎。

（三）物质欲膨胀，缺乏正确的人生观、价值观和是非观

杨某从小家庭经济条件较好，在物质生活上有求必应，而精神生活却很匮乏。从小就没人告诉她什么事情该做，什么事情不该做，不自觉地做了像说谎这样不该做的事情，渐渐地养成了一些坏习惯，而这些习惯一经形成就很难改变。加之其祖父母对她非常娇惯，总担心她受委屈，一味地袒护她，从未真正教育过她，而学校的老师和同学们又排斥她，使她没有从小树立起正确的人生观、价值观和是非观，做事情只凭感觉，为所欲为。做错了就说谎进行遮掩。为了满足自己不断膨胀的物质占有欲，常常编造谎言来骗取别人的信任，以获得钱财用于自己消费。

四、教育转化的过程、步骤

苏霍姆林斯基告诫教育工作者：要切忌虚伪造作、心灵的“双重化”、两种“真理”（一种用于日常生活，另一种则用于会议发言）的同时奉行；切忌用某些虚假高尚目的掩盖欺蒙哄骗、冷漠寡情等卑劣品行。在一个孩子健康成长的过程中，内因起主要作用，外因的作用也不容忽视，特别是在问题学生的教育转化过程中，个体的自我努力和外界环境的影响是相辅相成的。因此，教育转化杨某时，我们采用了成功激励和环境培养相结合的方法，具体过程如下：

第一，在班级内营造“以诚实守信为荣、以虚伪做作为耻”的氛围。首先，召开“争做诚实好学生”的主题班会，向全班同学提出了“和谎话说Bye-Bye”的口号，在以“诚实守信”为主题的周会课上，学生们分正、反两方展开激烈的辩论，使学生们从中感受到了“诚实”的意义。子曰：“见贤思齐焉，见不贤而内自省也。”乌申斯基说：“以性格培养性格。”可见，中外教育家早已对“氛围育人”有了共识。于是，我们在班内大力营造诚实守信、杜绝谎言的氛围。其次，还让学生互相监督，发现谁有说谎行为，一定要严厉制止。这样，诚实守信在班内蔚然成风。

第二，严慈相济，用真爱来叩开她的心扉。学生杨某缺少的是一种真正意义上的爱，一种严慈相济的爱。爱学生是老师的天职，从她返回学校的第一天起，我就从情感上理解她，从心灵上贴近她，倾听她内心深处的感受，给予她一种科学的、博大的爱，一种宽严有度的爱，一种有理有据的爱。在我面前她无须用谎言来掩盖自己的过错，我允许她犯错、允许她改过，帮助她分析犯错误的原因，在我们之间架起心灵沟通的桥梁，这种爱换来了她对我的高度信任，这种爱让杨某“亲其师，信其道，学其理”，从而“正其行”。

第三，培养学生的自信心和自尊心。表扬和鼓励是培养学生自信心和自尊心的捷径。但不能随意表扬，要真心实意、恰到好处才有效果。每一个学生都是有优点的，对于教师来说，关键是要善于发现，特别是要寻找“问题学生”身上的闪光点，做一个能识千里马的伯乐。记得在我的一堂课上，有许多学生举手回答问题，她很羡慕，但由于基础差，手一直放在桌上没举起来，我突然来了灵感，让她读课后的阅读资料给大家听，她很激动，但有一些生字词读得不流利。但我还是表扬了她：“杨××积极性高，声音响亮，希望同学们在这点上向她学习。”后来她告诉我，这是她有生以来第一次受到老师的表扬。这次表扬使她开始有了自尊，并渐渐地对自己有了信心，她遇到事情先是努力去做好，而不是说谎掩盖。另外，我要求同学们也要尊重她，原谅她的说谎等行为，帮助她进步。

第四，用成功激励法唤醒学生的上进心。杨某返校后，我们对她的说谎行为进行了心理诊断，并制订了科学矫治方案，通过一些形式多样的班级活动，使她逐渐认识到“说谎”是一种错误行为，于是她向老师表明自己改正错误的决心。我感觉到时机成熟了，就让她自己先提出进步目标，如一天不说谎，一周不说谎，一个月不说谎等，然后对照这些具体目标，由同学们一起来监督她，有时犯了错误她还会自己坦白，说明当时说谎的原因，这时大家会共同教育她。在她自己规定的时间内，如果没有说谎，老师和同学们都会发自内心地对她说：“杨同学，你进步了！”如果到了一周、一个月没有说谎，老师还会给她一些小礼物来奖励她。渐渐地，她的说谎行为大大减少，学习方面也有了很大的进步。

五、个案的启示

杨某经学校的教育转化，说谎行为有了很大改变。从此案例中可以看出：家庭教育对孩子的成长起重要作用，现在大多数家庭都是独生子女家庭，家长对子女无原则的迁就与娇纵，势必产生溺爱，这种爱对孩子身心健康是有百害而无一利的。小洞不堵，大洞难堵。千里之堤，溃于蚁穴，孩子的小毛病必须及时纠正，否则势必养痈成患。学校教育又是孩子社会化过程的重要阶段，要纠正一个孩子的不良行为，老师的爱是非常重要的。师爱是一种无私的、宽严相济的爱，这种爱是一个心灵受过创伤的孩子改正错误的良药，这种爱可以给予一个孩子改正错误的勇气和力量，这种爱会使孩子产生自省，激发出自己内心深处改正错误的愿望，从而树立起自信心，直面自我，改正错误，而这要胜过无数的惩罚。

案例2：

一、个案基本情况

黄某，男，16岁，某职业技术学校学生。该生性格较开朗，但情绪波动较大，脾气暴躁难以控制。基本礼貌缺乏，缺少尊重师长的意识。智商正常，学习成绩一般，且学习会受到情绪的波动影响而变化。他是家中独生子，父母年纪都比较大，父亲一直体弱多病，且双眼有疾病，视力较差，无法外出工作。母亲在一家工厂当清洁工，收入微薄，靠着贫困户的经济补贴生活。在广州的城中村中，因为没有房子出租，家里更显得困窘。父母亲文化水平都很低，家庭经济条件又差，传统中国家庭观念让他们对唯一的孩子心存愧疚，只能通过溺爱来弥补、包容他的一切并极力满足他的要求。并且，他从小就没有接受过来自父母是非观念和伦理道德的正面教育，自小就没养成正确的是非和道德观念，再加上虚荣心作祟，为了不让外人看不起而刻意伪装自己。从小到大，由于没有接受到正确的指引，不知道如何判断自己的行为，所以说谎行为久而久之就变成了习惯，他时常对父母撒谎，对同学撒谎，对老师撒谎来掩盖自己逃课、不做值日、高消费等行为，一旦被识破，就恼羞成怒地胡乱发脾气来掩饰和逃避被谴责。作为黄某的班主任，对他的了解，也是由于其逃课、不交校服费等现象出现后，才开始密切关注他和他的家庭情况。

二、原因分析

1. 家庭教育

黄某从小就缺乏正确的引导和教育，因为父母亲文化和身体状况，生活水平等关系，父母亲承认自孩子小时候起就不知道怎么教育他，平时也几乎没有什么内心的沟通，不了解孩子也不懂得如何做才是对孩子正确的教育，况且工作休息时间本来就不多，连接触孩子的机会都很少，这也是班里相当一部分学生的家庭状况。父母因为对孩子的愧疚心理，导致给孩子施加了变形的爱，纵容孩子的一切行为。因此，在幼儿时的无意撒谎或者形成的惯性撒谎，都没有得到及时的指引和纠正。孩子从来就没有接受过这方面的正规教育，在形成的意识中无从判断自己的行为是否是正确的，诚实的行为得不到强化，撒谎的行为也得不到矫正。久而久之，就变成了一种习惯性的行为。

2. 逃避责任的心理

当遇到事情没有做好或者根本就不去尝试，当做错了某些事情时，怕被人知道后没有面子，怕受到惩罚，就会编造谎言，找理由为自己开脱。撒谎也就是人为了逃避惩罚而采取的一种自我保护的心理机制。特别是当通过撒谎逃避惩罚后，这种撒谎的行为就会得到强化，同时，也强化了撒谎的意识，当不想为自己做的事情承担责任的时候，撒谎就成了解决问题的有效方式。

3. 虚荣心理

黄某家庭条件差，为了不让其他人看到自己的窘迫，由于缺乏自信而反向生出爱面子的虚荣心，害怕受到其他同学的嘲笑，而自己又没有任何可以炫耀的才能，所以，黄某从小就开始通过语言的撒谎和行为的撒谎来满足自我。黄某会跟同学们炫耀自己家里是多么富裕，一个星期能用多少生活费。在穿着打扮方面，全身都是名牌，不深入了解，还真无法想象他来自一个如此穷苦的家庭。而这种满足虚荣心的撒谎行为的确在某种程度上满足了想得到别人肯定和赞美的心理，这也是个人情感要得到满足的需要。

4. 习惯性心理

由于缺乏良好的幼时教育，黄某从小就学会了说谎，没问题时会说谎，遇到问题更会说谎，以蒙蔽老师、家长和同学。并且一旦谎言败露，还会继续说谎，以掩盖事实的真相，用谎言来支持和巩固原有的谎言。如果这类行为多了却没有得到制止和矫正，慢慢就会变成一种习惯。习惯一旦形成，行为也就成了一种没有太多意识的惯性，慢慢地成为一种典型的病态心理。

三、干预步骤

（一）关爱和尊重

老师的爱是非常重要的，师爱是一种无私的爱，这种爱可以给予一个孩子改正错误的勇气和力量。由于黄某已经是一个 16 岁的职高学生，基本已经形成自己的一套是非观和价值观，而且这个年纪的孩子正处于叛逆阶段，不像年纪较小的孩子那么容易接受意见和矫正行为，方法不恰当很容易造成反向的效果。要改正这个长期形成的习惯和观念，必须有一个能让他感受安全和信服的人才能起到正面的影响作用。因此，首先，我从言行上关心他，让他感受到老师对他的关怀，一般这类的孩子，心里都缺少爱和被尊重而封闭自己的内心，所以，要进入他的内心世界去了解他并不是一件容易的事。刚好，本年级推行利用班会课写周记，利用这个平台，不管他的周记是多么应付式，我都会给他很详细的评论和鼓励，甚至在周记里跟他分享一些有教育性和可以触动他心灵的话语。慢慢地，大概过了两个月，他开始打开心扉，跟我聊一些自己的想法，并开始征求我的意见。我知道，他心里已经开始接受我这个老师的教导了。

（二）加强诚信教育

通过面谈和周记的交流，教育他说实话、做实事。或者就某些事情，听取他的见解，从中给予巧妙的指导。动之以情，晓之以理，并对其动机表示理解或以幽默的方式让他感受到老师和家长在为他惋惜，使之从中领悟说真话的可贵。这个年纪的学生已经有判断的能力，只要给予正确的是非观、价值观的指导，指明方向，并且使学生信服你，他就会接受教育。

（三）分析说谎的负面影响

分析人说谎所造成的后果，找相关的案例让他看，让他说出感想，并分析他说谎的行为可能造成的后果。

（四）尊重激励

苏霍姆林斯基指出：“我们越是深入学生的内心世界，体验他们的思想感情，就越体会到这样一条真理：在影响学生内心世界时，不应该损伤他们心灵中最敏感的一个角落——人的自尊心。”在人的所有情绪中，最强烈的莫过于渴望被人重视。由此可见，学生有强烈的自尊心，他们希望得到老师的重视和尊重。因此，教师要尊重学生的人格，在课堂中的任何情况下都应该以“朋友和共同学习者”的身份与学生相处。所以，以朋友的身份，他更愿意接受我的观点和教育，并且改进自己。

（五）鼓励和惩罚

谎话说多了，会成为一种习惯，要立刻纠正是不太可能的。所以，在他也真心想改正的时候，我和他达成协议，对于诚实的行为多加鼓励，对说谎的行为给予惩罚，让他自己参与制订惩罚的计划。在接受他人监督，自己又主动地自我监督和自主地要求改变自己的环境下，说谎可以得到有效的遏制。

（六）创建良好的外在环境

环境可以让一个人得到良好的发展，使人越发优秀，环境也可以毁掉一个人。良好的外在环境对个人的成长起到至关重要的作用。因此，不仅要选择好的环境，跟诚实的同学朋友相处，拒绝和爱说谎的同学过于亲密接触，还要创建一个良好的班级环境，老师带头起模范作用，使大家相互影响，共同进步。

四、反思

学生说谎心理是复杂多样的，我们对学生的教育也不能千篇一律，应因材施教。这不仅需要我们根据学生的说谎心理情况，而且也需要根据学生的心理特点进行教育。在教育过程中，教师应该给学生多一些爱心，多一分信心，多一分耐心和恒心。用爱和正确的方法结合，才能达到我们的教育目的。

……… 第五章 逃学行为及其干预*

第一节 探析逃学行为

逃学（Truancy），又称为旷课（Cut School），是指学生未经允许，尤其是未经校方的批准又没有正当理由而不上学，不参加教学活动（听课）的行为。学生旷课是目前学校教学过程中较为常见的一种不良现象。

一项对我国八省市 1 983 名违法青少年进行的调查表明，有 91.5% 的人有过逃学经历，以 14～16 岁的初中阶段为逃学的高峰期，国外也有类似的报道。中学生逃学除了对其学习造成直接影响外，其不良后果还表现为扰乱了学校正常的教学秩序，造成教育资源的浪费，导致学校教育功能的丧失。由于逃脱了学校规章制度的约束和家长的有效监管，逃学中学生容易受到社会不良因素的影响，并可能滋长不良行为，而更严重的是，逃学中学生一旦被社会不良分子利用和控制，就极有可能引发打架、偷盗、抢劫等“反社会”行为，甚至走上违法犯罪道路，严重危害到社会的和谐稳定和安定团结。逃学现象的存在不仅无法保证学生圆满地完成学业，影响科研创新素质的培养，而且会使逃学的学生形成无组织、无纪律、不诚实守信等不良品质，影响思想道德素质和文化素质的培养。

一、学生逃学行为的类型与特征

学生逃学的原因是复杂多样的，其行为表现也不尽相同。准确把握学生逃学行为的类型及其表现，对学生逃学行为的早期诊断、预防和有效干预具有重要意义。

1. 学生逃学行为的类型

根据逃学行为的根源，学生逃学行为可以分为三种类型：①玩乐型逃学。

* 本章作者：付隐文（广州市玉岩中学）、许桂民（广州市医药职业学校）、杜樱（广州市医药职业学校）、刘芳（广州市医药职业学校）、赵敏芝（广州市医药职业学校）。

这类逃学学生由于父母的过度宠爱和放任而养成了自由散漫、贪玩的不良习惯，同时他们虚荣心强，追求享乐，害怕艰苦的学习，而家庭往往就成为安全逃学的“避风港”。②叛逆型逃学。追求独立是学生心理发展的一大趋势，如果父母对子女的期望过高，在家庭教育中采用高压措施，老师不尊重学生的成人感和社会交往的基本需要，学习中干涉太多，都会挫伤学生的自尊心，引发其叛逆心理。逃学行为可以视为学生反抗成人管束、展示独立自我的一种形式。③心因型逃学。这类逃学主要是由于学生存在心理疾患或人格偏差造成的。一般而言，经常逃学的学生大多心理健康水平和自尊水平较低，呈现内向、情绪不稳定等心理特征。

2. 学生逃学行为的特征

国内外学者对学生逃学行为进行了大量研究。日本学者认为，逃学学生的行为表现具有以下特征：①逃学初期一般是待在家里，而不是在外面闲逛。②临近上学时心情变得躁动不安。他们对父母、老师的敦促和斥责非常敏感，有“惧怕”反应，甚至会反抗。③心情易变，行为异常。可能早上情绪不安，午后恢复正常，夜晚又心情高兴，安心看电视；可能在睡前已经下定决心“明天上学去”，但第二天一早决心又不起作用了。④生活无规律。长期逃学的学生大多生活无规律，学习、做功课时无精打采，而做其他事时又变得十分轻松；昼夜颠倒，晚上看电视、听广播到深夜，而白天在家里闭门睡觉。他们偶尔也会产生上学的念头，但由于上学准备不充分所以又取消了上学的打算。⑤学习上缺乏主动性。易受外界诱因影响，无长远目标，只求逃避眼前烦恼，不重视解决问题。总之，逃学学生在认知、情感以及社会行为等方面都有别于普通学生，在家庭背景方面也有其特殊性。

二、逃学现象的原因分析

1. 个人因素

旷课、逃学往往是由于学生对学校生活失去了兴趣，产生厌倦情绪，持冷漠的态度甚至惧怕的心理状态，而在其行动中形成的不良表现方式。笔者认为，导致学生旷课、逃学的内因主要来自以学生的不良学习动机和兴趣为标志的较低的心理健康水平和学生的人格缺陷。具体来讲，主要有以下三方面：

（1）学生心理健康状况对其旷课、逃学行为的影响。

美国教育心理学家富兰德森认为心理健康是有效学习的基础。低水平的心理健康状况是导致学生讨厌学习，甚至产生旷课、逃学行为的一个重要原因。心理学研究表明，健康的心理状态可以对知觉、思维、记忆的形态和功能进行归纳，可以指引认识的进程——记忆的恢复、思维的构成和知觉的形成等。相反，不健康的心理状态，尤其是人际敏感、敌对、强迫、焦虑等心理状态，极易导致厌学的情绪和行为。

不健康的心理状态（特别是情绪情感）会在一定程度上破坏大脑神经系统的正常功能，从而影响思维的速度和敏捷性、精确性和灵活性，影响学生智力水平的正常发展，以至于使学生在课堂上不能积极思考，作业、考试错误百出，学习成绩不好。在当前激烈的升学竞争背景下，如果他们一直处于失败的心理体验中，可能会产生不良的自我意识，失去对学习的兴趣和良好动机，进而失去学习的自信心，这种低自尊的心理水平会进一步加重其厌学的情绪，导致旷课、逃学行为的发生。

（2）学生不良的人格特征对其旷课、逃学行为的影响。

与一般的学生相比较，那些内向、情绪不稳定、强神经质型个性的学生更易产生厌学情绪和旷课、逃学行为。这是由于其不良的人格特征会影响到其高级神经活动的强度、灵活度和平衡度，使其知觉、记忆、思维的功能受到阻碍，智力活动的积极性受到压抑，最终导致其从事紧张的智力活动时极易疲劳，注意力极易分散，反应迟钝，学习效率下降，进而丧失学习兴趣，产生讨厌学习、害怕上学的旷课、逃学行为。

（3）学生的人生价值观、理想和世界观水平对其旷课、逃学行为的影响。

有学者将旷课的学生分成多种类型，但无论是“品德不良型”、“学习不适应型”、“人际关系不适应型”、“有意拒绝型”学生，还是占大多数的“混合型”学生，都有一个共同的特点——缺乏“自我能动性”。他们往往不能积极主动地克服学习上的困难，不能自觉排除来自环境的各种干扰，不能自觉主动地控制自己的学习行为，而是采取消极的旷课、逃学行为来逃避学习困难。究其本质，在于他们缺乏正确的人生价值观，没有远大的理想。

2. 家庭因素

父母对独生子女的教育，有的娇生惯养，有的专横管教，有的对子女不闻不问，使子女感受不到家庭的温暖和父母的关心，从而放任自流，纪律观念淡薄，自制力差，而有的父母则对子女抱有过高期望，采用高压措施，严重伤害了子女的自尊心，使子女产生自暴自弃的心理，促使子女与父母对立。和一般学生的家庭环境相比，逃学学生的家庭文化氛围和文化心理环境氛围相对比较淡，家长更多地存在发牢骚、讲怪话、赌博等世俗行为和重利轻才的观念等，父母更侧重赚钱和社会地位的获得，小市民习气重，不怎么关心和重视孩子的学习品德的变化，使其缺少安静和谐的学习环境，更有部分家长目光短浅，只考虑眼前利益，不顾子女的前途和国家需要，主动要求孩子弃学赚钱等。同时，不完整的家庭结构、不良的家庭环境、不正确的家庭教养方式等，都是造成逃学现象的家庭因素。此外，如新“读书无用论”等社会文化因素的影响，日益恶化的社会风气、社区环境的影响，社会规范的失调等，都是导致逃学现象的客观原因。

3. 学校因素

在知识经济和信息时代的今天，教学内容陈旧往往是导致学生旷课的主要原因。目前，有些课程的教材建设工作远远落后于学科的发展。比如职业学校教材中论述科学前沿和实用技术的内容偏少，有些基础课的教学内容甚至和中学重复。这让学生感到所学的课程对将来的就业和自己的发展没有多大的帮助，从而失去学习的兴趣。而落后的教学方法和教学手段难以调动学生学习的积极性和主动性。教学过程既是老师向学生传授知识的过程，也是老师和学生相互交流的过程。在新的形势下，师生的交流在教学过程中显得更加重要。墨守成规、照本宣科式的“满堂灌”模式，难以构建起教师和学生交流的桥梁。此外，教师的“皮格马利翁”效应的存在，也是造成学生逃学的一个因素。具体表现在，教师往往会偏爱“表现好、成绩佳”的学生，对他们寄予厚望，而教师积极正面的暗示会极大地提升他们的自信，引导这些学生取得更好的成绩；相反，教师对“表现差、成绩差”的学生则会期望过低，甚至有意无意地忽略他们的正当心理需要，忽视这些学生的成长与进步，造成这些学生更低的自我成就感，对学习、老师和学校丧失信心，以致自暴自弃，形成恶性循环。

三、逃学现象的预防和干预策略

（1）完善学校功能，营造健康氛围。研究表明，在引起学生辍学的学校因素中，“不喜欢学校”被列在首位，其比例远远高于经济和个人方面的原因。因此，完善学校的育人功能，营造良好的学校氛围，提高学校的吸引力是预防逃学的重要措施。

（2）优化师生关系，增进尊重理解。教师态度是决定潜在逃学学生是否继续留在学校的关键。首先，教师要增强责任心，勇于承担自己应尽的职责。教师对逃学学生推卸责任，不仅会削弱教师为挽回学生所投入的努力，影响教育干预的效果，而且会给学生以不被重视的印象，这将加重学生的学校疏离感和孤独感，从而进一步将学生推向社会。其次，教师要树立“赏识教育”、“尊重理解教育”的教育观念，高度重视逃学学生的返校行为。最后，教师对逃学学生的辅导要持之以恒，不能急于求成。最重要的是要表达对学生的信任，相信学生能够认识自己的问题，促进其自我觉醒。

（3）促进家长参与，拓展家庭功能。解决逃学问题必须依靠家长的配合，没有家长的参与，任何一项学生逃学行为的干预项目都是很难取得成功的。因此，要十分重视家长参与在预防学生逃学行为中的作用。一方面，家长要避免因对学校教育过分依赖而忽视家庭应尽的责任，片面地将学生逃学归咎于学校和老师，另一方面，家长必须充分认识到逃学行为的家庭诱因。其中，家长对学校教育的不信任、简单粗暴的教育方法和不良的亲子关系都是造成学生逃学的重要诱因。家长参与能够减少学生家庭环境和学校环境的不连贯性，通过确定家长与老师的共同目标，为学生提供健康一致的学习环境，从而搭建家庭与学校之间良好合作关系的桥梁。

（4）提高自我控制能力，健全人格品质。自控力不强是逃学学生普遍存在的心理特征。有些学生在学习上缺乏自控力，一遇到困难就想逃避，久而久之，就会造成知识链的脱节、学习成绩下降以及在同伴中地位下降等一系列不良后果。特别是当影响学习的外部诱因出现时，常不能控制自己，在受到老师责备和同学嘲讽时，一时冲动就萌生逃学念头。因此，解决学生的逃学行为，最根本的还是要从学生自身做起，从健全学生人格做起。老师和家长要有意识地培养学生的自控力、自信心和责任感，培育他们坚强、乐观、开朗的人格品质，增强其承受挫折的能力。比如，老师可引导学生公正客观地评价和认识自己，对自己的优点、缺点有一个恰如其分的认识，看到自己的成绩和进步，认识自己的“庐山真面目”。具体方法包括：在与他人的比较中认清自己的长处和短处，在他人的评价中认清自己的优点和缺点；通过实践活动来检验自己的“才能”；主动接纳自己，即对自己的本来面目抱认可态度。

第二节　逃学行为案例分享

一、案例1

1. 基本资料

伍某，男，17岁，某职业中学学生。

（1）家庭情况。

该生家庭环境特别，父亲从小对其基本不闻不问并在其初一那年重婚外逃（该生来学校注册报名时是奶奶和哥哥陪同，之后班主任只见过他的姑妈，并与其母亲通过电话）。父亲已经处于失踪状态，而其母亲对于父亲的重婚现象一方面采取了消极的逃避态度，另一方面虽然疼爱两个儿子，却很少管教他们，并且有时会对他们发泄情绪。他来校后在校寄宿。通常向在马务（学校附近）的姑妈拿取伙食费用。其姑妈告知班主任伍某从初中已经开始经常旷课。

（2）在校学习和交友情况。

学习成绩一般，基础本来不算太差，但是由于经常旷课，成绩每况愈下。口齿伶俐，眉清目秀，爱表现自己的街舞才华，一到学校就在同年级结交了一部分志同道合的男生，一起跳街舞，同时也一起旷课。本来学期初他在班级里是比较受欢迎的。但是没多久，当班里的同学发现他经常撒谎、旷课，并且由于长时间旷课，几乎不参加班级活动，不履行例如打扫卫生之类的班级义务之后，开始疏远他。

2. 主要问题陈述

据了解，伍某初中开始旷课的时间刚好是其父亲重婚外逃的时间。之后他学习成绩一落千丈，毕业后进入职业学校，在职校入学后多次旷课。旷课的情况主要分为以下四种：

（1）早上不起床，在宿舍睡觉，甚至在宿舍抽烟（已经被查到，后受警告处分）。

（2）多次不上晚自修，然后夜不归宿或者晚归（截至第15周违反晚自习考勤和宿舍考勤纪律已经达到19次）；据班主任了解是在学校对面村子里的网吧游荡或者睡觉。

（3）多次以发烧的名义请假，但是这些请假中只有小部分有校医证明或病历符合正常请假手续，大部分先斩后奏的所谓请假并没有正当理由，也没有医生证明，请假的频率和请假天数明显已经超出常规，并多次旷课（一学期累计达到45节）。

（4）在班主任数次谈心开导和严格督促下，有所好转，但是维持时间很短暂。并且多次表现出巨大的决心，多次自觉主动立下保证，但是保证过后很快故态复萌。

案主自我陈述：（在辅导过程中，小伍自己诉说的内容）我爸爸完全不管我们了，我很怕别人知道我的爸爸是这样的人。他已经重婚了。如果妈妈告他重婚，他就要坐牢，我怎么办？我就成了一个罪犯的儿子了。我很怕别人知道我有这样的一个爸爸。我也想好好学习的，但是我觉得学校的考勤太严格了，我不习惯，家里都没人管我的呀。我想走读。但是学校又不允许我出去租房子。我想出国，我想离开这里。

3. 问题分析

（1）亲情的缺失和早期教育的不当对伍某的心理状况产生了很大的影响。

伍某缺乏一个正常家庭的父母给予子女的温暖和教育。父亲从小对他不闻不问，疏于管教，以至于他对纪律和规则的观念非常淡薄，缺乏对自我的约束力，无法适应学校正常严格的教学管理和考勤制度。同时由于班级同学疏远他，使他缺乏班级的认同感和归属感。并且他缺乏学习动机，没有明确的学习目标，这些都导致他一次次逃学旷课。

（2）其父在他初中的时候重婚外逃，周围的舆论让他有了巨大阴影和恐惧心理。

母亲的逃避其实也为他树立了一个坏榜样，导致其内心觉得自己低人一等，他想要逃离现在的环境，甚至有了出国的想法，但是发现无法达成出国的愿望后，他感到痛苦，并选择用逃学、抽烟、上网等方式麻木自己。而他这样的自卑心理也导致了极强的自我保护意识。一方面他选择了反向的自我防御机制，一入学就非常积极活跃表现得很外向开朗，跳舞、与人交谈都是渴望被人关注的表现。另一方面他对生活的自卑心理来源于心理上消极的自我暗示，是一种自觉低人一等的惭愧、羞怯、畏缩甚至心灰意冷的消极情绪。因此在班主任对其关注并对其逃学加以干预时，他会有所触动，同时他多次以生病作为理由来给自己的逃学找借口希望逃学合理化，但是他无法约束自己，也无法克服自己想要逃避学校的心理，从而反复逃学。

4. 干预方案

（1）建立良好的咨询关系。在心理咨询室单独交谈，了解他的情况，让他充分地发泄内心的不愉快记忆。刚开始他闭口不语，我就避开主题，先从他是否加入了街舞团体谈起，引起他的兴趣，并多次强调会为他所说的话保密，后来他终于开口了。在几次交谈中，他主动诉说了家庭情况和自己对于父亲是否会坐牢的忧虑，同时也表达了对母亲的同情和依恋。

（2）正面疏导。对于家庭问题，让他意识到自己已经是一个即将成年的独立个体，自己也要为自己将来负责任，不要因为上一代的问题影响自己的学习；同时利用他对母亲的依恋，提醒他如果在学业上能进步，对母亲来说是一种很大的安慰；对于逃学旷课的问题，不直接批评他，不与他发生正面冲突，注意保护他的自尊心，耐心帮助他分清是非，意识到自己的错误，为他树立正确的学习目标。布置他阅读一些励志读物，让他明白学习是为自己学，知识就是力量，知识可以改变命运。

（3）和班主任配合，一步步帮助伍某学会约束自己，树立纪律观念。学习“学生管理条例”，布置任务，让伍某记录自己每天的表现情况，如做过什么、想过什么等。特别要记录在什么时候、什么情况下又想逃学；什么时候觉得学习取得了进步，有了成就感。每三天总结汇报一次，并及时进行强化。

（4）因势利导，扬长避短。和他的班主任沟通，提醒班主任更多地关注他的思想和行为，注意发现他身上的闪光点，并及时加以肯定。班主任发现他有体育特长，鼓励其参加校运会。他在校运会上获得了奖项，非常高兴。同时让他参与班级在学校文艺会演的节目排练，帮助他利用自身特长获得成就感。找几个同学和他结成小组，负责督促他履行班级义务，同时以团队形式组织其学习和参加班级活动，帮助他更快融入班集体。另外，和其母亲保持联络，希望其母亲尽到监护人的责任，共同帮助他。

5. 干预效果评估

经过大约一个学期的干预，伍某出勤现象明显改善，但是仍然有反复。同时和班里同学的关系也得到了改善。要想达到比较理想的效果，可能需要更长的时间。

二、案例2

1. 基本资料

小白，男，17岁，高中学生。家里总共四口人，父亲、母亲、姐姐和他自己。家庭经济状况一般，父母亲都是非常普通的工人。父亲重男轻女的思想严重，从小对这个儿子非常疼爱，几乎有求必应。而母亲脾气比较暴躁，经常打骂儿子，很少与其交流。姐姐一直疼爱小白。

进入高中后，小白上课经常走神。在高一期间就有三次未参加较大型的考试，有的考试甚至直接交白卷。逃学现象从高二第一学期开始高频率出现。同时，小白性格比较孤僻，基本上没有什么朋友，很少和同学交流，经常一个人乱逛。

2. 主要问题陈述

高中入学后上课经常迟到、开小差和睡觉，平时对学习一点都提不起兴趣。晚上回家就把自己关在房间上网玩游戏。考试缺考或者交白卷，之后发展到上课期间逃学，高二第一学期截至第8周逃课多达50多节。较少与同学交往，整个人悲观消极，平时经常说“没有人和我玩”。据家长描述，他不参加考试的时候，也不会吃饭和外出，只蒙在被子里流泪。与他谈话发现他的情绪波动性很大，情绪比较激动，有时会哭，并有心跳过快和明显的气喘现象。这是一个学校压力症和厌学症交互的案例。

3. 问题分析

经过与家长联系，与小白面谈，除了了解到其家庭情况等背景资料之外，还了解到了一件很关键的事情：小白从小学到初二，成绩都是名列前茅。但是在初二下学期的期末考试前一个晚上，深夜里他突然急病，发高烧，在医院里打针几乎通宵。父亲希望他在家休息，但他坚持要去考试。由于睡眠不足及生病，考试考得比平时差了很多。那次考试的成绩排名当然退步了。自从这次考试后，一到考试他就开始紧张、出汗，浑身不舒服，以至于初中升学考试他发挥得也很不好，勉强能够进入高中学习。小白本来和父母提出不继续读高中，想读中专。但是在父亲望子成龙的愿望和母亲直接命令的情况下，不得不进入高中学习。

再结合各方面情况，分析如下：

（1）失当的家庭教育导致了小白的性格缺陷。父亲的溺爱、姐姐的忍让和母亲的责备使小白形成了混乱的思维和摇摆不定的个性，既服从权威，又蔑视权威。溺爱使他任性、自私和懒惰，不懂得与人分享，这也影响了他和同学的交往。母亲过分强硬，母子关系不和谐，则造成了小白性格软弱和缺乏主见。他很多时候习惯了想得到什么就得到什么，无法忍受失败，抗挫折能力极差。如初二的那次考试，对其打击很大，事后也没有得到家长和老师的心理辅导，几乎完全否定了自己的学习能力。

（2）他应对困难的方式很单一。一次考试失利，本来并不是他的错，之后他却开始经常逃避考试，逃避课堂。也就是说他遇到困难和挫折的时候，只是选择逃避，或沉迷于网络游戏当中。相关研究表明，较多地运用“解决问题”和“求助”策略的学生，伴有较少的心理问题。由于有强烈的自尊心和不善于与人沟通，小白一次次地选择逃避。

（3）缺乏良好的社会支持网络。“没有人和我玩”，这是他讲得最多的一句话。他渴望有人关心，渴望有朋友。父亲的过分关爱开始让他感到厌倦，但他自尊心很强，不愿意主动与同学交往，经常摆出一副冷漠面孔，经常处于一种孤独、不安和失落的情绪状态，上课无精打采，甚至逃课等。

（4）当前的教育评价制度和考试评价制度也存在一定的缺陷。小白由一次考试考不好发展到害怕考试，除了他性格上的因素以外，与当前的考试制度和学校环境给他的心理压力也有一定的关系。

4. 干预方案

指导方针：心理咨询，一周一次，每次一小时。首先，让其了解自己的性格特点，尽可能地发掘其优点，提高自信心。其次，共同探讨出现这些问题的原因是什么（这里主要是让他自己发现自己的问题，哪些是可以改变的，哪些是不可以改变的）。再次，共同寻找解决问题的办法，并设立目标，包括最低目标和最高目标，对其取得的进步及时表扬，使其成功的感觉维持下去。

如果经过一段时间，情况并没有多大的改变，就要及时转接到上一级的心理咨询专家或医疗机构，以便更有效地治疗。

咨询方法：

（1）在咨询初期，双方形成依赖关系，尽可能地让他多说，多谈他的想法，让其学会自我放松，适当宣泄自己的情感。

（2）通过游戏治疗法，让其发现自己的优点，减少不安和紧张。抓住这个关键时期，继续发掘其优点，逐渐提高他的自信心。

（3）通过自由联想法，减轻他对考试的恐惧，帮助他发现学习的乐趣，树立学习的目标。

（4）发挥其他同学的力量。在他所在的班集体里，班主任努力引导其他同学改变对他的看法，集体对他来说不再是冷冰冰的。这对巩固咨询效果有极大的帮助。

咨询效果：

咨询大约持续了两个月，效果比较显著。其中特别的是，他们班的班长从他接受咨询开始，主动与他成为朋友，每天和他一起吃饭、做作业，耐心倾听他说话。现在小白明显开朗和活泼多了。有时候同伴咨询不失为一个很好的补充，他们的生活是相似的，没有等级差别，效果往往出乎意料地好。

三、案例3*

1. 基本资料

小赵，六年级，男生，身材很瘦弱，脸色有些苍白，坐在教室第一排，上课时总是默默地看着老师，从不举手回答问题，但也不是和周围的同学开小差。下课后，也是时常一个人坐在座位上发呆，偶尔会和同学们一起玩一

---

* 本案例作者：叶莲肖（东莞市塘厦镇第三小学）、吴红玉（东莞市塘厦镇第二小学）、包虹（广州市黄埔区新港幼儿园）、杨智（中山市三乡镇三鑫双语学校）、万慧莹（广东省财经职业技术学校）。

会儿。他的眼中似乎总是流露出淡淡的哀愁。在所有老师的眼中，他是一位非常乖巧的学生，从来不会做违反纪律的事情，老师布置的作业也会准时上交。他的学习成绩不太好，但他却很用心、很努力地学习。升上六年级后，科任老师对学习都抓得很紧，加大了作业量，作业的难度也高了很多，小赵逐渐跟不上老师的教学进度了。在六年级第一学期期中考试后，小赵出现了经常性的请假行为，而且每次请假都集中在星期一那天。每次请假，小赵都是以手机短信的方式通知班主任，当班主任询问请假原因时，小赵便称自己身体不舒服。后来，班主任通过小赵的父母才了解到小赵在家的情况。

小赵父母说，最近小赵情绪经常不稳定，每天从学校补完课回家，还要做很多作业。有几次父母去小赵房间看其写作业时，都发现小赵在偷偷地哭泣。问其原因，不肯诉说。多番追问后，小赵才告诉父母，觉得上课很辛苦，但是成绩又跟不上，每次上课就很紧张，很害怕。放学后老师总是留他补课，他很不想补课，但又不敢拒绝老师。小赵说他不想再上学了，他说，如果再这样读下去，他没法活了，觉得这样做人很痛苦，很没意思。

2. 原因探究

(1) 学习压力过大。

据班主任反映，小赵一直以来都是学习成绩较差的学生，但以前没出现过逃学这种情况，上六年级后才出现。显然，六年级学习压力过大是导致小赵逃学的重要原因。上六年级后，学业课程的加重，知识难度的增大，老师要求的提高，以及作业量的增加等无疑都是导致小赵学习压力过大的重要诱因。

(2) 家庭教养方式不当。

在和小赵的父母详谈后，我们发现小赵的父母都是较没主见的人，据他们反映，小赵自小也是没主见的，不管遇到什么需要作决定的事，他都说“没意见”、“随便”或者“不知道”，从而让父母来为他作决定。但是小赵并不是真的没有主见的人，只是他不会将自己内心的想法表达出来，而是希望别人能猜中他的想法，当别人的做法和他内心的想法不一致时，他表面会答应，但内心会不高兴。这就导致了当小赵的老师要求小赵课后留校补习时，他内心非常不愿意，但也答应老师，从而加重内心的压力，对学习更加厌倦。

(3) 家庭榜样示范影响。

父母的性格和处事方式对小赵性格的形成有重要的影响，而家庭中的另一重要成员——小赵的哥哥对小赵的学习观有更深刻的影响。在学习上，小赵无形中会以哥哥为榜样。据班主任反映，小赵的哥哥正在读初中，是寄宿生，每到周末才回家。每次，小赵都发现哥哥的作业很少，没到几分钟就可以把作业完成，然后就在家里不停地玩电脑。对比自己的沉重作业负担，小赵很羡慕哥哥的“轻松初中生活”。同时，在内心也产生了强烈的不公平感和不满，从而对学习更为厌倦。

（4）学习兴趣的缺失。

在对小赵的辅导过程中，我们发现小赵对学习存在一些不合理的想法。小赵一方面非常想自己在学习上有所进步，同时，他却不愿意付出更多的努力。用他自己的话说就是“希望不用那么认真听，就能学会”。这种矛盾的心理折磨着他，表现在，一方面他对学习觉得很厌烦，坐在教室里听课觉得很辛苦，上课不停地走神、玩手指；另一方面，他又很渴望自己的成绩可以有所进步，当成绩不理想时，他又会责怪自己。从根本上说，小赵对学习没有兴趣，但迫于外界的压力及渴望得到表扬和鼓励的心理，不得不无奈地继续学习。

综上所述，种种原因的综合影响促使小赵不能合理地发泄自己内心的压力，内心积聚了巨大的压力后，就通过逃学表现出来，借此减轻压力。他这种周期性的逃学行为，正是因为每次通过逃学减轻了内心的压力后，经过一段时间的压力积聚，又再次要通过逃学来减轻压力。

3. 辅导过程

（1）对小赵的个体辅导。

①运用同理心，构建信任关系。

第一次辅导，小赵并不愿意来见辅导老师，和一般同学一样，显得有些抗拒。但由于他不反抗班主任的意见的本性，无奈之下来了。他有些拘谨地坐在沙发的角落，双脚并拢，双手紧扣。为了缓和他的紧张心理，我先和他说了一些无关的话题，之后再和他说了心理辅导的保密原则，构建了我们之间的一种信任关系。关系建立后，谈话就变得容易多了。虽然他不会主动地说出自己的想法和问题，但我们的交流还是可以继续进行的。每次我提出一个问题或意见时，他也会详细地回答他的想法。从他的描述中，可以发现他的厌学情绪特别强烈，任何科目对他来说都不具有吸引力，所以坐在教室里中规中矩地听课对他来说就是一种折磨。他甚至表示希望以后都不用去上学了。

②动之以情，晓之以理，转变不合理的思维方式。

在辅导中，小赵提到希望上课不用认真听课也能掌握知识。他很希望在学习上有所成就，但是又不想付出太多的努力。针对他这种不合理的思维，我和他详细地讨论分析。通过列举很多的事例，让他明白知识就像是浩瀚的海洋，简单的知识只可以满足日常生活的运用，但想要从事高科技的事业，就需要很深奥的知识，而随着学习的进行，知识的难度必定会越来越大。要掌握知识，提高自身的素质，就必须付出更多的努力才行。很多名人都是通过非常刻苦的学习才有后来的成就。这些事例在思想上改变了他关于不想付出努力又想获得成就的不合理的观念。

另外，从心理学的角度给他分析了人的大脑和注意力水平。告诉他，人的大脑只有在高度集中注意力时，才能更好地接收信息和理解信息。而且人的注意力分配能力和注意力集中时间是有限的。在课堂 40 分钟里偶有注意力分散的情况是正常的，但是当老师讲到重点知识时，就必须集中注意力。所以，可以原谅自己偶尔的注意力不集中，但要时刻提醒自己尽量集中注意力。

③发掘学习的乐趣。

小赵之所以认为坐在教室听课是一件很辛苦的事，最重要的原因是他对所要学的知识没有兴趣。每天都面对枯燥无味的课堂，他心里自然会觉得烦躁。所以，我向小赵提出建议：细心发掘课堂学习的乐趣，慢慢欣赏课堂中感兴趣的地方，从而培养学习兴趣。

④学会表达自己的想法。

造成小赵学习压力过大的其中一个原因是他不会表达自己内心的真实想法。当劳累了的小赵积压了一天的不满情绪后，科任老师还要小赵课后留堂补习到六点多，而且回家还要完成一堆的作业。可以说，小赵一整天都没有释放压力、放松自己的时候。但班主任和科任老师都表示，小赵口头表示愿意留下来。因为，小赵面对老师的要求时，不敢将自己内心的想法表达出来，更不敢拒绝老师的要求，从而加重了自身的压力感。所以，我建议小赵要表达自己内心的想法，当老师询问意见时，要勇于说“不”。

（2）对班主任和科任老师的建议。

①发掘小赵的优点，抓住契机，及时表扬。

小赵是一个学习没有自信的学生，对学习提不起兴趣。但当让小赵当小老师时，他表现出了极大的兴趣。回家也立刻向父母汇报了情况，积极的情绪保持了好几天。因而，班主任和科任老师可以多创设能让小赵展现自我价值的机会，让小赵在活动中提升自信，找到自我的价值，从而提起对学习的兴趣和信心。我让几位老师详细观察小赵，发掘他身上的闪光点，哪怕是非常微小的优点，也要加以放大并表扬，从而树立他的自信。

②多关注课堂表现，尽量减轻学业负担。

小赵是一名较内向和胆小的学生，在课堂上几乎不会主动地举手回答问题，而且在课堂上经常走神。作为科任老师，在课堂上应多关注小赵的表现。在练习巡堂时，老师可以多辅导一下小赵，私下询问他知识掌握得如何，有没有不懂的知识等，让他感觉到老师对他的关心和帮助。如果一个学生感觉到老师的真心并喜欢上这个老师，自然就会喜欢这门课。

同时，学业负担是小赵压力的最大来源。建议科任老师尽量采用分层作业的方法，布置一些简单容易的作业，一方面可以减轻他的学业负担，另一方面可以提高他的学习信心。

③多和小赵交流，做小赵的良师益友。

以小赵的性格，平时是不会主动和老师交流的，只有当老师询问他的时候，他才会简单地回答老师的问题，好像是课堂上回答问题一样。所以，建议小赵的班主任平时私下多主动地和他谈心，以一颗真诚的心来和他建立信任关系，让小赵感受到老师的真诚和关心，从而愿意对老师敞开自己的心扉，愿意和老师交流自己内心的想法。这样，老师就能更深入地了解小赵，对小赵的教育也更容易起作用。

（3）对小赵父母的建议。

小赵的性格和想法很大程度上是家庭原因造成的，因此，改变家庭的思维模式和教养方式对小赵的转变很有帮助。

①营造温馨、民主的家庭氛围。

良好的家庭氛围有助于培养孩子良好的个性。父母应每天抽空和孩子说说话，让孩子分享自己在学校发生的故事，包括开心与不开心的事情，这样既可促进亲子之间的情感交流，同时也可为小赵提供一种发泄情绪的良好途径。通过向父母倾诉，小赵宣泄了一些在学校积累的不良情绪。小赵的父母也说，现在他们每天会让小赵找时间和机会出去运动，如打篮球和骑自行车，周末也会一家人出去游玩或散步。晚上睡觉前，妈妈都会陪小赵说说话。

②创设机会，鼓励孩子勇于表达自己的想法。

小赵的老师和父母一致认为，小赵很少将自己内心的想法表达出来，表面上什么都说“好”和“无所谓”，其实他内心是有自己的想法的，只是碍于各种因素而不愿意表达出来，从而让长辈们无法了解他的真实想法。所以建议小赵的家长，在平时应多制造锻炼机会，让小赵将自己的内心选择口头表达出来。例如，先提供两个选择，一定要小赵自己挑选一个。当小赵做到后，再加大选择的范围，从而逐步过渡到让他将自己的选择表达出来，而不是每一件事情都要别人为他作选择。

4. 辅导总结

孩子出现问题，往往是由家庭原因和学校原因造成的。孩子不爱学习，对学习感到厌倦甚至焦虑、害怕，很大程度上都是家庭和学校所给予的压力造成的。洛克说孩子天生就像是一块白板，这块白板将来会有怎样的色彩，全是成人们画上去的。可见，作为家长和教师，应正视和重视自身对孩子的成长具有的影响力，努力创设一个良好的家庭环境和学习环境，让孩子拥有健康快乐的心态，这样他们才会热爱学习，对学习产生兴趣。

第六章 自卑心理及其干预*

第一节 分析自卑心理

一、精神分析学派的观点

（一）自卑的来源

自卑心理（Inferiority Feelings）的研究在国外起步较早。早在18世纪末期，精神分析之父弗洛伊德在其人格发展阶段理论中，将个体的人格发展分为五个阶段：口腔期、肛门期、性器期、潜伏期和生殖期。其中，在第三个阶段，女孩出现了“阴茎妒羡”心理，即女孩因为没有像男孩一般的生殖器而感到自卑。这是弗洛伊德对自卑产生的最初描述。

对自卑心理的研究最具代表性的是阿德勒。他认为人生奋斗的动力并不是来自性本能，而是从小形成的自卑感。他于1907年发表了论文《器官缺陷及其心理补偿的研究》（*Study of Organ Inferiority and Its Psychical Compensation*），扩大了从性到整个有机体的生物学基础。他提出，人们特别容易患疾病的那些器官没有得到发展，或者较其他器官“低劣”，或个体的天生缺陷给予个体强大的压力等，自卑感由此而生。但个体能通过竭尽全力发展有缺陷的器官，或突出发展能补偿这种缺陷的其他功能来实现“补偿”。在某些情况下，一个人能通过把生理的缺陷改变成优势功能从而获得“过度补偿”。1910年，阿德勒把他的理论重点从真实的生理自卑感转向“主观的自卑感”（或称自卑感）。这时，补偿或过度补偿都直接指向真实的或想象的自卑。到了20世纪20年代，阿德勒开始认为人的一切行为都受“向上意志”的支配，向上意志促使人要做一个没有缺点的“完善的人”。因此，羡慕别人、胜过别人、征服别人等都是“追求优越”的人格表现。一个人试图用以获得优越的手段

* 本章作者：张君贤（东莞市东华高级中学）、谢彦丹（广州市交通高级技工学校）、吴伟华（高州市云潭中学）、饶丹婷（广东建设职业技术学院）、杨元果（广东建设职业技术学院）。

就是其“生活风格”。儿童在6岁前就形成了生活风格。尽管这时生活风格还处于潜意识之中，但人的行为已受到它的无形的支配了。生活风格主要包括人的生活目标、对自身和世界的看法以及实现生活目标所用的方式。人在思维、情感、行动中处处表现着自己的生活风格，每个人都有自己的风格。同时，阿德勒也提出了社会植入的概念，认为人除了追求比他人优越以外，还会追求社会平等。20世纪30年代，阿德勒开始意识到自卑感和追求优越既不是必然的，也不是人类的基本情形，而是错误的态度和养育的结果，与更加短暂的、由给定任务或情境引发的自卑感不同，社会自卑感是个体缺乏价值感和充分感的反映。阿德勒不断强调（社会）自卑感可以通过合适的儿童训练而加以避免。他不再认为追求个体优越的奋斗是人类的基本动机，转而认为人类的基本动机是社会兴趣。阿德勒也改变了人们对优越感的看法，从强调社会优越感转向强调任务优越感。在阿德勒去世前几年，当他提到个体追求卓越时，他指的是追求成就、成长、发展、掌控环境和任务，而不是追求比他人优越。

Horney主要研究了女性的自卑心理，她认为，社会文化的影响是导致女性自卑的主要原因。我们的文化基本上是男性文化，男性无疑在社会中居于主导和优越地位，女性则处于受支配、被忽视的地位，这就造成了女性以为自己天生低男性一等的自卑心理。

（二）自卑感与自卑情结

阿德勒把自卑区分为自卑感和自卑情结。他认为，当人的某种能力缺陷受到周围人们的轻视、嘲笑、侮辱时，自卑心理往往会大大加强，甚至以畸形的方式如嫉妒、发怒、自欺欺人等表现出来，由此上升为“自卑情结”。所谓自卑情结，是指一个人在面对问题时无所适从的表现。由这个定义，我们可以看出，愤怒、眼泪或道歉都可能是自卑情结的表现。在阿德勒看来，经常用眼泪和抱怨的方式来唤起人们的注意的人，与过度害羞、扭捏作态及有犯罪感的人都在其举止上表现出自卑情结。他们在涉及自我评价的一切方面尤其敏感，容易被刺痛，他们对批评、笑声、否定等作出病态的反应，他们在工作不顺利或发现自己有某种缺点时感到特别难受，他们在周围人对自己印象不佳时比别人更多地感到不安，他们当中的许多人具有腼腆、容易产生心理孤独和想入非非的特点，而且不是自愿的。

阿德勒认为自卑感是人与生俱来的一种心理现实。自卑感能促使人奋发图强，力求振作，从而超越自卑感，补偿弱点。因此，自卑感并不是变态的象征，而是个人在追求优越地位时的一种正常的发展过程，每个人都有不同程度的自卑感。实际上，这种情感是隐藏在所有个人成就后面的主要推动力，是人类地位增进的原因，是人类在改进自己的整个情境、对宇宙作更进一步的探索、试图更妥善地控制自然时努力奋斗的成果。人类的全部文化都是以自卑感为基础的。然而，尽管自卑感对所有积极的成长起着一种激励的作用，但是它也会作为障碍因素发挥作用，甚至把人弄到心灰意冷的地步或导致精神病症。在阿德勒看来，一个人不管处在多么有利、多么占优势的情况下，他总会渴求更完美、更理想的状态，理想和现实之间的差距使自卑感成为人类心理上的一种普遍的负荷。没有人能长期忍受自卑感，人类正是通过思维而采取某种行动来解除自己的紧张状态。假如一个人已经气馁了，假如他不再认为脚踏实地的努力能够改进他所处的环境，他仍然无法忍受他的自卑感，可是，他却不再设法克服障碍，反倒用一种优越感来自我陶醉，或麻木自己，那么，他的自卑感会愈积愈多，如果造成自卑感的情境一成不变，问题也依旧存在，则他所采取的每一个步骤都会逐渐将他导入自欺之中，而他的各种问题也会以日渐增大的压力逼迫着他。

二、认知学派的观点

（一）基本观点

认知理论强调“刺激—认知—行为”这一模式，主张认知是情绪和行为的原因。Beck 认为，我们有一种完全自动化的信息处理过程，但是未被我们意识到。在第一阶段，儿童很容易会有一种“我不行，但你行”的感觉。如果儿童的父母没有注意到这种情况，他的这种“我不行，但你行”的感觉会越来越重。第二阶段会感觉“我和你都不行”，这种自卑感是充满敌意的。柏恩认为，在儿童成长过程中的某个阶段，尤其是断乳并能独自行走之后，在照看孩子的方式和时间上，父母会作一些调整，这容易使孩子产生一种“你已经没法管我了”的印象，就会产生“我和你都不行”的感觉和态度。所以，在儿童的自信或自卑心理形成的过程中，父母或成人的作用和对其的影响是非常大的。借助这个处理过程，我们不但可以预测行为，而且能够针对行为与环境之间的关系进行分析。一般情况下，个体的认知加工模式是极其稳定的，而这种稳定的状态是以个体的早期经验为基础的。如果个体过去的经验是消极的或有过心理创伤，则可能导致个体的认知模式的功能失调，在这种功能失调的认知模式的作用下，个体容易作出消极的自我评价，也就更容易体验、感受到自卑感。功能失调的认知模式时刻作用于并影响着个体的日常生活，但个体却很难感知到它的存在，也就无法对其进行调节。因此，当个体生活中有重大事情发生时，其脑海中会即刻自动产生大量负性的思维（也称为负性自动思维），个体情绪会因为这些自动思维而变得低落，低落的情绪又会助长负性自动思维的力量。如果不对其施加干预，这种循环就不会停止，由其导致的问题也会持续不止。如个体对自己的评价将会非常消极，用自我贬低的方式评价自己的经验，认为自己会一直失败。

Kathleen D. Vohs（2000）从个人内部角度出发，进行自卑感的认知研究。他的研究表明，高自尊的人受到的威胁程度在认知上会降低，而低自尊则会增大受到威胁的程度。2001 年他们继续深入研究后发现，当自我受到威胁时，高自尊者寻求一种能力的反馈，之后变得更加独立；而低自尊者受到威胁时会寻求个人内部反馈，之后变得更加依赖。这主要是因为各人的自尊水平不同，从而形成不同的个人建构，进而导致不同的自我评价。

（二）心理健康的认知理论

心理健康的认知理论认为：一个人的思想与信念是引起心理问题的根源。认知理论的主要观点可以概括为以下四个方面：①认知是行为与情感的基础，一个人的所有心情都是由他的“认知”或思想产生的；②消极的情绪由消极的思想决定；③几乎一切的消极思想都蕴涵着重大的曲解；④通过改变我们的思想与认知，可以改变我们的消极情绪。

Melanie J. Vfennell、汪道之、张玲等采用心理健康的认知理论对自卑进行了一定的研究。

Melanie J. Vfermell（周晓林等译，2001）指出：“自我否定信念是自卑的核心理论。自我评价与别人的评价是不同的。自我评价是基于自己的生活经历发展起来的。如果自己的经历是积极的和肯定的，那么对自己的看法可能也是积极的和肯定的；反之，如果生活中的经历大部分是消极的和损害性的，那么对自己的看法可能也是否定的和贬低性的。如果基本的自我信念是消极的，就会预期事情将是消极的。每个人受消极的自我影响的程度不完全相同，如果消极的自我观念只是当前情绪状态的产物，总体上说可能是一个自信的人。偶尔也会为自我怀疑所困惑，或者可能被自责所折磨，难以看到自己的长处……而将以严密的自我观察为基础，对自我否定观念进行挑战，从而建立一个新的、更好的、值得尊敬和能够接受的观念。”汪道之（2002）则认为：“自卑是一种因过多地自我否定而产生的自惭形秽的情绪体验。”自卑感人人都有，只有当自卑达到一定程度，影响到学习和工作的正常进行时，才归之为心理疾病。自卑心理的产生主要来源于心理上的消极的自我暗示。表现在：现实交往受挫，产生消极反应；因生理原因产生的消极的自我暗示；

对自我智力估计过低带来的消极暗示；对性格与气质自我评价带来的消极的自我暗示。他认为自卑是心理暂时失去平衡的一种心理状态，可以通过积极补偿的方法来加以调节。张玲（2001）认为："自卑情结是自我意识的误区，'自我'一直是临床心理学上的一个核心概念。"要走出自卑的阴影，首先要正确认识自己的评价体系，纠正其中的非理性观念；其次要勇敢地面对"自我"，接纳"自我"的不同层面，"自卑的我"或"外在的我"都是一个"我"，承认不同侧面的存在价值及相互的关系，进入"自我同一性"。整合自我、超越自卑是我们青年期（甚至一生）的重大课题。

三、人本主义的观点

人本主义认为，人类有机体有一种自我发展的潜能，人的本性是积极向上、富有理性的，可以通过自我教育不断地完善自我，达到自我实现。罗杰斯在《患者中心疗法：它的实践、含义和理论》中指出：人类有机体有一种天生的"自我实现"的动机，所有其他动机都是这种自我实现的不同表现形式，自我实现指的是一个人发展扩充和成熟的趋向。罗杰斯又认为：人类给予人印象最为深刻的事实似乎就是其有方向的那种倾向性，倾向于朝着完美，朝着各种潜能的方向发展。因此他所倡导的以人为中心的治疗就是要使来访者自我调整、自我成长，并逐步摆脱外力的控制前进。而且每个人都可以作出自己的决定，每个人都有着实现的倾向，若能有一个适宜的环境，一个人将有能力指导自己，调整自己的行为，控制自己的行动，从而达到良好的主观选择与适应。罗杰斯认为人的自我实现要经过三个阶段：一是"映衬"阶段，这时当事人的自我发展是外界要求的"映衬"产生的；二是"混乱"阶段，外在的要求与自身观点产生矛盾，这时当事人将无所适从，需要他人的引导和帮助；三是"自我实现"阶段，自我意识占主要地位，认识到自己的价值和能力，并独立地、创造性地作出判断和某种行为，此时的当事人已经能实现"自助"的要求。

四、关于自卑心理的研究

（一）自卑感产生的原因

王金洪（2005）通过研究发现学生外部生理特征、家庭因素、学校环境因素、个体某些心理特点等是造成学生心理自卑的原因。

陈明德、李忠义（2006）认为紧张的学习生活、远大的理想抱负、日渐增多的人际交往、社会现实与人生理想的冲突等是造成学生心理问题特别是自卑心理的主要原因。

徐涛（2006）认为个体产生自卑有内、外部因素：外部因素有个体因素（包括生理方面、个体特征的差异）、家庭因素（家庭条件的不同、家庭早期经验的烙印）、社会因素（社会环境变化引发的自卑、对自己社会条件的不满产生的自卑）；内在因素有自我评价过低、理想自我与现实自我冲突、自卑畸形变态。

周永卫（2007）认为内在因素（如生理上不如意、气质抑郁、性格内向、自我认识消极、自我评价过高）和外在因素（如家庭条件的制约、就业前途的暗淡、“优势”光环的丧失、生活挫折）的影响造成了大学生心理自卑。

乔畅（2007）研究发现生理缺陷、学习成绩、学校生活不如意、家庭原因、交往障碍造成了独立学院学生心理自卑。

减运民、杜阳（2007）认为造成学生心理自卑的主观因素有：地位变化、人际关系适应不良、缺乏个人专长、失恋或单相思、性格和智力等方面的缺陷、自我评价不当；客观因素有学校、专业不如意，个人先天条件差，家庭方面等。

张春旺、王玲（2008）研究认为导致自卑的原因包括十个方面：生理遗传因素带来内向、文静、沉思倾向；自我评价标准有偏差，参照对象水平过高，人生目标不切实际；缺乏实践机会，成功体验较少，获得赏识机会有限，无法找到自我价值和成就感，从而难以树立自信；过分注意自身缺陷和不足；家庭中爱的缺乏或泛滥；传统家庭和学校教育忽视和缺乏心理教育，不善于使用激励方法；消极心理暗示强化了行动的低效率，加剧失败；经济条件、生活环境不佳，相对落后带来防卫和退缩心理；学习压力过重；社会上颓废风气影响。

吴洪亮（2010）研究认为造成高职学生自卑心理的原因有社会原因、家庭因素、学校因素、个体因素。

孔维民、张喜芳（2006）提出：低自卑感的学生倾向于采用成熟的防御方式，而高自卑感的学生倾向于采用不成熟的防御方式。

（二）自卑感的表现形式

朱浩亮（2005）认为学生自卑心理的主要表现形式有：消极引起退缩性的行为、偏激产生攻击性的行为、忧郁导致忧愁伤感。

卜鹏翠（2006）指出学生的自卑心理主要表现为内在和外在两个方面，内在往往表现为气质抑郁，性格内向，谨小慎微，消极情绪占主导地位，对他人的评价过于敏感，自信心不足，甚至自惭形秽，自暴自弃。同时，也存在小部分自负自傲、自命不凡的心理。外在表现在行为上以退缩行为居多，胆小怕事；在人际交往中，畏畏缩缩，不能自如地与他人交往、交谈等。

蒋琼（2006）指出学生自卑感的行为表现为：成就动机低、习得性自弃、压抑情绪、固执己见。

周永卫（2007）认为学生的自卑感常表现为有较强的自我意识、怕别人看不起自己、把自己看得过低、怕被别人排斥、有较强的虚荣心、极端的反抗情绪、强烈的自我否定等，并表现出敏感性、封闭性、虚荣性、掩蔽性和嫉妒性等特点。

杨淑民（2007）指出，学生的自卑心理表现为对自己的能力或品质评价过低，轻视自己或看不起自己，担心失去他人尊重的心理状态。一般认为，自卑的形成是一个循序渐进的过程，是客观环境和主观因素共同作用的结果，它是一种性格上的缺陷。

张春旺、王玲（2008）总结出当前青少年自卑心理的外在表现主要为十个方面：①拘谨、胆怯，放不开；②疑心重，敏感、脆弱；③孤僻，口头表达能力、人际交往能力差；④意志薄弱，遇难即退；⑤依赖性强，独立自主能力较差；⑥缺乏责任心，过分强调外因，忽视内因的决定作用；⑦动手能力、学习能力较差，效率低下；⑧参与性差，缺乏激情；⑨掩藏自己，贬低自己，埋没自我才能；⑩忧郁、消沉、悲观、消极。

（三）自卑感的结构和特点

蒙家宏（2006）研究发现，大学生自卑最多的是个性自卑与社会交往技能自卑，其次是学习经历自卑、长相自卑，再次是发展自卑、家庭及爱情自卑。一、二年级的大学生明显比三、四年级的大学生感到自卑。

韩丕国（2006）采用自编的“大学生自卑心理问卷”、“大学生向上比较问卷”和“大学生向下比较问卷”对448名大学生进行了团体测试，从大学生社会比较的方式、频率、内容出发，探讨了大学生自卑心理与社会比较的关系。结果表明，大学生的自卑心理程度较轻；总体看来，随着被试年级的增高，男生自卑心理呈现一种逐步降低的趋势，女生自卑心理则呈现一种逐步升高的趋势；女生（尤其是高年级女生）自卑心理的严重程度比男生要高。

李艺敏（2008）通过大、中、小学生自卑量表对大、中、小学生的自卑感结构进行研究，结果表明：小学生自卑感主要包括学业自卑感、生活自卑感、性格自卑感三个因素；中学生自卑感在小学生自卑感的基础上形成，包括生活自卑感、社交自卑感、学业自卑感、性格自卑感四个因素；大学生自卑感在中学生自卑感的基础上形成，包括生活自卑感、社交自卑感、学业自卑感三个因素。因此，生活自卑感、学业自卑感、社交（性格）自卑感是学生自卑感体验的重要内容。

（四）干预策略的探讨

刘淑君（2005）认为可从三方面入手探讨干预自卑心理的策略：纠正认知偏差，学会接纳自我；正确评价自我，正确补偿自己；学会正确地评价别人，学会欣赏别人，培养健康个性。

卜鹏翠（2006）指出自卑心理的干预策略包括：正确认识自我，恰当估计和评价自我；乐观处世，懂得积极的自我暗示；保持良好的精神状态，建立和谐的人际关系；学会正确地归因，科学地对待失败。

魏华（2007）认为积极的自我暗示、列出自己的优点、储存成功、正确应用心理防御机制、建立积极的人际关系等方式有助于消除自卑心理。

黄丽娜（2007）认为学校和教师可从下面几方面入手改善自卑者的心理：倾注真情，付出爱心，给自卑者营造成长的氛围；利用名人名言激励学生，使其战胜自卑，增强信心；采取有效方式，建立和谐关系；运用科学方法，利用补偿心理；发现闪光点，点燃自卑者心中奋发向上的火花。

刘晓华（2007）认为自卑者可采用下述方式进行调整：自我认知法、补偿表现法、自我暗示法、宣泄运动法。

张国民（2007）建议：教育引导，树立大学生的人生信念；关心帮助，解决大学生的实际困难；开展活动，改善大学生的生活氛围。

张绣蕊、刘丽（2008）采用 Fleming & Courtney（1984）修订的自卑感量表（The Feelings of Inadequacy Scale）对初二的82名学生进行调查，认为改变学生的错误思维是消除自卑的关键；团体心理辅导是改变自卑感的有效途径；全面认识并接纳自我是预防自卑感产生的前提。

第二节　高自卑案例分享

一、案例1

（一）基本资料

小丽，女，16岁，高中一年级学生，体态正常，无重大躯体疾病史，父母家族均无精神疾病史。

初三第二学期开学不久，偶尔放了一次臭屁，被同学取笑，觉得很不好意思。从此以后总觉得自己经常放臭屁，不敢接近同学；后来更是要求坐单人单排，基本上不与同学来往，很少参加集体活动，与同学之间的感情也越来越淡漠。但她的学习成绩却直线上升，用她自己的话来说可能是因为把时间都放到学习上了，也因此进入了学校的尖子班。暑假时，父母带她到好几所三甲医院看过病，检查结果是她的消化系统没有任何问题，医生建议她调整饮食。现在到了新的班级，新同学都很热情，她想和新同学打交道，但又很害怕，怕自己控制不住放屁，怕同学闻到自己发出的臭味不喜欢自己。她向班主任申请坐单人单排，班主任要求她讲出合理理由，因为班主任是男的，她不好意思实话实说，便随便编了个理由。班主任没同意，给她安排了一个同桌，于是她每天上课都很紧张，怕同桌闻出异味而讨厌她。虽然每次自己放屁的时候同桌都好像没有什么异样，但总怕“东窗事发”。和父母说了烦恼之处，但父母认为她的饮食已经很清淡了，不可能再放臭屁，也基本没闻到她的异味，认为是她想多了，是心理暗示在作怪。她认为自己还是经常放臭屁，觉得父母不理解她，于是走进了心理咨询室寻求帮助。

（二）辅导者的观察

小丽身高 155cm 左右，衣着整齐，齐耳短发乌黑亮丽，眼睛大而闪亮，说话有礼貌，声音较小，不敢与老师坐太近。

（三）辅导者的分析

综合分析所获得的资料，对小丽的问题持续的时间、强度及典型心理与行为异常表现的性质和严重程度进行分析、判断，根据躯体疾病史、精神疾病家族史以及典型心理与行为异常的表现排除了精神病、神经病的可能。

问题主要表现为三个方面：①自卑心理；②心因性生理问题；③人际交往障碍。

（四）辅导目标的制定

根据以上分析，同小丽进行协商，确定辅导目标：缓解小丽的人际交往焦虑的不良情绪，解答青春期困惑，克服人际交往的障碍（即克服不敢与人近距离交往的障碍），逐步改善人际关系。

（五）辅导方法

采用行为疗法、认知领悟疗法、支持心理疗法。

（六）辅导过程

辅导阶段大致分为：

（1）心理诊断评估与咨询关系建立阶段。

（2）心理帮助阶段。

（3）结束与巩固阶段。

具体辅导过程：

第一次

目的：

①了解小丽的基本情况。

②建立信任感和情感互动协调。

③确定主要的心理与行为问题。

④安排近期目标。

⑤使小丽的困难正常化并注入希望。

⑥设置日程安排（提供一个可遵循的基本原则）。

方法：会谈。

过程：

①填写辅导登记表，询问基本情况；介绍心理辅导的性质和限制以及辅导过程中有关事项与规则。

②了解小丽为什么要进行辅导，想通过辅导达到什么目的，陈述自己的问题出在哪里，对咨询的期望是什么。

③了解小丽的成长经历。

④对小丽给予充分的共情，虽在辅导过程她说了好几次“老师，我又放屁了，你闻到了吗”，但实际上辅导老师并未闻到异味，这时需真诚坦白地告诉她辅导老师的感觉，同时不否认她认为自己放屁的“事实”。

⑤发现小丽的问题，作出分析。

⑥与小丽一同协商，确定咨询目标。

⑦布置家庭作业：查找与“放屁”相关的医学知识。

第二次

目的：

①加强辅导关系。

②使小丽了解自己的心理障碍。

③找出小丽对生理问题的非理性认知，并进行纠正，让小丽自己用悟到的正确认知去说服自己。

方法：会谈、认知领悟法。

过程：

①通过会谈，加强咨询关系。

②讨论上次的家庭作业：关于“放屁”的医学知识，同时出示心理老师与省中医肛肠科医生的短信讨论内容，找出小丽对“放屁”的非理性认知，

心理老师针对小丽的认知，在对她的观点表示理解的基础上进行提问，促进小丽对正确认知进行领悟，让她领悟到每个人都会放屁，别人是可以理解她的。另外，让她认识到自己放的屁不都是臭的，同时放屁也是可以自我控制的（在没有器官病变的情况下）。

③鼓励求助者用调查的方式来获得真实的结果以纠正自己的错误认知。

④布置家庭作业：练习控制肛门括约肌；感觉自己放屁时，大胆询问同学有没有闻到什么异味?（不直接说明是自己在放屁。注：此处和小丽探讨了同学可能的反应，并讨论了相应的化解尴尬的方法）

第三次

目的：

①学会合理正确地评价与同学交往的学习、生活事件，加强人际交往的意愿。

②加强与同学和老师之间的沟通。

③鼓励小丽与她认为比较亲切和善的人进行主动的交往和互动；强化小丽对人际互动的信心。

方法：认知疗法、支持心理疗法。

过程：

①针对小丽在班上的学习、生活方面的事件，促使小丽认识自己在人际交往方面的过于敏感，从而利用科学理性的认知去改变自己的情绪和行为模式，减少她对“放屁”影响人际交往的顾虑。

②与该班老师商量（未征得小丽同意，故未和其老师讲述其放屁的事情，只简单提及她的人际交往问题），多制造机会让小丽参加集体活动，鼓励她去与人交往，多与同学交流接触。

③辅导老师与该班老师协商，请老师在适当的时机给小丽换一个性格温和的同桌。

④布置家庭作业：一周内与自己比较喜欢的同学接触，并记录接触的心得；制订一个自己与人接触的计划（一周内）。

第四次

目的：

①巩固辅导的效果。

②训练交往能力。

③从人际交往中完善人格。

方法：会谈、行为训练、支持心理疗法。

过程：

①通过与小丽一同分析她的家庭作业，提高她对与人互动的自信。

②继续强化小丽的人际关系，使其减少对“放屁”影响的顾虑。

第五次：

目的：

①巩固辅导效果。

②结束辅导。

方法：会谈。

过程：

①反馈最近生活、学习的情况，指出小丽需要继续用积极、理性的态度去看待与同学的互动。

②以后要不断地提高个人自信心，学会分析自己的非理性认知。

③结束辅导，进一步巩固自己与同学和老师之间的人际交往，开心地学习、生活。

（七）辅导效果评估

（1）小丽自己的评价：我不再害怕与同学接触了，好像放屁也没以前多，感觉轻松多了，我觉得自己自信、开心多了。老师和同学对我都很好，我很开心。

（2）辅导老师评估：两个月后，辅导老师进行了回访和跟踪，小丽的状态非常好，与同学和老师的关系比较融洽。老师和同学反映，小丽与刚入学相比没那么“孤僻”了，能与同学有说有笑，整个人给人感觉很自信、乐观。

二、案例2*

（一）基本资料

李明，男，8岁。原就读于四川省汶川县映秀镇某小学一年级，“5·12”汶川地震，他家房子倒塌了，其就读的学校还没有建好，在2008年9月份，被他妈妈从映秀接到都江堰市某小学就读二年级。

当事人综合表现：该生转来这所学校之后，不能适应该校的教学进度，各科成绩都不能达到班上的平均水平。平常学习一些新知识的时候，如果他掌握得不好，老师鼓励他去完成作业，他就会说“做不了”；在做早操的时候，他没有学过新版的早操，老师让他跟着别的同学做，他也是说“做不

* 本案例摘自许思安编著《青少年儿童心理危机干预的理论与实践》。

了”。上课的时候，该生在前五到十分钟能够集中精神听课，之后就开始发呆或者和同桌讲话；在遇到老师讲授的知识他听不懂的时候，也容易走神，然后开始不专心听课，发呆或和别人说话。

（二）分析与诊断

通过观察，发现该生主要的问题是学习上具有较大的自卑感，这种自卑感导致其在学习上存在一定的障碍。

所谓自卑感，即一个人对自己的能力、品质等作出偏低的评价，总觉得自己低人一等，并因此而悲观失望、惭愧、羞涩，甚至畏缩不前。这是自我评价的一种重要体现。

自卑感的形成受到主、客观两方面因素的制约。但小学生处于人生早期的不成熟阶段，无论从生理角度还是从心理角度看，都处于依赖成人的地位。因此，外部世界对他们的评价和态度，对其心理会造成很大影响。经过观察分析，李明的自卑感来源于三个方面：第一是主观因素，他的各科学习成绩在班上都比不上大多数同学，他自己有种低人一等的感觉，由此产生了自卑感。第二个因素是新环境适应不良。李明是由于地震才从映秀转到都江堰某小学的，在这里无论是环境还是生活和学习的规律都与之前不一样，身边没有亲人，他一下子要面对许多新的东西，所以适应不良。但是由于他是二年级的小学生，还不能够表达这种情绪，虽然在和同学交往方面表面看来他适应得很好，但是从他的上课和学习上就可以看出他还不适应新的环境。第三个因素是某些科目的老师对待学习差的学生态度比较恶劣，不仅没有耐心教导，而且贬低或偶有辱骂学生，这种情况也发生在李明身上，让他的自卑感愈加强烈，表现为对学习没有兴趣。

（三）辅导过程

1. 积极关注

积极的关注能够让被关注对象感受到你对他非常注意，觉得你非常重视他。

在刚开始的时候，我就经常关注李明，无论课上、课间、午餐还是午间活动时间，只要我走进该班就会关注李明的表现，对其做得不好的地方给予纠正。具体地说，在早读时间，李明不读书，而是在发呆，无精打采，见到这样的情况我就会以各种方式提醒他认真早读；当他做作业精神不集中或者行为习惯有不恰当的地方的时候，我都会为他指出并及时让他纠正过来。而当他在学习上有什么不懂、在学校的生活上有什么问题时，我也会耐心地教导他或者帮助他解决问题。

这样的做法能够让李明知道，老师对他是很重视、很关心的，让他对老师产生信任感。根据小学生在老师面前爱表现的特点，此时他就会开始注意自己有没有做好，试图以好的表现来博取老师的表扬和称赞。

2. 语言暗示

积极的语言能够使人产生积极的情绪，改变消极的心态。

对于李明，我会有意识地使用“你很厉害”、“你一定行”、“你真棒”这类称赞词语。我会找出他做得好的地方，并收集其很多有进步的方面，即使是一点点的进步，也给予他赞扬性的语言。在表扬他的时候，我还在表情、动作和语调上表现出我真的觉得他很厉害。例如，当他做作业的时候，有一道题不会做，通过我的教导，他会做了，我就会做出很惊讶的表情，提高语调说：“哇，你真的很厉害啊!”

语言上的暗示能够进一步提高李明的自信心，他从老师绘声绘色的赞赏中感觉到自己做得很好很棒，自信心就会提高，相信自己能够做好，这也激发了他对学习的兴趣。

3. 发挥长处

消除孩子的自卑心理，要善于发现他们的长处和优势，并为他们提供发挥长处的机会和条件，这也是帮助孩子克服自卑心理的关键。

在对李明的多日观察中，我了解到李明有一个很明显的优点——善于模仿别人。李明学习上不能很快接受老师所教授的知识，但是在做课堂作业的时候，如果他看着隔壁学习比较好的同学做，他也会跟着那位同学去做，学了一遍之后他就懂多了。了解到他这个优点，我向班主任提出建议，安排他和一个学习好的同学坐在一起，并让那位同学在学习上帮助李明，这样李明就能够在一定程度上加快接受知识的能力，也使他能更快地融入这个班级，适应新的学习环境。

4. 逆向比较

没有比较就没有鉴别，要认识自己就得拿别人来做比较。虽然我们通常不提倡逆向比较，即用自己的长处去比别人的短处，但对于“羡人之长，羞己之短”的孩子来说，采用逆向比较，选择别人的短处作为比较的对象，对于消除自卑心理，达到心理平衡有意想不到的效果。

在学校的时候，我特别关注李明有什么地方做得比较好的，或有什么他能够做得到而别的同学不能够做得到的地方。发现了这样的方面后，我就会拿来和其他同学比较，然后鼓励他，增强其自信心。例如老师教大家“5”的口诀的时候，李明比较快地学会了背诵“5”的口诀，我就采用了逆向比较的方法，我说："你看，他们都还不会背，你就能够背出来了，真棒！"

这样的逆向比较法能够比较快速地增强小学生的自信心，特别是小男孩的自信心，让他觉得自己在同伴之中也算是比较厉害的，使他更有自信心。

5. 个别辅导

针对李明在学习上的进步比该班的其他同学慢的情况，我时常在课余时间给李明提供个别辅导。对他在学习上不会的问题，耐心地教导，并教授学习的方法，让他在学习上能够尽快地赶上班上的教学进度。

（四）辅导效果

经过两个月的辅导，李明在学习和行为习惯上都有所进步。

学习上，字写得比较端正了，作业做得比较好了，难度不大的作业有时候还能够做得全对。考试成绩也在提高，特别是数学，原来他在班上是倒数第一名，但是最近一次考试他前进到班上的倒数第五名，分数从 73 分提高到 86 分。

在学习的习惯上和态度上更积极了。早读时，他能以较饱满的精神来读书，上课和做作业都更认真了。

总的来说，通过这两个月对李明的辅导，效果还是比较明显的。这说明我们采用的方法正确，具有针对性，对辅导对象起到了一定的作用。

第七章 自恋心理及其干预

第一节 剖析自恋心理

一、精神分析学派的观点

（一）弗洛伊德的经典理论

弗洛伊德在他著名的论文《论自恋》中首次较系统地对自恋现象进行了说明。他指出，自恋是自身力比多向自我的投注。自恋有两种情况：原发性自恋和继发性自恋。原发性自恋是每个人都有的共同现象，表现为孩子将养育自己的女人当作自己的一体来爱。继发性自恋，是孩子在将力比多由自己投向客体的过程中遭受挫折而折返回自我的特殊情况，这是病理性的表现。

自恋者常表现为爱自己的一切。爱他人是因他人是从属于自己的一部分。自恋者要求得到的爱是无私的给予，无条件的赞美，以此来证明自己的无所不能。在自恋与自我的关系上，弗洛伊德认为儿童时期的自以为至善至美，在社会化的过程中会被抛弃，最后转化为理想的自我，即“自恋的回归”。弗洛伊德还提出了自恋和自尊的关系。自恋往往与自尊的水平密切相关，病态的自尊是个体自恋无限扩大的极端情形。

（二）霍妮的自恋理论

霍妮指出，自恋本质上就是自我膨胀，是一种心理膨胀，这是从结构上来看待自恋。对于为什么会自恋，霍妮不满意弗氏倾向于本能根源。霍妮从神经症的人际关系障碍入手，认为孩子自恋倾向的根源在于同他人的关系，特别是在童年时期与父母的关系。童年时代，父母过分贬低孩子，损害了孩子的安全感，孩子会采取自我膨胀（自恋倾向）即用幻想的自我意念代替自己受损的自尊，成为真实的自我，从而带来补偿性的满足。最后，自我膨胀表现出同他人建立良好关系的企图，但他无法理解客观的评价也是善与爱的一种表现。这是一种基本的自恋倾向。如果后天的环境变得有利，这种基本的自恋倾向可能被克服，但是与日俱增的徒劳感、对周围世界的过分期待、人际关系的恶化，这三种因素可能使基本的自恋倾向得到加强，最后向病态的自恋转化。

霍妮还反对弗洛伊德关于正常的自尊是自恋倾向的观点。霍妮认为，自恋不是自尊自爱的表现，而是一种自我异化的表现，人如果依恋于自我幻想，实际上他已经失去了自我。在自爱与爱人两者的关系上，弗洛伊德认为自恋的人会分散对他人的注意力，削弱爱人的能力，不能爱他人的原因是太爱自己。霍妮认为自恋的人既不能很好地爱他人，也不能爱自己。

（三）梅兰妮·克莱因的理论

梅兰妮·克莱因及 Herbert Rosenfeld 等克莱因主义者将弗洛伊德的自恋是自恋或客体力比多的差异转化为内在或外在客体关系的差异，认为本能是存在的，将本我的功能归到自我，认为驱力是表示关系的，是朝向客体的。他们发展了第一个关于病态自恋的现代理论。自恋产生的原因是，自恋者将自己的自体完全投射到他所关注的客体，否认自己与客体有任何区别，或完全不将自己和客体分开。这种混乱的客体关系是早期生活经历所造成的，主要集中于早期的人际关系。自恋者自体与客体不分，使患者否认自己有任何对外在客体依赖的需要，因为依赖对方也是依赖自己。

自恋者有非常高的理想化自身，完全否认任何有碍于这种完美自身形象的人或物。这样的人格结构来自于患者将自己并不认同的部分自体潜意识地理想化，在这些前提下，患者潜意识地痛恨一切好的、有价值的外在客体（也包括内在正常的那部分自身对客体依赖的需要）。

（四）海因兹·科胡特的观点

现代精神分析学派著名的自体心理学家海因兹·科胡特采用内省和投情性的浸入患者的精神生活的观察，对自恋作出了后现代心理学的临床解释。科胡特认为，自体（Self）是一个相对于客体的概念。自恋是在童年时期，自体的心理结构的获得性缺陷及其后来的继发性防御与代偿性结构的建立，它是力比多对自体的投注，自我扩张和理想化是自恋力比多的特征。按照科胡特的观点，一个向别人投注自恋性力比多的人把别人作为自体客体（Self-Object）来体验。科胡特注重自恋患者与客体之间存在的一种特殊关系，即自体客体关系。自体客体是解释自恋的核心概念，是服务于自恋的。自体客体就是被体验为自体的一部分，或为自体提供一种功能，以保持由于创伤、损害或侵犯导致的发展过程中自恋的失衡的人或客体。自恋的人将他人潜意识地作为一个自体客体，来维护自恋的目的。

传统精神分析把自恋看作是病理性的，而科胡特认为自恋的性质取决于自恋在心理发展中怎样发挥作用。弗洛伊德认为自恋是对客体爱的前体，以后由客体的爱取代。但是科胡特认为每个人都必须依赖自体客体。科胡特假定在心理发育的早期有两条分开的发展线路：自恋的线和客体关系的线。自恋的线依赖于早期父母对孩子基本需要共情的反应，通过镜像自我展现孩子无所不能的自身，并允许理想化。正常的自尊、雄心和自我理想是这个发展阶段的产物。如果这个阶段有创伤性损害，就会导致发展阻滞，导致正常发展必需的夸大性自体（Grandiose Self）和理想化父母印象的缺失，这就是自恋的病理。可见，自恋性障碍实质上就是自体结构的缺陷，即个体企图将夸大性的自体与理想化个体整合成为现实取向的自我结构但最终尝试失败的结果。

二、社会认知理论

社会认知的观点认为个体都是自我关注者，而自恋者是高自我关注者。自恋者通过对自我、世界和未来的“乐观错觉”（Optimistic/Positive Illusions），建立了极高的自我信条，认为自己的成就优于他人。当遇到外部认同的消极反馈时，自恋者会以贬低他人的方式获取优越感。这种错觉在一定程度上具有和谐人格的功能。Taylor&Brown（1988）认为心理健康的个体似乎有令人嫉妒的能力去扭曲现实，以一种直接的方式提高自尊，维持个人高效能感，提高对未来的乐观看法。如果这种错觉在合理的范围内，它会是一种自我提升（Self-Enhancement）的方法，“不愿承认错误，拒绝道歉，优越感的获得”在一定程度上能维持个体的心理健康。但在极端的情况下，这种认知方式扭曲过分严重，可能造成人际问题和冲突等，从而严重影响心理健康。

三、关于自恋心理的研究

（一）自恋者的自我概念

1. 虚夸而又脆弱的自我概念（Grandiose Yet Vulnerable Self-Concept）

目前，大多数研究者认同自恋的自我概念主要分成两个维度：虚夸维度和脆弱维度（Morf & Rhodewalt，2001）。

Bresin&Gordon（2011）的研究证实虚夸和脆弱是不同的维度，它们分别与不同的人格特质相关。此研究采用临床上经常使用的PNI（Pathological Narcissism Inventory）中浮夸和脆弱子量表进行考察。结果发现，浮夸者往往体现出高外向性、低情绪性、低宜人性；脆弱者则往往体现出低外向性、高情绪性、低宜人性。而“诚实—谦逊”维度，浮夸与“诚实—谦虚”维度负相关，该维度呈现相关，因为浮夸者更倾向于剥削他人，而脆弱则与这个维度无关。

Okada（2010）的研究同样也发现了这两个维度是不同的。该研究通过问卷调查发现，在控制自尊和虚夸的自恋之后，脆弱维度能预测愤怒和敌意，但是无法预测行为攻击和语言攻击。之后通过实验发现，高脆弱的自恋者会更多地回忆起社会拒绝，他们对他人有更多的攻击性评价。可见，高脆弱的自恋者将表现出更高水平的攻击，而高虚夸则不会。

Besser&Zeigler－Hill（2010）从另一个角度证实了这个观点。他们研究发现高虚夸的自恋者对于公共侵犯事件体验到了更多的负性情绪和更少的宽恕，而高脆弱的自恋者则在私人的负性事件上体验到更多的不良情绪。

但是这个虚夸的自我不是基于客观事实，因此，它不能依靠于自身，而需要外在持续的支持和强化才能维持。持续性需求外在肯定同样在临床病案描述当中反复出现。

因此，Wallace，Beth&Erin（2009）发现当自我增强之后，自恋者在任务当中坚持的时间显著变短。因为他们需要维持自我和预测积极的情绪，但是自我增强已经能够维持这样的积极情绪和虚夸的自我。即使是网络上，DeWall，Buffardi，Bonser&Campbell（2011）都发现自恋者也更多地呈现自我提升的内容。

Horton，Sedikides&College（2009）则让不同地位的人对被试的演讲进行评价，结果也发现当评价者地位低的时候，自恋者比非自恋者表现出更高水平的自我保护（Self-Protection）行为，即以贬低他人来维持高水平的自尊状态。

自恋者同时会表现出自我妨碍，虽然成功有助于维持他们虚夸的自我，但是失败的威胁更容易影响他们的自我。Rhodewalt，Tragakis&Finnerty（2006）通过实验在线索提示或者无线索提示的成功反馈之后给予自我妨碍的机会，结果发现，高自恋的自我妨碍显著高于低自恋，而与是否有线索提示的反馈无关，并提出自恋的自我妨碍的目的是自我扩张，而不是自我表现或者自我增强。

2. 关注能力，忽视道德（High Agency/Egotism，Low Communion/Morality）

Paulhus（2001）根据自恋与大五人格的研究结果，总结出自恋者是令人讨厌的外向者，他们关注能力，忽视道德。因此，在能力方面，他们对自己持高度的评价（Emmons，1984；John & Robins，1994），并高估自己在任务中的结果和表现（Farwell & Wohlwend－Lloyd，1998），比如 Foster，Reidy，

Misra&Goff（2011）发现自恋者倾向于利益趋近动机，因此更愿意投资表现出大波动性的股票，但投资的结果发现自恋者投资损失显著高于低自恋者。

但是同时他们从不注重道德。最新的两个研究证实了这个观点，不管是个人还是集体，自恋者与不道德行为有着更为紧密的联系。

Brunell，Staats，Barden&Hupp（2011）发现自恋与学生的作弊行为存在一定的关系。其研究结果发现自恋可以预测更多的欺骗行为。该研究认为自恋者对自身形象的维护意愿往往较他人更为强烈，因此更容易出现欺骗行为，而个体相对缺乏内疚感也可以解释这种现象。

Duchon&Drake（2009）则是从集体性自恋角度考察自恋与道德的关系。该研究提出极端的自恋组织结构没有道德行为，因为自恋者缺乏道德认同。这样的组织结构缺乏道德目的，因此他们将变成自我迷恋，他们采用权利、自我扩张、否认、有理化来判断自己的行为。这样的组织即使形成了道德目标，也是不会落实到行动当中的。

3. 其他相关研究

自恋者为了维持这个虚夸的自我概念，于是内心时常幻想自己在天赋、美貌、智力、财富、名誉、爱情以及地位等方面高人一等，将自己看作独一无二的个体且优于他人。Vazire，Naumann，Rentfrow & Gosling（2008）证实自恋者确实喜好贵重、流行的服饰，爱好装扮。

另外，以往不少研究证实自恋者有着积极的自我评价（Raskin & Novacek，1991），更多地将注意力集中于自己身上（Emmons，1987），因此他们缺乏共情，与观点采择负相关（Watson，Grisham，Trotter & Biderman，1984），亲密度需求低（Carroll，1987），容易产生敌意情绪（Bushman & Baumeister，1998；Raskin，Novacek & Hogan，1991；Rhodewalt & Morf，1995）。而目前的最新研究还发现，自恋者同时缺乏宽恕。

Eatona，Struthersb & Santellib（2006）通过问卷和实验发现，自恋与自我防御会抑制个人的宽恕（宽恕特质），和行为宽恕（宽恕的表达）负相关。

Strelan（2006）研究发现：即使控制自尊和羞耻之后，自恋的权欲维度依然与宽恕他人负相关；研究同时发现，宜人性调节了权欲和宽恕他人的关系，可见，如果增加自恋者的宜人性将有助于提高自恋者对他人宽恕的行为。

（二）自恋者的人际关系

自恋者的自我概念的研究认为，自恋者以自我为中心（Emmons，1987），难以共情（Watson，Grisham，Trotter & Biderman，1984），不会宽恕他人（Eatona，Struthersb & Santellib，2006；Strelan，2006），亲密度需求低（Carroll，1987），容易产生敌意情绪（Bushman & Baumeister，1998；Raskin，Novacek & Hogan，1991；Rhodewalt & Morf，1995），由此可见自恋者的人际关系必定存在问题。

但是，Mitja，Stefan & Boris（2010）发现初次见面的时候自恋者能获得大量的好评，只是经过长期相处后自恋者的受欢迎程度急剧下降。最新研究发现，这一现象与自恋者在初次见面时的语言和非语言行为及外貌有密切关系。

Given - Wilson，Mcilwain & Warburton（2011）则从元认知（情感调节异常、共情、同一性关注）的角度去考察自恋者为何人际交往困难。研究发现，外显自恋往往缺乏个人创伤，人际困难的特征是以“主导性/控制欲”，“匮乏/侵入”以及缺乏主张；内隐自恋则与情感调节异常和幻想有关，人际困难的特征是“恶毒/自我”为中心和社会抑制。结果表明元认知的不同维度确实调节了外显和内隐自恋的人际交往困难。

Ogrodniczuk 等（2009）则从自恋型障碍病人考察自恋与人际交往的关系，研究者将病人分成高、中、低自恋组，测量其自恋、人际交往问题、心理创伤。研究结果发现高水平自恋者与人际交往障碍显著相关。自恋型障碍者的人际交往风格是极权型、报复性、侵入性的。给予人际交往治疗后，只有自恋与侵入性行为依然显著，人际交往困难没有显著的改变。可见，人际交往障碍与自恋有关。

但是，周晖、张豹和郑珊珊（2009）的研究发现自恋与中学生自我报告的社会适应良好度显著正相关，自尊在自恋与社会适应的关系间起到了中介作用。

（三）自恋者的行为问题

关于自恋的研究，自恋者的行为问题一直是研究者的焦点。目前的研究结果大多发现不管是状态攻击（Baumeister，Bushman & Campbell，2000）还是特质攻击（Donellan，Trzesniewski，Robins，Moffitt & Caspi，2005；Barry et al.，2003；Barry，Grafemana，Adlera & Pickarda，2007；Lau，Marsee，Kunimatsu & Fassnacht，2011），自恋者均具有更高的攻击水平。Martinez，Zeichner，Reidy & Miller（2007）更是发现在延迟条件下，自恋者将表现出替代攻击。

刘荣（2009）则进一步将自恋分成外显与内隐自恋，结果发现内隐自恋更能区分出攻击性强的人，更容易受到他人和外界信息的影响，在攻击行为上发生变化。

Ryan，Weikel & Sprechini（2008）同样将自恋分成外显与内隐自恋，同时考察两者与家庭暴力的关系，并强调性别在其中的作用。结果发现，对于女性，“剥削/权欲”与性压迫显著相关；而对于男性，内隐自恋与身体攻击相关。可见，性别是理解自恋与家庭暴力的关键因素。

人们逐渐意识到自恋的这种破坏性对良好的团体领导和道德行为具有严重的损害。Craig & Amernic（2011）则从分析 CEO 的信件中所使用的语言证实了这个观点。

那么儿童和青少年的行为问题是否与自恋有关呢？Ha，Petersen & Sharp（2008）的研究发现，对于 7 岁的儿童，自恋是行为问题中关键的因素。

Barry 等（2007）分析了儿童自我报告自尊，父母和老师报告自恋、主动攻击、被动攻击以及行为问题。控制人口地理学变量之后的分析结果发现，自恋是唯一能够预测主动和被动攻击的变量，冲动只能预测与被动攻击相关。

Barry，Grafeman，Adler & Pickard（2007）将青少年作为研究对象，发现自恋与自尊正相关，可见只有自恋与行为问题正相关。当控制自恋变量之后，低自尊与行为问题相关，适应性的资料与自尊正相关，但是非适应性的资料与自尊无关。

（四）自恋者的心理健康

关于自恋人格的心理健康问题，尽管有了大量的研究，结果仍是复杂而混乱的。

有研究者发现，自恋与主观幸福感、心理健康相关联。比如 Phebe，Cramer & Jones（2008）的研究发现，在成人期间自恋与心理健康正相关。Lapsley & Aalsma（2006）将自恋分成高、中、低组，中等自恋的个体具有最低的焦虑，关系问题、抑郁以及家庭问题最少，同时具有良好的适应性。由此可见，适度的自恋有助于减少适应问题或者心理症状。

有研究者认为，自恋与心理适应不良有关。Barry & Malkin（2010）和 Malkin，Barry & Zeigler - Hill（2011）以青少年为研究对象，均发现自恋的青少年与其内在心理症状（羞愧、焦虑）有关。

Daig，Klapp & Fliege（2009）认为自恋的适应性是一个连续体变化，一端是良好的、适应性的防御，另一端则是糟糕的、非适应性的防御。他们研究了 1 442 个心身疾病病人，结果发现非适应性的自恋方面下降，情绪和生活质量有所提升，受威胁的自我的改变与情绪的改善有关。

对于自恋与心理健康的关系，以往的研究大多依赖于自我报告问卷（NPI）去操作定义和测量自恋。Rosenthal & Hooley（2010）则认为 NPI 很多项目与自恋的普通定义及临床表现并不一致，可能更接近于自尊。通过两个研究，他们发现 NPI 和自尊分不清哪个变量在解释自恋与心理健康的关系，因此研究者认为有必要重新考察自恋与心理健康的关系，并强调能直接测量自恋的核心成分的量表更为重要。

（五）关于自恋的起源

Kernberg（1970），Kohut（1971），Millon（1981）都提出了关于自恋起源的理论，但这三个理论与“成人自恋是来自于儿童期父母的冷酷还是过度赞扬”的理论自相矛盾。Vignoles（2006）对于 120 名外显和内隐的自恋成人进行研究，采用结构方程的模型，结果发现两种形式都存在。也许这种儿童期的经历反而有助于解释自恋成人浮夸和脆弱相矛盾的结合。

Cramer（2011）跨度 20 年的纵向研究发现，父母的教养方式直接影响健康自恋的发展，而且拒绝与非适应性的自恋正相关，但是与健康的自恋无关。

Barry，Frick，Adler & Grafeman（2007）研究发现非适应性自恋能显著地预测 1 ~ 3 年的行为问题，适应性的自恋在缺乏积极的父母管教的时候同样能预测行为问题。

大多数研究者探讨了自恋的起源，但是极少有研究探讨自恋人格在个体一生发展的轨迹。Carlson & Gjerde（2009）考察了学前儿童与青少年（14 岁）、成年早期（18 ~ 23 岁）之间自恋的变化轨迹，结果发现所有的学前量表预测了之后的自恋水平，除了 23 岁的有人际交往敌意；同时发现 18 岁的自恋水平显著高于 14 岁，23 岁的自恋水平有轻微下降。

（六）自恋者的临床研究

1898 年，精神病学家 Havelock 首次提出 Narcissism 一词来概括病理性的自恋。在临床上，1980 年，美国正式将自恋型人格障碍列为一种独立的人格障碍，收入《精神疾病诊断和统计手册》（*The Diagnostic and Statistical Manual of Mental Disorders*）第三版（DSM - III）中。可见对于自恋人格的关注，最开始起源于临床，自恋人格被看成是一种人格障碍。虽然目前大多数研究从亚临床自恋人格角度进行自恋考察，但是依然有一些研究是从临床角度进行探讨的。

Miller & Campbell（2008）的研究目的是区分临床和社会—人格概念中的自恋概念，结果发现临床和社会—人格概念两者出现相反的人际模式。比如临床问卷 PDQ - 4 发现自恋与情绪的不稳定性和装载负性情绪相关，是内隐自恋的变体，而 NPI 自恋则发现自恋者的情绪愉悦、外向。

Michelle，Naomi & Edelyn（2011）发现浮夸和脆弱与精神病性的各个维度关系不同，浮夸与人际维度正相关，脆弱与精神病性的生活风格维度正相关，相对于浮夸，脆弱与物质上瘾症、被动攻击相关度更高，而浮夸则与社会非功能性的操纵和欺诈性人际风格和主动性攻击相关。这为以后的治疗提供了建议。

但是 Joshua，Campbell & Keith（2010）却发现特质自恋与自恋型障碍稳定相关，同时产生五因素人格模型，可以适合 NPD 的等级分类。可见，从特质自恋可以进一步了解自恋型障碍并建立其网络法则。

Gordon & Dombeck（2010）研究结果发现脆弱维度的自恋与饮食障碍正相关，外貌有关的自我价值感部分调节了两者的关系，这个发现表明脆弱的自恋是饮食障碍的危险因素。

Edelstein，Yim & Quas（2010）称自恋对于外界的批评非常敏感，这会增强他们对于可评估的压力源的生理反应。研究发现，下丘脑—垂体—肾上腺神经轴中的皮质醇活动水平更高，并能体验到更多的负性情绪，这种现象存在性别差异，即该结果只在男性群体中有效。这种结果强调了防御性人格特质在 HPA 反应中的影响以及自恋者因为这条神经通道影响了他们长期的身体健康。

Fulford，Johnson & Carver（2008）研究发现，自恋和轻度躁狂与情感和目标调节异常有关，另外，轻度躁狂与冲动性的相关性更高，该研究强调躁狂与自恋之间的共性和差异性。

Svindseth，Nøttestad，Wallin & Dahl（2008）研究发现精神病患者的自恋水平与暴力、自杀相关。

王犖（2007）对 42 名自恋型人格障碍患者和 31 名单纯心境障碍患者加以诊断、测试并调查其病史，在与对照组相比时发现：共病组在病程、抑郁程度以及恶性抑郁方面均有显著性差异。可见，自恋型人格障碍与心境障碍，尤其是与抑郁障碍有关联。相对于单纯心境障碍，自恋型人格障碍与心境障碍共病患者有其独特的临床表征以及人格特征。

（七）关于自恋的测量

到目前为止，对于自恋的研究有两大方向，一个方向是从医学角度出发，将自恋看成是一种人格障碍，而另一个方向则将自恋看成是常态人群中普遍存在的一种人格特征，每个人或多或少都有自恋的人格倾向，Fisher（1984）将这种自恋人格倾向看作亚临床自恋型人格。在测量工具上，根据不同的理论指导设计出不同的问卷，在临床上多数采用 Pathological Narcissism Inventory（PNI），而普通人群则采用 Narcissistic Personality Inventory（NPI）。目前的研究都是从不同的角度去修改、验证这两份问卷，Ames，Rose & Anderson（2005）就认为40题的NPI过长，需要太多的时间，易导致疲倦。因此本研究将此问卷删减为不分维度的16题，通过5个研究证实这16题NPI有效。

Holtzman，Vazire & Mehl（2010）则从自恋者日常行为出发验证发现NPI所定义的自恋的特征与自恋者的日常行为一致，自恋者的行为确实表现出更多的外向性和更少的宜人性，而且当控制自尊之后，自恋与不宜人的行为的相关性更高。

Aaron等（2009）用四个实验验证PNI的效度，PNI是52个项目的自陈问卷，有7个维度，该问卷与自尊、同情心负相关，与羞耻、人际压力、攻击和边缘性人格正相关。

Maxwell，Donnellan，Hopwood & Ackerman（2011）发现NPI和PNI没有高相关（r =.22），但是两者的一些子量表具有高相关（e.g.，r =.71 for Scales Measuring Exploitativeness）。两个量表与NPD（Narcissistic Personality Disorder）（Hyler，1994）相关水平相似（r =.40 and.35，Respectively）。而在与外显自尊的关系当中，PNI与自尊负相关，NPI则是正相关。

也有研究根据不同的人群需求设计出新的问卷。比如Sander，Hedy，Brad，Tjeert & Jaap（2008）编写出10题单维的儿童自恋自陈量表，通过6个研究证实该量表具有良好的有效性，同时发现儿童自恋与成人自恋具有相似的心理和人际模式。

（八）自恋与文化因素

Barry & Wallace（2010）通过考察发现美国青少年（12~16岁）的自恋处于中等水平。

Twenge等（2008）考察了1976—2006年中自恋的变化，结果发现自恋水平随年代不断上升。这项研究补充了之前的研究发现，即其他的个体特征比如专断、自利、自尊和扩张等均上升。

大多数的心理学研究都基于美国白人的数据，这就表明其结果并非普适于地球上其他的民族。比如Yohan Ka（2010）就将自恋的研究投向韩国，他发现韩国的文化情结与自恋、抑郁有着紧密的关系。

Ghorbani，Watson，Hamzavy & Weathington（2010）则将研究放在伊朗，这是一个信仰伊斯兰教的国家，而“自知”是伊斯兰教的精神理念，以自我为中心，充满幻想的自恋型人格对伊朗人的伊斯兰教是否有影响？结果却发现，自恋与“自知”正相关，男性尤其明显。

第二节 自恋案例分享

在古希腊的传说中，有一位少年叫纳喀索斯。他长得非常俊美。有一天，他走到湖边，偶然看见了自己的倒影，便一见倾心，爱慕不已。他走向湖中，希望与倒影中的那个人共聚，结果沉溺而死，死后变成了一朵水仙花。根据这个传说，心理学上便把这种自恋成疾的病症，以纳喀索斯的名字命名为"自恋症"，也称之为"水仙花症"。而在异常人格中，亦有一种与之相对应的人格障碍，被称之为"自恋型人格障碍"。所谓人格障碍（Psychopathic Personality），又称病态人格、变态人格、精神病态、人格异常等，是指儿童期或青少年期发展起来的严重人格缺陷或病理人格改变，或者人格在总体上不适应的一类心理疾病。人格障碍有广义和狭义两种不同概念。欧美各国都持广义观点，除了传统的反社会型病态人格外，还包括偏执型、分裂型、情感型、暴发型、强迫型、癔症型、衰弱型、幼稚型以及纵火癖、偷窃癖、说谎癖等数十种类型。其中，自恋型人格障碍者在日常行为中往往表现为自我夸大、过分要求被崇拜、对他人要求苛刻、缺乏同情心。这样的个体在人群中也非鲜见。

一、案例1*

某师范学校中文大专班学生，男，18岁，自小喜爱文学，作文常常在学校获奖。考入师范学校后，他更加喜爱文学，参加了学校的《心泉》文学社，后来又当上了《心泉》诗刊的主编。课余时间他写了不少诗歌、散文和小说，还有十多篇在《师范生周报》和《金钥匙》报上发表。临近毕业前，他费了很大的心血写了一部中篇小说。书稿写成后他自己非常欣赏和得意，自认为是一部非常优秀的文学作品，将来发表后一定会引起轰动，成为畅销作品，自己说不定也能像韩寒一样出名，成为中国文坛上的一颗新星。有一天，他带着自己的作品，叩开了市文联主席李凤杰的家门。李主席是位著名的儿童文学作家，在省内外都很有影响。他希望得到市文联老前辈的赞美之词。可是，当老前辈认真看完了他的作品后，并没有对其作品大加赞赏，而是对其作品提出了一些看法和意见，并忠告他还需要加强文学功底的修养和生活经验的积累。此时，这名师范生完全沉醉在自己的小说之中，一点也听不进老

---

* 本案例来自：http：//blog. sina. com. cn/s/blog_ 5e5cf1b30100dh5e. html。

前辈的意见，还认为老前辈观念陈旧，不理解新人新作，甚至认为老前辈嫉贤妒能，诋毁自己的作品。于是，他在失望之余非常痛苦，经常失眠，躺在床上翻来覆去睡不着觉，人像丢了魂似的。

二、案例2*

根据国际上最权威的美国精神病学协会的精神疾病诊断与统计标准第四版（DSM－IV）的诊断标准，何日辉认为罗玉凤具有自恋型人格障碍的表现。具体而言是一种需要赞美的，包括幻想和行为上蔓延的无所不能模式，缺乏共情的能力。这种表现开始于成年的早期，并一直持续到目前。罗玉凤认为自己的智商前300年后300年无人能及，对她以前的男友没有丝毫同情。何日辉认为罗玉凤与芙蓉姐姐一样，自恋型人格极为典型。她们能走红网络，说明社会大众心理出现了问题：许多人因为生活压力大、精神空虚和信仰缺失而心态浮躁，要通过网络发泄不满与愤怒，而自恋狂们提供了绝好的“靶子”。人们看她们的表演满足了自己的好奇心、偷窥欲和攻击本能。何日辉分析，罗玉凤属于典型的“穷二代”，社会贫富分化对他们的内心产生了强烈冲击，许多人渴望改变命运，留在城市过现代化的生活，不愿回到农村像父辈一样耕田种地。但愿望与现实总是有距离的，于是少数人就谋求通过非常规手段一夜成名或暴富。罗玉凤的家庭背景、长相、学识和能力等放在广州、上海这些大都市中是微不足道的，她就采取让大众鄙视和嘲笑自己的方式达到出名的目的。其实通过一些节目访谈就可以看出，她是一个内心极度自卑的女孩，正是她内心与行为的巨大反差引起了观众的兴趣。这类人通常具有以下特征：①对自身有无所不能的感觉，如夸大成就和天赋，在没有相应的成就的情况下，期待被看作是最优秀的。罗玉凤自称懂诗画，会弹琴，精通古汉语，9岁起博览群书，20岁达到顶峰，最新的说法是鲁迅的文章也不如她。被无限制的成功、权力、才气、美丽或理想爱情的幻想所迷惑，她认为北大清华有300个硕士追她，美国哈佛、普林斯顿等名校高材生也在联系她，28岁前能够找到符合她条件的白马王子。②相信自己是特别的和唯一的，自己只能被同样特别的或高地位的人所理解。③常常嫉妒他人或相信其他人嫉妒自己，表现出高傲自大的行为态度。面对大众的质疑，她不屑一顾，表现出一种非常高傲自大的态度，似乎人们根本就无法理解她这样智慧超群的人。④她要求过度的赞美，要求别人认可她的高智商，认可她的博览群书，实际

* 本案例来自：http：//www. gmw. cn/content/2010－04/04/content_ 1085454. htm。

上这远远超出了事实——她阅读的《知音》等只是普通大众的通俗刊物。⑤她是人群中的冒险者，如攫取他人的利益，以达到自己的目的。凤姐在大街和地铁散发征婚传单，代表着她在人际关系的处理中是一个冒险者，缺乏共情的能力，无欲望去认识或认同其他人的情感和需要。她对前男友的痛苦非常麻木，实际上她缺乏共情的能力，根本就不想了解他人的情感和需要。

三、案例3

（一）基本资料

小锋，男，高中一年级学生，体态正常，无重大躯体病史，父母家族均无精神病史。

小锋家位于梅州山区，家境普通，排行老大，下有5个弟妹，从小读书成绩不错，家里人一直对他寄予厚望，尤其是他作为长子，加上当地传统风俗，上至爷爷奶奶，下至弟妹，都对他百般顺从。在进入大学之前，小锋习惯处于他说一不二的氛围中。进入高中后，小锋一直活跃于班级与学校的一些活动中，班主任还特意选拔他作为临时班代表，但由于在此阶段他的作风“伤害”了很多同学（主要表现为以自我为中心，过度自我重视，对别人缺乏同情心，对别人的评价过分敏感等），在正式选拔班干部的时候，小锋的选票为零，此后小锋就习惯于特立独行。在宿舍关系上，小锋个人卫生状况很差，经常一个月都不打扫一次，同宿舍同学好心劝解，得到的答复反而是“作为男人，怎么能在这里干扫地这样的琐事”。而且喜欢指使别人干活，例如去买零食、打水打饭等。一开始宿舍的人还忍气吞声，最后就联合起来不理他。但是小锋依然我行我素，经常一宿舍都是他乱扔的垃圾和没洗的脏衣服等，搞得同宿舍的同学怨声载道，多次向班主任提出换宿舍的请求。班主任多次做其思想工作，小锋依然不悔改，反而变本加厉，几次与宿舍的同学发生冲突，每次理由都是认为宿舍的同学在故意针对他。经调查，事实为小锋过于敏感，夸大事实。由于班主任无法进行调解，故向小锋提出借助心理咨询，小锋亦觉得需获取帮助，所以走进了心理咨询室。

（二）辅导者观察

小锋身材中等，穿着明显脏乱，头发邋遢，进入心理咨询室时，并没有任何礼貌和语言表达，直接坐在咨询沙发上，并私自摆弄起茶几上的首次咨询记录卡。

（三）辅导者分析

综合分析所获得的资料，分别对小锋的问题持续的时间、强度和典型心理与行为异常表现的性质和严重程度进行分析、判断，根据躯体病史、家庭精神病史以及典型心理与行为异常的表现，排除了精神病、神经病。

目前对于自恋型人格障碍的诊断尚无完全统一的标准，一般认为其特征如下：

①对批评的反应是愤怒、羞愧或感到耻辱（尽管不一定当即表露出来）。

②喜欢指使他人，要他人为自己服务。

③过分自高自大，对自己的才能夸大其词，希望受人关注。

④坚信他关注的问题是世上独有的，只能被某些特殊的人物了解。

⑤对无限的成功、权力、荣誉、美丽或理想和爱情有非分的幻想。

⑥认为自己应享有其他人没有的特权。

⑦渴望持久的关注与赞美。

⑧缺乏同情心。

⑨有很强的妒忌心。

只要出现其中的五项，即可诊断为自恋型人格。

根据所收集的资料，小锋唯我独尊，脾气很大，颐指气使，难以接受批评，对自己夸大而对别人贬低。以为在家中他是中心，在学校也得一切听他的，人际关系不好，是典型的自恋型人格。人格障碍与神经基调的遗传有关，同时也与后天的成长背景有关（如一直受宠长大）。小锋拥有以上的①、②、③、⑤、⑥、⑦、⑧项特征，故初步诊断为自恋型人格障碍。

（四）制定咨询目标

根据以上分析，同小锋进行协商，确定咨询目标为：缓解不良情绪，共同寻找问题的原因，一起解决问题。

（五）咨询方法

理智调节法、对比法。

（六）咨询策略

大致可分为三个阶段：

（1）心理诊断评估与咨询关系建立阶段。此阶段主要借助积极的关注行为和共情技术取得来访者信任，确定咨询关系，采集基本资料，通过心理诊断评估让来访者清楚了解自己的问题，共同制定咨询目标，介绍几个缓解不良情绪的技巧，并安排实践作业。

（2）心理帮助阶段。此阶段主要通过介绍理智调节法对来访者进行矫治，并采用对比法进行辅助治疗，让来访者在事实面前领悟到自己不过是沧海一粟，从而克服井底之蛙的浅见与自大。在这个过程中，关键是教会来访者根据理智调节法的三个步骤来进行矫治：第一步，必须承认不良情绪的存在；第二步，当承认自己存在某种不良情绪之后，就要分析引起这种情绪的原因，弄清自己为什么苦恼、忧愁、愤怒和恐惧；第三步，对具有真实原因的不良情绪，要寻求适当的解决途径和方法。如果是由于缺乏认真的沟通而造成同别人之间的隔阂，使自己产生不被理解的苦恼，自己就得主动、诚恳地与他人交谈，让别人理解自己的立场、思想和行为，消除彼此的隔阂，使自己内心恢复平静。

（3）结束与巩固阶段。通过跟踪评估和反馈确定咨询效果，并定期安排任务训练以进一步巩固，最后结束咨询。

………… 第八章　网络成瘾及其干预*

第一节　探析网络成瘾现象

随着互联网技术的迅猛发展，网络在人们的学习、工作、生活中扮演着越来越重要的角色。网络在对社会产生积极影响的同时，相应地也带来了一些负面影响，尤其是对青少年的危害相对来讲更加严重。由于各种原因，更多的青少年越来越依赖并沉迷于网络中不能自拔，这种现象我们称之为“网络成瘾”。据统计，全球两亿多网民中有 1 140 万人患有不同程度的网络成瘾综合征，占总人数的 6%。2003 年年初，民盟北京市委开展“网络游戏与未成年人教育”的调查，在对北京市 9 个区县的 600 余名中学生进行调查后根据百分比推测发现，北京市有 22 万名中学生在玩网络游戏，而中学生上网成瘾者的比例达 14. 8%（初中生 11. 8%，高中生 15. 97%）。另据报道，美国纽约一所大学的新生辍学率上升幅度非常快，其中 43% 的辍学学生是由于通宵达旦地上网；据报载，在上海某高校 2001 年退学试读和留级的 237 名学生中，约有 80% 的人是因为无节制地沉湎于电脑游戏、看碟片和上网聊天而荒废了学业。中国台湾学者们的调查也发现，目前岛内网络成瘾的发病率已达 10% ~15%。据统计，网络成瘾在大学生中的发生率为 4. 0% ~14. 2%，中学生的发生率为 3. 5% ~15%，男性成瘾比例显著高于女性。这些惊人的数字都在说明一个问题：青少年过分沉湎网络已经成为一个“新兴”的社会问题而为世人所关注。这也引发国内外众多学者相继展开研究。从最早报道“网络成瘾”的美国到陆续出现网络使用问题的西欧、日本、韩国等，网络成瘾的研究已有 10 余年的历史，中国台湾于 1997 年开始研究，而大陆学者亦相继展开了研究。

---

* 本章作者：卢佳适（广州市第五中学）、蒋蔼瑜（广州市真光中学）、李琼清（广东省轻工职业技术学院）、余美笑（佛山市顺德区大良实验中学）、林静娴（揭阳市技工学校）、冯勇（深圳市观澜镇美中学校）。

一、网络成瘾现象的界定

“网络成瘾”一词首先由 I. Goldberg 提出。它最早使用的名称为“互联网成瘾症”（Internet Addiction Disorder，IAD）。该现象指个体反复过度使用网络导致的一种精神行为障碍，表现为对使用网络产生强烈欲望，突然停止或减少使用时出现烦躁、注意力不集中、睡眠障碍等。临床上，IAD 也被称为“病理性网络使用”（Pathological Internet Use，PIU）。美国匹兹堡大学 Kimberly Young 则将“网络成瘾”界定为：在无成瘾物质作用下的上网行为冲动控制障碍，表现为由于过度使用互联网而导致个体明显的社会心理功能损害。根据《网络成瘾诊断标准》，网络成瘾现象可分为网络游戏成瘾、网络色情成瘾、网络关系成瘾、网络信息成瘾、网络交易成瘾五种类别。

二、网络成瘾的特征及危害

（一）网络成瘾的特征

Kimberly Young 指出，网络成瘾具有 6 个典型特征：①症状显著；②耐受性增强；③情绪改变；④退缩症状；⑤激烈的心理冲突；⑥反复发作。具体表现为：对网络有一种心理上的依赖感；不断增加上网时间；从上网行为中获得愉快和满足，下网后感觉不快；在个人现实生活中花很少的时间参与社会活动及与他人交往；以上网来逃避现实生活中的烦恼与情绪问题；倾向于否认过度上网给自己的学习、工作、生活造成受损害等。

我国学者高文斌等认为，我国青少年在网络成瘾方面主要表现为网络关系和网络游戏成瘾。他们提出，我国网络成瘾群体呈现四个特点：①男性网瘾比例高于女性；②中学生、失业或无固定职业者网瘾现象严重；③未成年人网瘾比例较高；④网瘾现象分布广泛，与地理位置和经济因素无关。其研究表明，网络成瘾已严重影响了成瘾者的身心健康和社会功能，其主要表现有：①学业、工作受挫；②社会角色混乱；③道德感、法律观念弱化；④人格异化；⑤身心健康受损害等。

（二）网络成瘾的危害

1. 网络成瘾对社会的危害

网络成瘾的学生为了满足上网需求不得不花费大量金钱使其维持上网状态；当前国内运营的网络游戏多带有攻击性内容，网络游戏接触者长期地接触攻击性内容可能会导致其形成稳定的攻击性倾向，甚至形成攻击性人格特征，进而引发社会问题。有研究表明，因玩网络游戏或因接触色情网络等而性情暴躁者占27%，玩游戏与校园暴力相关的占29%，因在网络游戏中接触色情而导致性犯罪的占10%。

2. 网络成瘾对身体的危害

网络成瘾的学生长时间大脑中枢神经系统处于高度兴奋状态，会引起肾上腺素水平异常增高，交感神经过度兴奋，血压升高，植物神经功能紊乱，极易引起心血管疾病、紧张性头疼等，严重的甚至会引起突发性心脑疾病导致死亡。此外，长时间端坐于电脑前做重复机械的运动和操作易引起腰酸背疼、全身不适及肘关节、腕关节无菌性炎症等。可见，网络成瘾易导致学生的身体严重受损。

3. 网络成瘾对心理的危害

网络成瘾的学生由于过于沉溺于网络，易导致左前脑发育受损，继而影响右脑发育，使个体处于亚健康状态或直接导致心理障碍，从而导致思维迟缓和思维贫乏。网络成瘾的学生在玩游戏和浏览网页的过程中，因长时间地保持高度的注意力，易引发过重的心理负荷，如失眠、多梦、神经衰弱、头部酸胀、机体免疫力下降等，情况严重者甚至可诱发精神疾病。个体若过度沉迷和忘我会限制其社会活动的参与度等，减少社会交流，从而使个体的心理发展受阻，形成非正常的人格，严重者可导致人格异化，出现自闭倾向，并伴有紧张、烦躁、焦虑和不安等情绪特征。网络成瘾还会导致思维定式错位进而造成心理失衡。因为与电脑交流毕竟不同于与人类交流，前者只需下达正确的命令，后者还需协调各种关系，解决各种问题。因此，长期从事电脑操作的人易养成要么坚持，要么放弃的思维定式。若将其推广到人际关系的协调应用，极易出现“定式错位”，使得个体逐渐丧失自信，自感工作难度加大，加重内心的紧张、烦躁、焦虑和不安，最终导致身心疲惫，并诱发各种身心症状。

4. 网络成瘾对学业的危害

有研究表明，网络成瘾者平均每周上网时间为38.5小时，而非网络成瘾者仅为4.9小时。长时间地上网，致使部分学生逐渐开始旷课、逃学、荒废学业，最终影响其正常的学习生活。

三、网络成瘾的理论分析

研究成瘾机制是解决网瘾问题的关键，已有研究中具有代表性的理论有：Young的ACE模型、Davis的认知—行为模型、John的需要满足模型、Crohol的阶段模型，以及我国学者刘树娟、张智君提出的生理—心理—社会整合模型、段兴利提出的IUE模型、高文斌和陈祉妍等提出的网络成瘾的发展性失补偿假说等。学术界普遍认为，网络成瘾由网络本身的特点、成瘾者个体素质及外部环境三者交互作用形成，涉及心理、社会和生理三个方面的因素。

（一）心理因素

研究者分别从精神分析、行为主义、人本主义、认知心理学等不同的角度解释了网络成瘾的心理机制，各种解释都有其相对的合理性，但均未能全面揭示网络成瘾的形成机制。

（1）精神分析的理论认为，网络成瘾与人格有密切的关系。网络成瘾者其本我与超我相对强势，自我的能力较弱。常表现为过多地追求身体与心理的满足感（即本我膨胀、追求自我价值）与完美主义（即超我膨胀，失去显示控制的倾向）。有研究表明：网络成瘾者的人格具有孤僻、敏感、内向，认知能力、自制力较差的特点，在人际交往中体现出不合群、意志力弱、纪律性差、渴望成功和自我实现等特征，与该理论吻合。

（2）行为主义的理论认为，网络成瘾是上网行为得到各种强化的结果，行为主义者认为人的大部分行为都是后天模仿（模仿是个体在社会生活中主动仿效他人言行的社会心理现象）和学习的结果。都是有机体在遇到某种刺激，引起某种行为反应受到强化而构成联结的结果。网络成瘾行为正是上网行为得到各种强化的结果。具体而言：在上网过程中，个体可以得到暂时的放松，缓解各方面的压力；在玩网络游戏中得到强化物（如分数奖赏等）；在网络游戏中获得的高分得到其他参与者的赞赏与肯定；在网络中下载音乐、电影，既可自娱自乐，也可与他人分享。这些行为因可提升个体的成就感和自我肯定、自我满足，从而得到了强化，久而久之便形成上网的习惯与日常行为模式。此外，行为主义者提出了干预的理念，即一种已经形成了的行为可以通过新的学习过程或者负强化来改变和消除。

（3）人本主义理论认为，网络成瘾者更多的是为了获得自尊需要，追求自我实现的体现。人本主义心理学家马斯洛认为，人有生理的需要、安全的需要、归属和爱的需要、尊重的需要及自我实现的需要，其中前四种需要为“基本需要”，最后一种需要为“成长需要”，这五种需要自下而上排列，呈金字塔形。当低层次的需要获得基本满足之后，人会本能地产生更高一层次的需要。在现实生活中，当个体对自尊的需求，对自我实现的寻求未能如愿时，个体往往会寻求其他都方式来实现这些需要，比如上网。在网络中，个体获得认可成为网络达人，在网上打游戏中得高分或成为游戏高手等方式均变相助其实现自我价值，从而获得自我实现的满足。

（4）认知心理学理论认为网络成瘾是由于对使用网络的错误认识导致的。认知心理学者认为，认知是在获取知识过程中进行的各种心理活动，主要包括知觉、记忆、言语、思维等，即所谓的认识过程。个人对某件事情或某一对象产生什么样的认知、看法，就决定了个人对某件事情或对象作出什么样的反应和行为。正确的认知产生正确的行为或反应方式，错误的认知决定个体会做出错误的行为。每个人都有不同的信息加工模式，在相同的情景中，个体会输入或储存不同的信息，对于同样的信息也会有不同的解释，因而导致不同的行为反应。按照认知心理学家的理论，网络成瘾是因为个体对使用网络有不正确的认识，如上网完全有利于学习、有利于增加和别人交流，上网越多见识越广等，这些认知方式导致了相应的行为反应，使其不合理使用网络，在网络上花费的时间越来越多，慢慢地陷入网络世界，最终导致网络成瘾。

（二）社会因素

家庭环境和教养方式、社会文化背景、学校教育、生活应激事件等都是青少年网络成瘾的影响因素。

（三）生理因素

Giannini & Minuer 的研究表明：成瘾行为与神经递质有关，如多巴胺、五羟色胺、去甲肾上腺素、乙酰胆碱等。Bergh 等人的研究证实，病理性赌博者的多巴胺和去甲肾上腺素系统出现异常改变。美国麻省总医院汉斯布雷特用功能性磁共振影像技术（FMRI）对正常男性在轮盘赌中的反应做大脑扫描图，发现赌徒大脑中富含多巴胺区域有明显血流变化，显示该中枢产生了兴奋或抑制。Sharpe 总结了 40 项成瘾机制的研究结果，认为神经递质（如多巴胺、去甲肾上腺素）的生物化学变化与物质成瘾、行为成瘾存在相关性。根据行为成瘾的特点，学者们认为由于长期持续上网，引起脑内多巴胺水平升高，进而引起高度兴奋和一系列复杂的生理生化反应，从而导致使用者深陷网瘾。我国学者杨国栋认为网瘾与毒瘾具有同一神经生化基础——多巴胺，网瘾通过内源性物质导致机体多巴胺等神经递质含量增加，使人在短时间内高度兴奋或满足，因此网瘾是多巴胺等神经递质的自我调控失调所致，但这一假设还未见实证性研究报道。中科院心理研究所高文斌等运用事件相关电位（ERP）研究网络成瘾心理依赖的脑神经机制，发现了成瘾者的“注意功能异化机制”和“表情认知异化现象”。同时对成瘾者心率变异性（HRV）测量数据的功率进行分析，发现成瘾者自主神经功能出现了一定程度的改变。

国内外多数学者使用问卷调查、心理测评和访谈等方法，从认知、人格、行为、家庭等方面研究了网络成瘾的心理机制，但网络成瘾与脑内特定的神经环路或神经中枢的相关性，以及网瘾对青少年学习记忆力、注意力、判断力等认知功能的影响机制缺乏深入研究。

四、网络成瘾的诊断标准与测评工具

（一）网络成瘾现有的诊断标准及测评工具

国内外研究者从不同角度对网络成瘾进行了测量评估，在诊断标准与测评工具方面已取得一些有价值的研究成果。

（1）Young KS. 根据美国《精神疾病诊断与统计手册》（*The Diagnostic and Statistical Manual of Mental Disorders*，*DSM - IV*）中对病理性赌博的诊断标准编制了“互联网成瘾”的 8 项诊断标准。

（2）Young KS. 还以病理性赌博和酒精成瘾的诊断标准为基础，另外编制了一个 20 个条目的“网络成瘾损害量表”（Internet Addiction Impairment Index，IAII）。

（3）Morahan - Martin 等人针对大学生这一特定群体，编制了具有 13 个项目的病态网络使用量表（Pathological Internet Use Scale，PIUS）。

（4）中国台湾学者 Chou 翻译了 Brenner 编制的“互联网相关成瘾行为量表”（Internet-Related Addictive Behavior Inventory，IRABI），经过 Chou 等人修订后的中文版量表第二版（C - IRABI - II）共有 37 个项目。

（5）中国台湾学者陈淑惠编制并修订了“中文网络成瘾量表（Chinese Internet Addiction Scale，CIAS）”，共 26 个项目。

（6）崔丽娟等把标准设定中的安戈夫（Angoff）方法引用到网络成瘾测量中，最终得到的网络成瘾的界定量表共有 12 个项目。

（7）雷雳和柳铭心编制了青少年互联网服务使用偏好问卷，由 17 个项目组成。

（二）诊断标准与测评工具的不足

①国内外尚无统一公认的网络成瘾诊断标准及测量工具，这在一定程度上影响了网络成瘾的预测、诊断、干预治疗及研究成果的交流比较等；②已有量表大多参照物质成瘾或行为成瘾的界定方法予以考察，这在一定程度上忽略了社会环境和成瘾人格因素的影响；③已有测评工具大多是自评量表，这可作为成瘾程度的确定及疗效评估方法，但是否可作为诊断工具有待进一步探讨；④诊断与界定网络成瘾大多考察使用者的情绪、行为表现，而对上网过程中由认知和操作活动所诱发的生理变化对使用者的上网行为的影响程

度则缺乏研究。

五、网络成瘾的干预研究

目前国外对网络成瘾的干预主要运用认知行为疗法和药物治疗。较有代表性的是 Young KS. 和 Davis 的干预研究。Young KS. 根据“网络成瘾 ACE 模型”提出通过“时间管理、认知重组、集体帮助、反向实践、借用外部制止、制定目标、戒绝、设立提醒卡、个人清单、建立支持小组、家庭治疗、解决现实问题与困难”等手段展开综合干预。Davis 根据“病态网络使用的认知—行为模型”提出了认知行为疗法的系统化干预方案，如通过“定位、制定规则、分级、认知重组、离线社会化、整合、通告、家庭作业”等系列手段进行系统干预。Shapira 则运用药物（心境稳定剂等）治疗网络成瘾，收到了比较满意的效果。

而国内学者在这一方面的研究则各有侧重。可归纳为五个方面：

（一）侧重于对外部环境的控制和管理观

《中国建设教育》2008 年 2 月刊登的文章《网络成瘾的成因及对策析论》提出解决网络成瘾的三个方法：加强网络管理，加大团学活动对学生的吸引力；加强思想道德建设。《时代人物》2008 年 9 月刊登的文章《网络成瘾的原因及对策》则强调：从源头抓起；加强对校外网吧的管理；深化教育，有效帮助学生戒除网瘾。《中国青年研究》2005 年 8 月刊登的文章《青少年网络成瘾原因及对策》提出：从青少年自身抓起、学校应加强对学生的管理，家长予以配合；加大对网吧的管理力度；社会应给予足够的关注。《科技资讯》2008 年刊登的文章《从心理学视角诠释大学生网络成瘾的原因及其对策》建议：塑造良好的网络环境；加强心理辅导和心理咨询力度；改变传统教学方式，促进人格成长。《邢台学院学报》2007 年 9 月第 22 卷第 3 期刊登的《大学生网络成瘾的心理原因分析及预防对策》指出：加强正面宣传和教育、开展心理健康教育、丰富学生课余文化活动、强化社会各方面的监督。《河南教育》（高校版）2006 年 10 月刊登的《浅析青少年网络成瘾的原因及对策》认为：加强成人尤其是青少年家长的网络素养教育；加强青少年的综合素质教育；完善互联网管理的法律体系和监督机制；开发具有国家民族特色、社会时代特点和符合教育目的的网络游戏，使网络游戏真正为我所用。《巢湖学院学报》2008 年第 10 卷第 5 期刊登的《青少年网络成瘾的原因及对策》建议：提高青少年身心发展的自我认同感、增强青少年的学校归属感、转移青少年的注意视线。《柳州职业技术学院学报》2005 年 6 月第 5 卷第 2 期

《青少年网络成瘾的原因和对策》建议：加强对青少年的教育，引导他们正确认识和使用网络；加强道德教育，提高青少年的个人修养和自律能力；有针对性地对网络成瘾者进行心理辅导和矫治；创造有利于青少年的社会环境；加强管理，建立相应法规，规范网络市场；加强家庭教育指导，提高家庭教育水平。

（二）侧重于心理咨询和心理治疗观

《中国校医》2007 年 10 月第 21 卷第 5 期刊登的文章《一例初中生网络成瘾的原因及相应对策》中提建议为：提供心理咨询和辅导、提供学习辅导、提供人际交往辅导、健康的休闲娱乐方式、积极调动各种可利用的资源。《民办高等教育研究》2007 年 3 月第 4 卷第 1 期刊登的《大学生网络成瘾的原因及预防与干预》指出治疗大学生网络成瘾可使用认识重建和自我质辩法、强化干预法、兴趣替代法、厌恶疗法、时间和空间阻断法等方法。《英才高职论坛》2007 年第 3 期刊登的《对一位网络成瘾者心理咨询的研究报告》强调：可以心理整合疗法焦点解决短期疗法（SFBT）为主体，辅以认知行为疗法进行干预。《北方经贸》2011 年第 5 期《关于青少年网络成瘾的内涵、诊断和治疗》、《赤峰学院学报》2007 年 10 月第 23 卷第 5 期《青少年网络成瘾的原因及心理辅导方式探讨》等均建议：思想政治教育、认知行为疗法、解决焦点短期疗法、药物心理干预综合疗法等多种方法相结合进行综合干预。樊富珉、杨彦平、乐国林等分别运用团体心理辅导治疗青少年网络成瘾，均取得明显疗效。中国科学院心理研究所进行了“系统补偿综合心理干预”研究，使用团体训练、个体治疗、家庭治疗等多种心理干预方法，临床干预结果 89.5% 有明显改善。杨放如等对 52 例青少年网络成瘾者进行以焦点解决短期疗法为主，并与家庭治疗相结合的干预方案，治疗总有效率为 86.54%。

（三）强调家庭教育和家庭干预

《中国民康医学》2011 年 6 月第 23 卷刊登的文章《23 例网络成瘾青少年自我和谐与家庭功能的相关性研究》通过实证研究提出：网络成瘾的根源在于学生自我和谐的丧失，而自我和谐的丧失又与家庭功能存在着显著的相关，因此，治疗网络成瘾可从完善学生的自我和谐以及完善家庭功能等方面进行。《淮阴师范学院教育科学论坛》2009 年 2 月《家庭环境对青少年网络成瘾的影响及对策》中强调父母须做好以下九件事：掌握科学的教养方式；以民主平等的方式与孩子沟通；给孩子理智的爱；正确对待孩子学习的成败；培养孩子的自制力；培养孩子的人际交往能力；改善家庭教育环境；家长要加强自身修养，以身作则；处理好家庭关系，尤其是夫妻关系等。《精神医学杂志》2009 年第 22 卷第 1 期刊登的《综合家庭干预在网络成瘾治疗中的作用》证实了综合家庭干预的有效性。

（四）强调体育锻炼的价值

《内蒙古体育科技》2008 年第 4 期、2009 年第 2 期分别刊登了《大学生体育锻炼状况与网络成瘾关系的实证研究》与《户外拓展运动对青少年网络成瘾的干预研究》，通过实证研究得出了大学生参与体育锻炼可积极预防网络成瘾，有利于大学生网络心理健康的结论。

（五）倾向于多种手段展开综合干预

《中国校外教育》2009 年 5 月刊登的《青少年网络成瘾的原因及对策》提出：加强网络传播管理，创设有利于青少年健康成长的良好网络文化环境；限制和引导相结合，加强中学生上网的管理，引导健康安全上网；学校要为青少年学生营造宽松的成才环境；家长要重视建立和谐的亲子关系，改变教育方式以适应网络时代的要求；开辟和建设绿色网站，占领网络阵地；坚持加强心理健康教育，重视心理治疗，包括加强对青少年的认知教育，帮助青少年认清网络成瘾的原因及危害；另外，给予现实生活方面的心理辅导，如学习心理、人际交往心理；采用认知行为疗法对网络成瘾的学生进行治疗，如系统脱敏法、替代疗法、厌恶疗法。《警官论坛》中刊登的《青少年网络成瘾及对策研究》则建议研究社会对策、学校对策、家庭对策和青少年自我对策。社会对策包括社会舆论的有效引导、社会力量的共同关注、加大对网络的监管力度；学校对策包括引导青少年树立正确的世界观、人生观、价值观，开展心理健康教育，进行心理咨询，加强对青少年的教育和管理；家庭对策包括关心孩子，建立良好的家庭氛围，因势利导，多与孩子沟通；青少年自我对策包括明确人生目标、提高心理素质、理性认识网络、丰富课余生活、接受心理咨询等。宁波戒毒研究中心采用“药物（东莨菪碱）干预加心理辅导”治疗网络成瘾，干预结束后检测和随访结果表明干预效果较理想。北京军区总医院提出“网络成瘾治疗单元”，为成瘾者提供药物治疗、心理咨询、人格矫正等综合干预。实践研究表明，综合干预对青少年网络成瘾有较好的近期疗效。刘彩凤、徐虹、林志雄等分别进行了心理干预联合药物（主要是抗焦虑、抗抑郁药等）治疗的干预研究，均取得较好疗效。同时，研究还发现部分成瘾者病情缓解后易出现间歇性复发，干预的远期效果不够理想。因此，患者脱瘾后还应进行长时程的心理康复治疗，包括人格重塑、支持性人际关系的建立、治疗心理障碍等。

第二节　网络成瘾案例分享

一、案例1

（一）基本资料

小龙（化名），男，19岁，高三学生。中考进校时文化课成绩年级前100名，学习基础较好，也很聪明。一直以来跟父亲关系很差，平时甚至很少跟父亲说话。高一时期由于不能很好地适应高中生活，学业成绩稍有退步，人也变得沉默寡言。在高二学业水平测试前一个月突然决定退学，在家长和班主任的耐心开导下终于道出实情：自己网络游戏的账号由于几天未能上网刷新被人偷盗了，一时气急，对世事看透，决定退学。该生甚至向父母保证自己不上学，在家通过网络也能赚钱。

（二）案例分析

网络以它特有的优势和发展速度，正在改变着我们的工作、学习和思维方式，渗透到我们日常生活的每个角落，将我们带进了一个全新的时代。我国的网民以青少年居多，中学生网络成瘾问题正随着互联网的普及而日益凸显出来。

1. 现状分析

研究表明，中国有5%～10%的互联网使用者存在网络依赖倾向，其中青少年中存在网络依赖倾向的约占7%。另一个数据更令人惊心：中国青少年网络成瘾发病率高达15%，人数高达244万。网络成瘾者对上网有一种心理上的依赖感，主要表现为网络游戏成瘾、网络关系成瘾、网络信息成瘾等多种形式。过度沉湎和依赖网络对中学生的心理健康造成了极大的影响。网络成瘾学生对正常的学习和文娱活动毫无兴趣，成绩下降，对社会形成隔离感，并且有消极、逃避现实、感情淡薄、情绪低落、思维混乱等特点。

2. 原因分析

（1）网络自身特点是中学生网络成瘾的客观原因。

网络是现代科学技术进步的标志，它的高科技性、超时空性、自由性、开放性、仿真性和时尚性对中学生具有很强的吸引力：①网络给中学生提供了一个超越时空与现实的广阔天地，加强了他们了解外界及与外界联系的渠道。现在的学生大多数是独生子女，因性格的差异难以向同学、朋友、家长及老师倾诉自己的心声，平等地交流感情；另外，他们又希望被人了解和关注。互联网正满足了中学生的这一生理和心理要求。②网络游戏的互动性、挑战性和实时性对中学生具有很大的吸引力。网络游戏都是根据好奇冒险的心理特点设计的，场面惊险刺激，游戏一关接一关，越玩越想玩，越玩越不可收拾，学生们普遍会感受到在现实世界完全体会不到的快感，随着兴趣的不断增强，就会欲罢不能。

（2）中学生的个性心理特征是网络成瘾的主观原因。

①中学生缺乏自我控制力，自我意识强烈。

中学生的价值观和行为方式尚未定型，与成年人相比，其自我控制力和自律性较差，因而他们一旦上网往往难以抵制网络的诱惑，可能被网上光怪陆离且层出不穷的新游戏、新技术和新信息网住，也容易被网上的色情和暴力所吸引。同时，中学生的自我意识和叛逆心理强，有些高中学生急于摆脱学校、老师和家庭的管制，丢开书本，追求独立个性，确立自我价值，网络恰好提供了这样一个虚拟的空间。而且观点越新、奇、特，得到的反响可能越大、回应越多，易于找到更多的自信，展现自我。

②中学生认知能力有限

中国的学生自小接受的是正面教育，在涉及国家命运和民族利益的大是大非问题上，他们辨别是非的能力还是很强的。但是虚拟网络毕竟充斥着大量垃圾信息和虚假资讯，中学生对复杂的社会背景和社会活动的认识单纯，缺乏对现实中丑恶事物的了解和认识，缺乏对丑恶事物的必要防卫。他们社会阅历浅，社会经验少，缺乏明辨是非和应付复杂局面的能力，表现出自我保护意识的淡薄。

（3）社会、家庭等是中学生网络成瘾的重要因素。

①社会因素。

与传统社会主要依靠家庭、学校、同龄群体完成学生的社会化过程相比，现代社会，在中学生的人格形成和发展的过程中，大众传媒扮演着一个越来越重要的角色。在已步入信息时代的今天，大众传媒，如电视、电影、杂志、互联网等，成为传播信息的主要工具。通过这些媒介，个人不但可以接收大量的信息，而且在知识、技能尤其是价值标准、角色学习方面开始出现“无师自通”的情况。新闻媒体大肆渲染各种网络传奇、网络神户，网络精英成为我们这个时代最受推崇的人物，成为无数大学生崇拜的偶像。他们年轻、富有，一些人在20出头就通过互联网一夜暴富。这样的文字连篇累牍，充斥着各种媒体，对一部分中学生造成了潜移默化的影响。

②家庭因素。

据调查，缺陷家庭，父母关系不融洽、亲子关系差、父母教育方式不当的家庭的中学生更易发生网络成瘾，不良的家庭环境是中学生网络成瘾的推动力。如果用冷漠型、娇宠型、民主型和专制型来区分中学生的父母，成瘾者父母在“冷漠型”和“娇宠型”中的比例明显超过未成瘾者。父母教育子女方式的不当，造成了子女无法与他人正常交往。在现实生活中缺少情感交流的学生，便会在网络中寻找可归依的群体，迷恋于网上的互动生活。

（三）干预方法

1. 消除不良刺激条件，创设良好环境

了解了小龙的情况后，我首先决定为其消除不良的刺激条件，创设良好的环境。我首先约见了小龙的父母，跟他们聊了小龙的近况，尤其是他的压力以及作为老师对他未来的担忧。小龙的父亲决定尝试改善与儿子的关系，努力营造良好的家庭氛围。之后，我单独约见了小龙，对他晓之以理，阐明网瘾的危害性，并且几次到他家去家访，让他深切地理解父母和老师都很希望他能戒掉网瘾回到正常的学习轨道上来的良苦用心。

2. 实行认知疗法

经过多次谈心，我和小龙建立了良好的友谊。在交谈中我让他认识到：学生沉迷于网络游戏，除了外部因素影响外，更重要的是他们的内在心理因素的问题。人具有攻击本能的需要，处于青春期的学生由于雄性激素的分泌猛增，他们攻击本能的需要（特别是男生）同时上升，导致经常与社会道德规范发生冲突，在他们无法自我调节和得到有效指导帮助的情况下，诸如《帝国时代》、《反恐精英》、《魔兽争霸》等攻击性极强的网络游戏恰恰迎合了他们的这种心理需要，因此在本能的呼唤下，他们在网络的虚拟世界里尽情发泄，以满足在现实生活中无法满足的本能欲望。

为了让小龙这种本能攻击欲望找到一个正常合理的宣泄载体，我鼓励他积极参加体育锻炼。根据小龙自身条件及兴趣爱好鼓励他参加篮球队，让他投身于篮球训练，这样既可以使他找到合理宣泄的途径，又可以把他的注意力转移到新的兴奋点上，起到淡化原有不良条件反射的作用。

（四）辅导效果

经过家长和班主任的认真细致的说服教育和心理疏导，小龙终于重新回到正轨，在当年的高考中考取了自己心仪的大学，并且与父母之间的关系有了较大的改变。高考结束后，他利用假期在父母开办的水果超市里帮忙，父母感觉孩子真正长大懂事了，人也变得活泼开朗了。

二、案例2

（一）基本资料

小明，男，初一学生，独子，个子比同龄人要高且壮，学习成绩较差，性格好强，有多次离家出走的经历。经常去网吧上网，一上就上通宵，自述只有上网的时候才不觉得烦恼，平时不上网就觉得没有事情可做，认为自己是学校和家里多余的人。经侧面了解，其父亲是四川人，去深圳务工，后来赚了些钱，生活较富裕，但是对孩子的管教方法除了打就是骂，比较粗暴。妈妈平时在家洗衣做饭，是专职太太，性格非常温和且对孩子非常溺爱。小明上小学五年级时才从老家转去深圳，刚开始的时候学习刻苦认真，但由于老家教育条件比较落后，孩子基础相对较差，学习成绩一直处于中等。后来上六年级后开始出现逃学、离家出走、沉痴迷于网络的行为。

（二）辅导过程

第一阶段（第一次辅导）：建立亲密关系，初步了解情况和收集资料。

小明由班主任介绍而来，一进入心理咨询室，敌对和抗拒心理严重。为了缓和气氛和建立信任关系，我拿出一支笔和一张纸，让他在上面画画，“无论画什么都可以”。小明很惊讶地接过笔，尽管不知道我葫芦里卖的是什么药，但是他还是开始画了起来。小明20分钟后画了下面这样一幅图画：

师：你能给老师解释一下这幅画的意思吗？

生：我开始画的是自己，中间那个人，我想坐宇宙飞船，就画了一个火箭，后来觉得太单调了就给它添上了翅膀，感觉有点像风车，（他自己觉得有点好笑就笑了出来），又觉得画的自己也有点不像，于是就在右边又画了一个自己的头像。

师：好像中间还有一个小车，上面装了一些东西，你能告诉我装的是什么吗？

生：是梨子。

师：梨子？

生：我们老家的梨子，四川老家有很多的梨子，每年熟了的时候我们都会去摘梨子。

师：我们？

生：我的同学，还有外公外婆、舅舅、表妹（舅舅的女儿）。

师：那些曲折的线是什么呢？

生：随便画的，觉得太单调了。

师：你想听听老师对你这幅画的分析吗？

生：（点点头）

从这一幅画来看，小明存在着严重的失落感和分裂感，他对自己的个人意象非常不满意，所以画了两个自己，这说明他在现实生活中处于压抑和自卑中，得不到温暖和关爱。画了一架宇宙飞船，其实是他想自己逃离现在的生活和困境，这一点从他经常离家出走可以得到验证。但是宇宙飞船最后画成了风车，折射了小明逃离的想法和愿望并不能实现，同时风车象征着自由和起作用，而小明在现实中始终觉得自己处处被人瞧不起，处处感受到压抑，认为自己是多余的人，这点也得到了体现。画面的中心有一车的梨子，其实是孩子想回到老家，渴望得到家乡的朋友、外公外婆的关爱，这是孩子内心渴望的一种强烈投射。一车的梨子，那是多么强大的渴望啊。地面线条非常凌乱，表明该生内心非常烦躁，做事情马马虎虎，常常半途而废，对自己也感到一种“空”，即生活中没有目标和重心。旁边还有一棵阴影的树和云，表明该生感觉到压力非常大，很压抑。

当我分析完后，小明非常佩服，表示想跟我学习怎么分析画。我说好啊，但是有一个前提，你必须配合老师戒除网瘾。“我怕戒不了，不上网我不知道该干什么。”“那你喜欢什么呢？比如体育、绘画、音乐？”“我喜欢踢足球。”“今天老师布置一个作业给你：明天上午踢 1 个小时足球，下午踢 1 个小时足球。你只要按照老师的要求去做，我每天教你一点。”“好好”，小明笑着连连点头，满口答应，约定明天下午这个时间再来找我。

第二次辅导：继续强化与该生的信任关系，并且开始走进孩子的内心。

小明如约而至，然后很高兴地说今天完成了作业。我叫他再画一幅画，然后，我们一起分析这幅画，但是要求这幅画的主题必须要有家人在内。他点点头，然后开始作画。他又画了下面这幅画。

生：左边的人是妈妈，右边的人是爸爸，觉得他们都挺烦的，妈妈老是唠叨，爸爸一回来就只知道骂我，说我成绩不好，说我不听话，妈妈也常拿邻居的孩子与我作比较，我听到就烦。中间画的一只小鸟在唱歌，还有它的家和树。旁边是我们老家的房子。

从他这幅画看唠叨的妈妈和严肃的爸爸经常贬低他，他觉得自己就像那只小鸟，小小的，想自己唱歌，想有一个自己小小的家，而他在家里感受不到温暖，只希望能回老家。

今天我就和他一起分析了他的这幅画，他表示对分析画画有了点感觉，而且希望以后常来。我说随时欢迎，然后我给他布置今天的作业：要求给外公外婆打一个电话。突然他哭了起来，经过交谈我才知道原来他的外公外婆就是在他六年级那年去世的，但是爸爸妈妈并没有告诉自己外公外婆去世的消息。

谈到这里，我似乎找到了孩子离家出走、网络成瘾的根源所在：源于对外公外婆的爱，也源于对爸爸妈妈的“恨”，现在的治疗方向就是要取得孩子的父母的配合，将治疗的目标转向孩子的家庭。

今天的家庭作业：①告诉父母三天后陪你一起来心理咨询室。②回家后，把每天上网的时间及上网的内容、自己对上网的感受记录下来，三天后回来交。③坚持每天上午和下午各踢一个小时足球。

同时通过班主任与其父母提前取得了联系，了解了有关孩子外公外婆去世的相关事实，并且要求父母下次陪同孩子一起前来咨询。

第三次咨询：家庭治疗。

在约定时间，该生和父母依约来到心理咨询室。

我首先对于今天的咨询做了一个简单的约定：当一个人说话的时候，另外的人必须默默地听，等讲话的人讲完后，其他的人才能发表不同的意见。

我首先请他爸爸妈妈对于为什么不告诉孩子外公外婆去世的事情作出解释。根据他们的陈述，原来是因为小明的舅舅与其父母之间存在经济纠纷和矛盾，舅舅并不欢迎小明的爸妈回去参加他外公外婆的葬礼，所以也并没有通知他们。而小明在一次偶然的机会碰见老家的熟人才得知这个消息，由此认定是爸妈骗了自己，从此对爸妈产生了怨恨。当小明听完后，内心的怨恨似乎小了一些。

然后我再请小明对这件事作出评价，他表示这件事不应该怪爸爸妈妈。

接着让小明的爸爸对孩子的优、缺点进行逐一评价。孩子的爸爸首先肯定他在足球方面的天赋，而且评价他很聪明，小的时候很孝顺父母，比如，有一次小明把自己爱吃的东西留给了爸爸。接着小明的爸爸对孩子逃学、旷课、沉迷于上网打游戏、学习成绩不好、逆反等作了严厉的批评。

然后我再让妈妈对孩子的优、缺点作逐一评价。妈妈评价小明的优点是聪明、可爱、活泼、开朗、独立性强等，而缺点是懒、不做家务、有时候顶嘴。

从父母的评价上可以看出，他的妈妈是一位宽容溺爱的妈妈，而爸爸却很严厉。我注意到孩子在听父母对自己评价的时候，几次想表达自己的意见，但是又都忍住了。

接着，我让小明对爸爸和妈妈作出评价，小明对爸爸的评价是专制、暴力、只顾自己的感受，不管妈妈和自己。此时，我试图让他补充爸爸的优点，小明想了想后说爸爸坚强、勇敢，比如爸爸曾经做生意失败，但是勇敢地坚持了下来。小明对妈妈的评价是温柔、善良、勤劳，但是太喜欢唠叨和婆婆妈妈。

接下来，我让小明的爸爸主动去跟小明握手。我发现当孩子的手被握住的那刻，父子都感受到了久违的亲情，一种平时只是打骂敌对的关系，现在成了朋友。握完手后，我要求小明的爸爸必须拥抱小明。做完这些后，我反过来要求小明主动与爸爸握手，主动与爸爸拥抱。接下来是和妈妈握手，和妈妈拥抱。最后我要求爸爸、妈妈、小明三个人一起握手、一起拥抱。

再接下来，我给孩子及其家长布置了今天的家庭作业：①回去后各自写今天参加咨询的体会，一个星期后交给我。②在家里添置一面小黑板，爸爸、妈妈、小明三个人每天必须在上面写一句针对其他家庭成员的名言或感言。③将电脑从孩子的房间转移到阳光地带——客厅，爸爸妈妈负责监督孩子每天上网的时间，初步定为每天上网不超过 2 小时。

第四次辅导：强化家庭治疗效果。

一个星期后，全家人按时赴约，各自交了上次活动的体会。我要求他们各自将自己的体会当面念出来。孩子的父亲说，发现原来自己的教育方式有问题，没有注意到孩子大了不能打骂了，并且反省了自己的错误。孩子的母亲说，原来孩子是那么孝顺外公外婆，我平时忽略了这点，以后要给孩子更多的关爱。孩子说，我很感谢老师，是老师让我感受到了爸爸妈妈原来还是爱我的。

接着我就他们所写的内容进行一些点评和修正：针对爸爸，要求在批评孩子前先听听孩子的想法，了解清楚事情的前因后果后再发表意见。针对妈妈，要求不要再溺爱孩子，应该站在丈夫的一边，支持丈夫的做法，而不是每次孩子犯错误后成为孩子的挡箭牌。针对小明，要求自己规定上网的时间，而且要求上网的时候必须有父母陪同，从现在开始不再玩游戏，可以上网找资料或看电影，但就是不能玩游戏。

接下来，我再让他们三个人分别画一幅图画，图画的内容必须包括一家三口，而且必须是以“快乐的一天”为主题。孩子的爸爸画了全家人去桂林旅游的情景，妈妈画了全家人还有外公外婆在一起吃饭的情景。而小明画了下面这样一幅画：

画上画的是小明在老家上小学的时候，一次爸爸妈妈来学校接他，但是因为不知道放学时间，一直在学校门口等的情景。

接下来，我布置家庭作业：①爸爸妈妈每天在小黑板上写一句赞美孩子的话。②小明主动让爸爸妈妈监督自己上网，并且将上网的时间控制在1小时内，上网的内容要求仅限于聊天、找资料、看电影等，绝不能打游戏。要求一周后再来回访。

第五次辅导：巩固疗效，结束咨询。

本次来访，小明自己及其爸爸妈妈都反映，现在家庭和睦了很多，彼此都相互关心，孩子现在基本上能做到不打游戏，但是对于学习还是没有多大兴趣，希望我能在学习方面再给予孩子指导。我答应了小明父母的请求，但是将这作为一个新主题安排。同时，我建议小明的父母抽时间带小明回一趟老家，给孩子的外公外婆扫墓。他父母答应暑假的时候完成此事。

第九章 朋辈交往问题及其干预

第一节 朋辈交往概述

一、人际关系概述

人际关系是指人际交往中由于相互认识和相互体验而形成的以感情亲疏为特征的直接心理关系，它表现为交往双方心理相容或心理冲突的主观体验状况，是构成人类社会最普遍、最直接的关系。人际关系形成的必要前提是社会交往。社会交往可以促进人与人之间相互沟通理解、调节身心状态、增强人的责任感。个体人际关系的状况如何，是衡量个体心理健康水平的重要指征。一个心理健康水平较高的人，往往拥有较为密切的人际关系，有较宽广的活动范围，能正确处理人际竞争与合作等问题。在与人相处中，他们常常较为诚恳、热情、主动，容易赢得他人的尊敬、信任等。反之，心理健康水平较低者，则常常在交往中存在种种困扰，甚至畏惧与他人交往。

二、朋辈关系概述

学生的心理发展离不开社会交往，社会交往是影响学生形成和发展个性特点、掌握社会行为的主要方式，同伴交往是其中的主要形式之一。同伴交往，即学生与学生之间的交往。这种多是在自然状态下进行的，如邻居、同学、亲友的同龄孩子等，是以平等合作为主要特征的交往。一般而言，学生的同伴交往可分为正式的同辈群体（如同班同学）和非正式学生群体（如一个社区的学生）两种类型。

学生的同伴交往对其心理发展影响颇为深远。首先，通过对其他学生的认识而逐步认识自己，这是学生自我意识形成的重要条件。其次，在交往中获得了与他人沟通的能力与技能，学会处理各种关系，这是与成人交往所不能获得的。最后，学生的同伴交往满足了他们归属的需要，有助于学生的同情心、责任感、友谊感的形成和发展。

（一）不同年龄段同伴关系分析

不同年龄段的同伴交往各有特点，具体分析如下：

1. 小学生的同伴关系

（1）小学生同伴交往的特点。

小学生同伴交往有五个特点：①与同伴交往的时间更多，交往形式更复杂。②在同伴交往中传递信息的技能增强。③更善于利用各种信息来决定自己对他人所采取的行动。④更善于协调与其他儿童的活动。⑤儿童开始形成同伴团体。

（2）同伴团体。

小学时期是开始建立同伴团体的时期。社会心理学家认为同伴团体有这样几个特点：①在一定规则基础上进行相互交往；②限制其成员的归属感；③具有明确或暗含的行为标准；④发展了使成员朝向完成共同目标而一起工作的组织。儿童的同伴团体的形式是多样的，可能结构松散，也可能有组织、结构严谨，一般可分为两大类，即有组织的集体和自发的团体。

日本心理学家广田君美研究了小学儿童同伴团体的形成和发展过程，把整个过程分为五个时期：①孤立期——儿童之间还没有形成一定的团体，各自正在探索与谁交朋友（一年级上半学期）。②水平分化期——由于空间的接近，如座位接近、上学同路等自然因素，儿童之间建立了一定的联系。③垂直分化时期——凭借儿童学习水平和身体能力的高低，分化为属于统治地位的和被统治地位的儿童（二至三年级）。④部分团体形成期——儿童之间分化并形成了若干个小集团，并出现了统率小集团或班级的领袖人物，团体成员的团体意识加强了，并出现了制约成员行为的规范。⑤集体合并期——各个小集团之间出现了联合，形成了大团体，并出现了统率全年级的领袖人物，团体成员的团体意识加强了，并出现了制约成员的行为规范。

2. 初中生的同伴关系

（1）初中生的同伴关系特点。

初中生的同伴关系特点表现在：①选择性。初中生结交朋友时，一般都是选择在空间距离上比较接近、年龄相近、性别相同的。随着年级的升高，他们对朋友的选择越来越重视兴趣、爱好与自己相投，性格上与自己较合拍的。②亲密性。随着自我意识的发展，初中生有“针对闭锁性”突出表现为他们更愿意与自己的亲密朋友分享隐私或感受，而不愿意与老师或家长进行交流。③易变性。初中生的朋友关系存在一定的易变性。有人曾对此进行研究，结果显示，朋友关系容易改变的情况占了大多数。

（2）同伴关系对初中生心理发展的作用。

赫洛克提出，同伴关系对初中生心理发展有以下积极作用：给他们以稳定感和归属感；给他们以健康的娱乐场所；使他们获得社交经验；使他们提高自己的宽容能力和理解能力；给他们提供学习社会交往技术的机会；给他们提供发展社会洞察力的机会；发展他们对集体的忠诚心；使他们获得与异性相处的能力。

3. 高中生的同伴关系特点

高中生的同伴关系特点表现在：①对友谊的渴望强烈，喜欢与同性别同伴交朋友。主要表现在与他们关系密切的朋友的人数增多，人均达4～5个，其中最要好的朋友也有两个左右。同时，他们不仅喜欢同性朋友，而且也喜欢异性朋友。②高中生的友谊观逐渐成熟，常以在心灵上的相知和默契程度作为衡量的重要指标。③高中生选择朋友，更看重朋友的心理品质。④高中男女生交友的标准存在一定的差异。男生在择友时更看重朋友的思想、性格、能力、成绩和威信等心理品质；女生则更看重朋友间的互动，即有福同享、有难同当以及时空的接近。

健康的同伴关系对高中生心理发展有四个方面的积极作用：①促进学习进步；②促进情绪稳定，达到相互支持；③促进性格发展；④促进人际交往能力发展。

（二）朋辈交往的特点

学生之间的朋辈交往总体上有以下特点：

（1）仪表性交往。仪表，指个体的体形、容貌、姿态、衣着等综合特征。落落大方、风度翩翩的人，会给人留下良好的第一印象。许多中学生在与人交往中，常常受对方外表的影响。

（2）相似性交往。相似性是指交往双方在文化、态度、信仰、价值观等方面有相似之处。中学生在此方面相一致或相接近，就会相互喜欢、相互吸引，如由志同道合、情投意合等因素引起的交往。

（3）互补性交往。交往双方在交往过程中获得相互满足的心理状态即互补。中学生往往选择具有某些特征的同学作为交往对象，这些特征是自己缺少的，通过交往，彼此都会获得满足，从而产生较强的吸引力。

（4）敬仰性交往。交往双方由于彼此尊敬和仰慕而产生的相互吸引。一般说来，听到称赞你的话越多你就越喜欢说话的人（除非他是蒙骗你的人），因为这是一种奖励。

（5）人品性交往。人的品质、品格在交往中起着关键性的作用。对诚实、直率的同学，人们愿与之交往，心术不正者则令人讨厌。

（6）随意性交往。中学生由于认识评价能力还不十分完善，往往在交往中随意性较强，表现为交友对象良莠不齐。

（7）隐蔽性交往。在交往中，害怕父母和教师的干预，部分中学生的交往带有隐蔽性。尤其是男女生之间的交往，隐蔽性更强。

（三）朋辈交往中可能存在的心理偏差

学生交往中常见的心理偏差有以下 17 种：

（1）自卑心理。对自己缺乏正确的认知，在交往中缺乏自信，总觉得自己不足的地方太多，优势太少，失去交往的勇气和信心。

（2）自傲心理。与自卑心理相反，在交往中过高地估计自己，总觉得自己优于别人，盛气凌人，自以为是，甚至不愿与人为伍。

（3）自恋心理。与自傲心理不同，自傲心理侧重于外部行为表现，自恋心理主要是指内部的心理体验，表现为过分地自我关心，自我欣赏，总觉得自己有才貌美，抱怨别人不重视自己。

（4）害羞心理。在交往中，过多地约束自己的言行，表情羞涩，神情不自然，往往不能充分表达自己的思想感情，成为交往中的被动者。

（5）封闭心理。表现为把自己的真情实感和欲望掩盖起来，过分地自我克制，交往无法深入。

（6）猜疑心理。表现为在交往过程中，自我牵连倾向太重，对他人的言行过分敏感、多疑，往往陷入痛苦和焦虑之中。

（7）恐惧心理。在交往中，特别是大庭广众之下，不由自主地感到紧张、担心和害怕，以至于手足无措，语无伦次。严重的会发展为交往恐惧症。

（8）孤僻心理。行为怪癖、偏执，为人孤僻，不愿与人交往，几乎没有知心朋友和人际往来，严重的成为孤僻症。

（9）随意心理。表现为在交往过程中采取不负责任的态度，只是按照自己的意愿，随着自己情绪的变化来对待和进行交往。高兴则交，不悦则断，变幻莫测，使人难以与之交往。

（10）刻板心理。在交往过程中，以自己原有的认知结构和评价人的标准机械地认识和看待对方，缺乏灵活性。

（11）泛化心理。在交往中，缺乏辩证思维和求是精神，把对方的某一优点无原则地加以泛化，使交往难以健康发展。

（12）逆反心理。主要表现在代际交往中。对对方的言行不加分析地反抗和抵制，使双方关系紧张，交往难以顺利进行。

(13) 自私心理。在交往中，以自我为中心，以满足自己的欲望为目的，不顾他人利益和需求，时常引起同学的不满和反感。

(14) 嫉妒心理。表现为对他人的长处和优势、荣誉和成绩十分不满，抱有憎恨情绪，冷嘲热讽，甚至采取不道德行为。

(15) 虚假心理。在交往中，对他人缺乏真诚，虚情假意，谎话连篇，只做表面文章。

(16) 支配心理。表现为在交往中，以满足支配欲为目的，拉帮结伙，惹是生非，一旦对方不听其支配，便断绝交往或施以惩罚。

(17) 敌视心理。表现为仇视他人，厌恶他人，认为人与人之间无信任和善良可言，皆为尔虞我诈，往往产生报复行为和其他攻击行为。

(四) 男女生交往的尺度

渴望了解异性，与异性交往是处于青春期的中学生的一种正常心态。许多学生缺乏与异性交往的技巧，往往在两性交往中不知所措，更有甚者，干脆放弃与异性的交往，把自己完全封闭于异性之外，或者走极端，过早与异性建立亲密的关系，影响自己的生活和学习。因此，两性交往应遵循必要的原则。有学者建议如下：

(1) 不必过分拘谨。在与异性的交往中，要注意消除异性间交往的不自然感。从心理上应该像对待同性那样去对待与异性的交往。该说的说，该做的做，任何矫揉造作和扭捏作态，都会使人生厌。有的同学在与异性交往中容易脸红，对这一点不需要在意，爱脸红是青春期的正常现象，怕脸红而放弃与异性的正常交往是不明智的做法。异性间自然交往的步履常能描绘出纯洁友谊的轨迹，这已为无数的生活实践所证明。

(2) 不应过分随便。男女间交往过分拘谨固然令人生厌，但也不可过分随便，诸如嬉笑打闹、你推我拉之类的举止应力求避免。有些话题只能在同性之间交谈，有些玩笑不宜在异性面前乱开，这些都是需要注意的。

(3) 不宜过分冷淡。男女同学交往时，善于把握自己的感情固然是必要的，但不应过分冷淡，因为过分冷淡会伤害对方的自尊心，也会使人觉得你高傲无礼、孤芳自赏，不可接近。

(4) 避免过分亲昵。男女同学交往时要注意自尊自爱，言谈举止要做到文雅庄重，切不可勾肩搭背、接吻拥抱，也不可在异性面前搔首弄姿，卖弄风情。须知，诸如此类的过分亲昵，不仅会使你显得轻佻，引起对方反感，而且还容易造成不必要的误会。

(5) 不应哗众取宠。在与异性同学的交往中，如果想卖弄自己见多识广而滔滔不绝讲个不停，或者有意显示自己的大方，在异性面前摆阔气，贬低同性同学等，都会使人反感。

(6) 注重社会习俗。男女同学交往的方式也要适合当前的社会习俗。随着现代人观念的开放，西方的许多习俗传入我国，有些人认为男女生之间建立亲密的关系体现了当代中学生的个性，与西方的中学生相比，我国的学生受到过多的压抑，应该大胆鼓励他们交往。这种观点不符合我国的习俗文化，我们鼓励异性之间的交往，但必须从我们自身的文化背景出发，这样才能被周围的人所接受，很难想象一个背离社会习俗的人会生活愉快。

(7) 相互尊重，平等待人。男女生交往中应注意不可厚此薄彼，而应平等对待每一位同学，这样才能受到大家的尊重，结交更多的朋友。

(8) 了解异性同学的特点。在与异性同学交往时，要注意了解异性同学与同性同学的不同，在说话、办事时尽量考虑周全，避免伤害同学。

(五) 男女生交往中常见的性心理问题

处于青春期的男女中学生都在不同程度上存在某些性心理问题，包括对性别角色不认同、缺乏性别角色刻板效应、不正视性别的差异等，具体表现在以下六个方面：

1. 性恐惧

这一时期的男女学生对发生在他们身体内部和外部的变化，如第二性征的出现，特别是月经、遗精等现象不理解，感到困惑不安，惊慌失措，甚至有的同学以为自己病了，形成心理上的压力，严重者可能造成神经衰弱，影响正常学习和生活。

2. 性压抑

一些性格内向的学生，常碍于羞涩和传统道德观念的约束，把本能的冲动和对异性的爱恋压抑下来，表面上疏远异性，可内心却充满着痛苦和矛盾，严重者甚至出现失眠、头痛、肠胃不适、全身乏力等症状。

3. 罪恶感

据调查，手淫在男女青年中占有较大的比例。许多中学生对手淫有一种罪恶感，认为手淫是下流行为、有害身体等，这也是使青少年烦恼不安的原因所在。

4. 性变态

恋物、异装、窥阴、露阴、同性恋等性心理变态在中学生中时有所见。造成青少年性变态的原因很多，来自社会和家庭的不良影响、幼年的性创伤和性无知等，都可能导致他们对性产生错误的想法，由偶尔为之到养成习惯，最后造成性心理变态。

5. 性罪错

这一时期青少年世界观尚未形成，道德意识还不是很强烈，自我约束和自我控制力还较弱。青少年的情绪动荡不安，容易兴奋，因此，外界强烈刺激会迅速引起他们的感情冲动，从而导致强烈追求性刺激、误入歧途等现象的出现。犯罪心理学认为，模仿性和激情性是违法犯罪青少年的主要特征。他们往往模仿他人的不轨行为而导致犯罪。

6. 早恋

随着青春期的到来，中学生会感到一种对异性不可抑制的好奇和关注，对异性产生一种微妙的爱慕之情，于是开始注意自己的仪表和举止，在异性面前也容易变得热情兴奋或慌乱羞涩。有些中学生将这种初期的异性吸引误认为是爱情，过早地陷入情网无力自拔。更有一些老师和家长错误地将男女同学之间的友谊误认为是早恋，采取不适当的教育方式，给学生带来了不必要的烦恼。

第二节　交往障碍案例分享

一、案例1*

（一）基本资料

背景资料：

小玲，女，12岁，初一学生，在班主任的建议下来心理辅导室求助。因为她最近情绪低落、悲观，学习状态很差，害怕上学，甚至想退学。

班主任讲述：

班主任反映，该生在班里不受同学欢迎，人际关系不太好。同学们认为她有点怪，有些调皮的男生会恶意嘲笑她，这令她感到十分愤怒。她不爱说话，并且有时跟同学讲话的口气不太友善，脾气暴躁，所以大家都不太愿意和她做朋友，她参加集体活动时也总是一个人。

主述：

升入初中后，我的生活发生了很大的改变，本以为来到新学校，同学们学习成绩好、素质高，在班级里可以交到许多好朋友。但是一个半学期过去

---

* 本案例作者：林秀苗（广州市华侨外国语学校）。

了，我处处受到排挤、嘲笑，没人愿意和我交朋友，我觉得很孤单，很痛苦，每天上学成了一种折磨，成绩大幅度下降，从入学时的年级一百一十几名下滑到现在的年级 200 多名（全级 244 人）。

小学时自己个性开朗活泼，人缘很不错，经常参加各种比赛，也获得过名次。但初一开学一个月后就觉得自己的人际关系有问题了，男生们给我起了个外号叫“猩猩”，因为我的手毛比较浓密，体型偏胖，他们觉得我长得丑，不敢碰我的东西，好像有病毒一样，如果不小心碰到，会做出非常嫌弃的表情。女生也不跟我做朋友，我总是孤零零一个人。有时一天在班里说话不超过三句。集体活动时也没人愿意和我一组，自己变得越来越自卑。

我非常喜欢侦探、考古之类的书籍，其他女生则喜欢追星、看言情小说、唱流行歌，而自己对这些一概不知，所以大家没有共同话题。我很讨厌某些女生老是在背后说我坏话，例如同桌总爱指出我的缺点。我很生气，你自己也有缺点，我还没说你呢。我尝试过主动和同学交朋友，但还是没用，没人理我。所以，我心想，你们这么对我，为什么我要对你们好呢？有时我很生气，恨不得嘲笑我的同学都倒大霉。我讨厌甚至憎恨这些同学，认为他们太坏了，最好能在自己面前消失。现在的情况太糟糕了，我不想上学，很想逃离，一个人去旅游。

回到家里，我会莫名其妙地发脾气，情绪急躁，跟父母产生矛盾。因为父母不尊重我的隐私，会偷看我的日记，把我的缺点跟亲戚朋友说，害我没面子。所以，在学校跟同学关系不好的事情，我一直没有告诉父母，也不想告诉他们。

班主任很关心我，会找我谈心，所以我愿意跟班主任讲自己的心事，她能保守秘密。而英语老师则不懂保守秘密，她曾经把我的事情告诉过别人，所以我不再信任她。我非常讨厌“背叛”自己的人。

我觉得很痛苦，有时认为自己会这样死去，这种感觉跟亲爱的奶奶去世时的感觉一样，很恐怖。我希望自己能够融入集体，跟同学们成为好朋友，但是却做不到。

（二）评估与诊断

原因分析：

（1）生理原因：处于青春期，身体正在发育，体形偏胖。

（2）心理原因：存在一些非理性思维，十分在乎自己的外在形象，有轻微的体像烦恼，学习成绩不是太好，所以产生自卑。自尊心强，性格倔强，受到同学们的嘲笑和排斥时，她作了努力，但无济于事，所以她放弃了。为了维护自尊，她也不理他们，讨厌甚至憎恨他们。没有掌握恰当的同伴交往技巧，情绪调控能力较弱。

(3) 社会原因：在班集体中受到嘲笑和排斥，找不到归属感。与父母缺乏沟通，没有得到父母的理解和帮助。

初步诊断：一般心理问题，属于人际交往障碍。

主要诊断依据有：小玲的情绪低落，无法安心学习，害怕上学，甚至想退学。小玲的问题在近期发生，内容未泛化，思维合乎逻辑，人格也无明显异常。

(三) 辅导方法

当事人中心疗法、理性情绪疗法和行为疗法。

(四) 辅导目标

1. 最终目标

帮助小玲树立自信，增强情绪调控能力，改变非理性观念，掌握人际交往技巧，融入班集体。

2. 阶段目标

(1) 心理辅导教师与小玲建立信任关系，鼓励其倾诉心事并宣泄不良情绪。

(2) 通过与小玲共同分析其原有的思维模式和观念，帮助小玲逐步改变其非理性观念，建立新的思维模式。

(3) 通过行为训练法，提高小玲的人际交往技巧，使其融入班集体。

(五) 辅导过程

第一次辅导：

采用当事人中心疗法建立信任关系。我本着真诚、尊重和理解的原则，鼓励小玲发泄心中积聚已久的不良情绪，使她能够放松身心，敞开心扉。

小玲情绪比较激动，甚至“咬牙切齿”，可以看出她十分愤怒及羞愧，讲着讲着就痛哭出声。我耐心安静倾听，积极共情，让她完全宣泄心中的消极情绪。一个半小时过去了，小玲终于讲完了，情绪也平复了，她表示从来没有人倾听过她的心声，讲出来之后感觉轻松多了。我微笑地表示，以后有什么烦恼，都可以来找我说，老师永远支持你。接着，我对小玲走进咨询室求助的行为表示赞赏，肯定了她的勇气，敢在老师面前讲述自己的烦恼，这证明她有面对现实、解决问题的决心。最后，我与她约定第二次辅导的时间。第一次辅导，我初步取得她的信任，与她建立了良好的辅导关系，从她的讲述中，我发现她持有一些非理性思维，正是这些非理性思维导致了她的人际困扰，所以决定从第二次来访开始采用理性情绪疗法来对她进行辅导。

第二次辅导（一周以后）：

采用理性情绪疗法，帮助小玲澄清认知，改变其非理性思维，树立恰当的观念。

小玲一进咨询室就哭诉，今天又有同学欺负她了。她最近在写小说，把稿子放在柜子里，怕同学随便拿去看，她特意放得比较隐蔽。但是，课间休息回来，却发现稿子放在桌面上。她很生气，觉得同学不尊重她的隐私。她也不知道为什么，总觉得心里有一股怒气，很想发泄出来，所以对别人会态度不好。例如今天语文课上，老师布置当堂作文，在同学们写作的过程中，老师会提醒大家一些写作技巧，她突然间觉得很生气，很烦躁，认为老师很啰嗦，打断了她的思路。当同学问她问题或者找她说话时，她有时在忙，有时对话题并不感兴趣，所以口气也有点不好。她知道这样的态度不好，但是没办法，克制不了。她认为如果有一个机会让她展示特长就好了，同学们就会对她改观。

她能够列举出很多同学欺负自己的事情，认为自己很真诚、很主动地和同学交往，但同学们不理她，似乎所有问题都在别人身上，自己是受害者。我开始采用理性情绪疗法来对她进行辅导。

第一步，向小玲简要介绍了ABC理论的基本原理，由于基本原理比较抽象，所以结合实例进行讲解。例如，星期天你穿着新买的白色运动鞋逛街，突然间有人踩了你一脚，白色运动鞋上有了黑色的印痕，你心里的感受是什么？然后，当你发现踩你的人是个盲人，你的感受又是什么？同样是被踩，为什么前后的感受不同呢？让小玲明白，是人们对事件的看法决定了情绪或者行为，而不是事件决定情绪。

第二步，指出小玲现在持有的非理性思维，包括“我必须像小学一样，成绩优秀，受人欢迎”（要求绝对化），“我成绩差，人缘又不好，我一无是处”，“那些嘲笑我的同学太坏了，恨不得他们都消失”，“同学们嘲笑我，排斥我，都是他们的不对，我没有做错”（以偏概全），“现在的情况太糟糕了，我无法忍受”（糟糕透顶）……让她明白正是这些信念导致了她的困扰，她应该为此负责。

第三步，采用辩论为主的技术，帮助小玲认清这些信念的不合理性，进而放弃这些信念，重新树立理性的信念。例如针对“我成绩差，人缘又不好，我一无是处”，与小玲进行辩论，在辩论中发现，她的文笔不错，又喜欢看科幻、侦探类小说，自己也在尝试创作小说，以此驳斥她的观点，她并不是一无是处，而是有自己的优点。针对“同学们嘲笑我，排斥我，都是他们的不对，我没有做错”的信念运用具体化技术，还原她与同学交往的具体情景，并与之辩论，发现她有时对同学的态度不好，脾气也冲，所以并不都是同学的错，自己也有责任。就这样，逐步驳斥小玲的非理性信念。最后，布置家庭作业，要求小玲自己与非理性思维作辩论。

第三次辅导：

积极关注及强化，采用行为疗法。

小玲讲述，她的第一篇小说已经写好了，班主任正在阅读，英语老师也很感兴趣，还有两位同学也想看看。这个星期，她对同学的态度好了很多，不会无缘无故发脾气，跟同学说话时口气也比以前好，不会觉得总有一股怒气憋在心里，心情舒畅很多，但是跟同桌关系还是不好，觉得同桌的某些行为很讨厌。很喜欢班里的方同学和马同学，他们都很热情，乐于和她交往。回到家，也不会经常对父母发脾气了。现在每天上学的感觉不会那么难受了，尽管还没有完全融入班集体，但觉得自己进步很大。如果心情最好是打100分，那么之前的心情是40分，现在的心情是80分。

她的梦想是超越《哈利波特》的作者J. K. 罗琳，成为顶尖的小说家。她对考古、科幻类的小说最感兴趣，觉得自己上了初中后，思想成熟了很多。初中三年还是得好好学习，本学期期末的目标是年级前150名。

我对她的进步表示肯定，鼓励她坚持下去。采用理性情绪疗法，引导她学会发现同桌的优点，改变对同桌的偏见。接着，让她明白要最终融入班集体，成为一个受欢迎的人还得继续努力，在接下来的日常学习生活中不断训练和提高自己。要求小玲完成如下内容，并记录内心感受：每天主动和同桌笑一笑，聊聊天。每天走路时，尽可能和遇到的老师、同学微笑着打招呼；每两三天主动和方同学或者马同学深入交流学习或者生活的情况。

第四次辅导：

采用行为疗法。

经过接触，我了解到小玲的文笔不错，又喜欢看科幻、侦探类小说，自己也尝试创作了一部小说，她的学习成绩并不是很理想，所以一直很想有其他机会展示自己。我联系了她的班主任，建议创造机会让小玲展示才华，刚好最近有个课本剧比赛，以班为单位参赛，班主任让小玲负责编写剧本，正好发挥她的特长，借此增强她的自信心。

第五次辅导：

积极关注和强化。

坚持一周一次对小玲进行辅导，和她讨论行为训练的感受、效果和困惑，不断改进。与班主任、科任老师联系，关注小玲的点滴进步，给予肯定和鼓励，这对小玲融入班集体是非常重要的。

（六）辅导效果

1. 小玲的自我评估

我感觉上学不再是一件那么痛苦的事情了，和同学相处有了很大的进步，有了几位比较要好的朋友，平时和她们有说有笑，同学们对我也很友好。我变得自信起来，因为我认识到自己也有长处，对于别人的评论也能比较理智地对待。回到家也不会对父母乱发脾气，父母也觉得很开心。现在，我要把精力放在学习上，争取期末考个好成绩，寒假时坚持创作，替第一部小说写续集。

2. 老师的评估

班主任认为小玲比以前开心了很多，现在经常看到她的笑容。她能认真学习，积极和同学交往，和同学之间的关系也变得融洽，整个人越来越自信。

（七）点滴体会

1. 青春期孩子正确认识自我，建立良好的同伴关系的重要性

青春期孩子的自我意识发展迅速，"成人感"强烈，但对自我的认识还不清晰、不到位，过分重视他人对自己的评价，尤其是同学朋友的评价。如案例中的小玲，同学对她的嘲笑和排斥让她对自己失去了信心，无心学习，甚至害怕上学。事实上，她并非一无是处，她有自己的优点，但是她却完全忽略了，把同学对她的评价当成了全部。

马斯洛的需要层次理论指出，每个人都有归属和爱的需要。青春期孩子开始产生逆反心理，以往和父母亲密无间，现在拉开了距离，他们更愿意向同学和朋友倾诉自己的心事和烦恼，从中获得支持、理解和归属感。在与同伴的交往中，他们可以取长补短，锻炼人际交往能力，为今后的工作和生活积累经验。青春期的孩子如果在班集体中受到排斥，没有朋友，会感到十分孤独痛苦，就像案例中的小玲一样。

2. 理性情绪疗法适合在中学生中运用

有研究表明，理性情绪疗法适用于有一定认知基础和思辨水平的人群，并且在处理由学习、工作和家庭等明显可辨的现实事件引发的心理困扰上非常有效。中学生的思维和认知能力已经达到一定水平，显然，理性情绪疗法适用于当代中学生，能有效地帮助他们解决心理困扰。在中学生心理辅导中运用理性情绪疗法时，应该注意以下两点：

(1) 与非理性信念的辩驳要在平等、信任的氛围中进行。

辅导老师应该首先与来访学生建立良好的咨访关系，赢得学生的信任，然后再在温暖、平等的氛围中，与学生的非理性信念进行辩论。切忌不考虑学生的感受，把辩论当作针锋相对，显得咄咄逼人，因为这样将会引发来访学生的阻抗，妨碍辅导的顺利进行。

(2) 注重学生的认知家庭作业及行动实践。

在心理辅导室对学生进行辅导是关键，但学生的认知家庭作业以及将理性信念运用到日常生活的过程也非常重要，是对辅导效果的巩固和加强。中学生年龄偏小，自我控制和自我监督能力还不是很强，所以辅导老师要布置家庭作业，强调实践运用，并要求学生及时反馈效果，辅导老师及时跟进，这样才能确保辅导的有效性。

3. 不足之处：没有对亲子关系进行干预

小玲在第一次来访中提及，父母不尊重她的隐私，偷看她的日记，把她的缺点跟亲戚朋友说，让她很没面子，因此，在学校跟同学关系不好的事情，她一直没有告诉父母，也不想告诉他们。

在前期辅导中，我向小玲表明了尝试联系其家长的想法，遭到小玲的抗拒，她不愿意让父母知道自己在学校的情况。所以，我把辅导重心放在认知调整和行为训练上，没有对亲子关系进行干预。辅导结束后，小玲的妈妈打电话向我表达谢意，表示小玲现在在家里情绪大有好转，不会再乱发脾气，不会轻易和父母起冲突了。她其实很早就知道小玲在进行心理辅导，但因为女儿不愿意提及，所以她一直保持沉默。事实上，从第三次辅导开始，小玲的情况大有改善，如果同时进行家庭辅导，效果应该会更好。

二、案例2*

(一) 基本资料

14 岁的小莉是初二年级的学生，来自单亲家庭的她是班上的文娱委员，学习成绩一向很稳定。但她近来上课老走神，而且爱好打扮，时常夜不归宿，成绩一落千丈，本来活泼健谈的她一反常态，变得沉默寡言、心事重重。

我觉得事有蹊跷，于是进行明察暗访，终于从个别同学口中以及几张纸条中知道：小莉近来经常与正在读初三的小强“传纸条”，还有同学看见他们在偏僻的地方拥吻和爱抚。天啊，原来小莉已经早恋了。

---

* 本案例作者：梁智敏（广州市番禺区榄核二中）。

（二）学生自述

在循循善诱下，小莉终于告诉了我她心中的秘密。

小莉坦言，她经常看言情小说，很渴望在自己的生命中能遇见一位白马王子。小强的篮球打得很好，俊俏的面容、幽默的谈吐都深深地吸引着小莉。小莉认定，小强就是自己要找的白马王子，于是就和小强偷偷地玩起了“地下情”。最初由于害怕老师知道，他们只是传传纸条，互相倾诉一下心事，发展到有了“一日不见，如隔三秋”的感觉，甚至最后彼此有了接吻和爱抚的行为。她说，接吻和爱抚都是从电视和电影上模仿的，只是想尝试而进行的，这些行为根本没什么大不了。

（三）原因分析

为什么小莉会出现这种早恋行为以致不能自拔呢？究其原因主要有三方面：①小莉正处于青春发育时期，此时身体的成长和性的成熟带来了性意识的萌发，充满好奇的她开始对异性产生兴趣，渴望并愿意接触异性，并把这种渴望付诸行动。②单亲家庭的影响。小莉从小缺少异性的关爱，因此，随着生理的成熟，一旦有异性对其多一分关心或照顾，便会产生好感和依赖，从而情不自禁地坠入爱河。③受社会不良因素的影响。由于电影、电视、书籍和网络等传播媒体的影响，性观念淡薄，自我保护意识不强，模仿接吻和爱抚等边缘性行为使她渐渐地步入性爱的误区。

（四）干预方式

小莉正处于青春期，处理性心理问题宜疏不宜堵。

（1）取得信任。我以一个好朋友的角色认真倾听小莉的心声，尊重她的情感，表示会为此事保密，彼此之间建立一种互相信任的关系，使小莉敢于向我表露自己的心境。

（2）明晰利害。我进行了一节以“别尝早恋的苦果”为主题的班会课，借助集体的力量对她进行教育（当然没提及她的事情）。课后，我还结合她的家庭背景并通过各种实例引导小莉懂得该阶段陷于感情旋涡的利与弊。

（3）找清方向。我对她进行了理想教育，以帮助她认清前进的方向，树立人生奋斗的目标。同时推荐她读一些积极向上的好书，观看高雅的影视作品，如《保尔·柯察金》、《爱的真谛》等，让她在一种健康良好的文化氛围中，升华思想认识，走向成熟。

（4）进行适当的性教育。我悄悄地请来了本校的心理卫生科的一位女教师对她进行了性教育，培养其与异性相处应有的态度与行为，增强自我保护意识等。

(5) 转移视线。例如，给小莉各种表现机会，鼓励她积极参加各种文娱活动，让她重新回到班集体之中，把她的精力、兴致和心思都引向活动和竞争中。

(6) 家庭配合。我及时地对小莉妈妈分析了小莉心理行为的原因，并提出了“多让孩子感受家人的爱”、“别让她再受爱的寂寞”等建议及一些具体做法。

此外，我还与小强的班主任取得联系，在我对小莉进行心理辅导的同时，他也对小强进行相关的辅导，让两人同时觉醒，以增强效果。

(五) 感悟与体会

在目前这样的社会环境下，要完全杜绝初中生恋爱是不可能的，关键是如何引导学生把这种对异性朦胧的爱意转变为对同学的关爱。如今青少年性发育明显提前，性心理却相对滞后，在青春期到来之时他们毫无思想准备，如果真的恋爱了，家庭、学校和社会应密切配合，共同承担性教育的重担，帮助学生们筑起道德的堤围，莫让他们走进性爱的误区，避免在和异性交往中做出出格或越轨的行为。

三、案例3*

(一) 问题简述

小关，男，15岁，初三学生。他学习基础较差，随着中考日期的迫近，感到升学压力很大，上课注意力分散，脑子常浮现出女性服装的画面，但因自己的男性性别角色而压抑自己的欲望，为此感到十分痛苦，虽然很想改变现状，但对自己的能力没有信心。

(二) 资料收集

小关自述很羡慕女性角色，表现为对女装很感兴趣，经常幻想女装，并视变性人何×为偶像，经过媒体的渲染，感觉自己在喜欢女装的泥沼中越陷越深。初二时这种体验最为强烈，曾不自觉地购买女性化妆品，并叫男性好友代为保管。

小关跟男生的人际关系较好，常常乐于助人。但他从小学到现在跟异性的交往一直都很平淡，稍微有一点“亲密”接触（如碰一碰头部）就会有很大反应，赶紧离开。尤其害怕异性的目光，一旦接触到她们的目光，便会浑身不自在，会不自觉地问自己：我的衣服是不是脏了？我是不是做错了什么？

---

* 本案例作者：陈少珍（佛山市南海区罗村一中）。

至于家庭方面，小关与父母的关系很融洽，父母一直把他当男子汉教育，也从未流露过“女孩子比男孩子好”的想法。

（三）问题分析

一般说来，异装癖患者在 5 ~14 岁之间开始萌生异装兴趣，到了青春期就产生与异性装束有关的色情幻想。从小关的行为表现和心理状况来看，小关已有了异装癖的苗头，需要及早辅导与治疗。过往的研究表明，异装癖形成的原因有家庭环境影响（如父母想生一个女孩，于是从小把他打扮成女孩模样）、迷信思想的影响（如家人认为男孩难养，就把他当作女孩养）等。但小关的异常行为并非源于上述原因，经过多次辅导，本人以他与异性接触时的异常表现为突破口，引导其回忆最早发生类似情景的经历，才找到问题的根源所在，那就是童年的阴影。

小关之所以对女生冷淡也是因为这一童年经历。事情发生在他读二年级时的某一天，他因为把裤子穿反了而遭到一名女生的嘲笑，当时他感到既生气又羞愧，真想在地上找个洞钻进去。他当时心里想：假如我像女生那样可以穿裙子该多好，那就不会犯这样的错误了，也就不会出现今天的尴尬局面了。从此以后，他就爱上了女性服装，经常幻想女装，渐渐从羡慕女性角色发展到羡慕变性人。

心理学家弗洛伊德认为，人的心理问题或心理疾病常源于童年经历。当年的经历对小关来说异常深刻，以致他复述该事件时仍掩饰不了紧张和恐惧。羞辱的经历使他的潜意识认为穿女装就可以避免出丑，穿女装很好，于是他便常常不自觉地幻想女性衣服和化妆品。此外，由于受到了传媒对变性人（何×）宣传的影响，加上初三升学压力的加重，他的潜意识经刺激强化后上升到意识层面，幻想女装的欲望也就更强烈了。

（四）个案辅导设想和实施

（1）综合运用心理疗法，促使心结解开。

在心理辅导过程中，本人先采用系统脱敏法淡化小关对当年羞辱情景的恐惧，从“想到正在玩耍—发现穿反了裤子—听到女生的嘲笑—看到女生的目光”进行逐层脱敏。当小关仅存有轻度恐惧时，采取冥想和暗示疗法，引导他以现在的身份走进回忆中，要求他对二年级的自己说：“这是一件很平常的事情，因为自己年纪还很小；现在我已经长大了，我变得更勇敢了，我不再害怕她们的嘲笑了。”他按照我的指导语重复了一遍，感觉舒服多了，心结也随之解开。

（2）鼓励他采取积极的应对策略进行自我调节，以巩固辅导的效果。

应对策略分自我调节机制（积极应对事件）、自我防御机制（消极逃避、压抑）和外部疏导机制（借助外界力量）三种。小关经过四次咨询后，表示已消除了对童年阴影的恐惧，但有时仍忍不住联想女性服装。于是本人鼓励他多采取自我调节方式积极应对困扰，当自己想看女装时，不妨大胆地看，尽情地看，不需要压抑自己的欲望，但要求他对自己进行心理暗示：我会打败这个念头的，我会勇敢面对的。用这种方法让他凭自己的力量走出心理上的困境。

（3）以缓解学习压力作为辅助手段，进一步巩固成效。

小关爱女装的欲望之所以更加强烈，很可能是因为升上初三后学习压力加重了，使他不得不借“幻想女性衣服”的方式进行调剂。本人帮助他分析了学习上存在的问题，引导他采取恰当的学习方法进行有效的学习，并鼓励他积极参加集体活动，适当与女生交往，培养解决问题的信心，以减轻其学习压力，促使异常行为有所改变。

（五）个案辅导成效

这个个案前后共进行了八次心理咨询，历时三个月，效果较为显著。

（1）在认知方面，小关已认识到自己的行为要跟性别角色相吻合，男孩也有自己的优势，不需要羡慕女性。

（2）在情感方面，小关则消除了对童年阴影的恐惧，能坦然面对这一羞辱事件，也逐渐淡化了对女装的喜爱，虽然偶尔会幻想女性装扮，但可进行自我调节，不再感到压抑。

（3）在行为方面，小关则懂得通过运动、参加集体活动等方式缓解学习压力，成绩有了一定的提高，跟女生的交往也比以前自然多了。

（六）反思

经过对这一个患有轻度异装癖学生的个案研究，本人得到了以下几点启发：

（1）信任和尊重是心理辅导得以顺利进行的首要前提。

小关并没有在辅导开始的时候把“爱女装”的心理说出来，而是当我们建立了和谐的咨询关系后，让他感受到我的信任和尊重时，才把心事和盘托出。而且当我听到这一事实时，心里确实非常震惊，但很快镇定下来，并保证一定保密，这让他对我更添了几分信任。处于青春期的中学生心理变得更为敏感，不会轻易地把心里话说出来，这就需要心理老师对他们给予充分的信任和尊重，让他们获得“安全感”，以配合老师共同解决心理困惑。

（2）学校心理辅导既要“治标”也要“治本”。

学生在咨询开始时所诉说的心理困惑有可能只是表面现象，因为学生隐瞒或辅导策略选择的问题，难以看到问题的根源。所谓“治标要治本”，找到问题的根源才能有效地帮助学生解开心结。因此建议心理老师进行辅导时要注重寻找问题的根源，尝试从学生的童年经历、家教方式等方面着手，以“对症下药”。

（3）学校心理辅导要敢于向理论挑战，具体个案具体分析。

理论上认为，异装癖形成的原因有家庭环境影响和迷信思想影响等，但小关“爱女装”并不是因为上述原因，这时便需要挑战理论，从实际出发寻找原因，从而摸索出他异常行为的成因源于童年阴影。为此，建议各中小学的心理教育工作者在充实心理辅导理论的同时，不要一味地跟着理论走，要具体个案具体分析，才能让心理辅导更有成效。

第十章 亲子冲突及其干预

第一节 亲子关系概述

家庭是社会的细胞，是儿童接受社会影响的第一场所，是认识社会准则和建立行为规范的第一课堂。儿童的很多态度与行为都会打上家庭的印记。家庭的结构、父母的教养方式、父母对子女的期望、家庭中的亲子关系如何，都对儿童的心理健康发展起着重要的作用。

一、亲子关系的特点

（一）小学生亲子关系的特点

对于小学生而言，随着年级的增长，其人际交往的内容也在逐渐丰富，与同伴的交往明显增多，但与父母仍保持着亲密的关系，父母、家庭仍是他们的避风港，小学生与父母的关系在其发展上仍起着重要作用。有研究结果表明，小学生的亲子关系的状态呈波浪式发展趋势。具体分析如下：

（1）三年级，由于年龄小，儿童有较强的依恋性、依赖性，父母也对孩子关怀备至，亲子关系特别好。

（2）四年级，儿童的独立性强起来了，反抗情绪也增强，总希望能独立处理一些事情。而在父母眼里，孩子始终是不懂事的，需为他们掌舵，因此亲子亲密关系有下降趋势。

（3）五年级，亲子关系又有所好转。因孩子逐渐懂事，又面临升初中的考验，父母也非常关心孩子的学业。彼此间的关爱和密切的交往，会促进亲子关系向良好状态发展。

（4）六年级，孩子将进入少年阶段。随着自我意识的发展，独立性的增强，第二次“诞生期”的来临，他们在心理上出现了“断乳”现象，表现为由对父母的依恋转向与父母疏远，由顺从转向倔强。

此外，有研究表明，年龄差异非常显著，而女生的亲子关系要好于男生，这可能是因为性别的作用，女孩比男孩早熟。

（二）初中生亲子关系的特点

1. 情感上开始脱离父母

初中生情感依恋的对象发生了变化，对父母情感依赖的亲密程度下降，在情感上开始逐渐脱离父母。

2. 行为的独立性增加

初中生对行为独立性的要求比小学生更强烈，他们反对父母对自己行为的控制和干涉，在行动前征求父母意见的次数逐渐减少。

3. 思想观点上与父母产生分歧

初中生开始有了自己的思想观点，常从批判的角度来看待父母的思想观点，同时还表现出不加批判地接受和喜欢新的思想观念。这些情况导致了他们与父母在意见上的分歧。

4. 父母的地位在初中生心目中开始下降

随着初中生生活范围的扩大，接触人物的增多，一些成人的形象进入了他们的视野。他们通过比较发现，自己父母的形象与这些人物的理想形象存在较大差距，于是父母在初中生心目中的伟大光环开始消失，导致父母的地位开始下降。

（三）高中生亲子关系的特点

高中生的亲子关系的最明显特点是代际差异的存在。所谓代际差异，是指两代人在思想、行为等方面的差异。在思想上，父母比较稳重，往往表现较为保守；行为上，父母往往比较谨慎、冷静、恪守准则。而高中生则喜欢冒险，行为上讲效率，不愿拘泥于传统。

二、亲子冲突的原因探究

在亲子互动的过程中，彼此难免会出现种种摩擦和冲突。具体原因分析如下：

（一）家庭客观因素

家庭是由有血缘关系、婚姻关系或收养关系的成员组成的基本的社会单元。学生从出生开始就生活在家庭中，家庭的各种因素都会对学生的心理发展产生重要影响。

1. 家庭的自然结构

家庭的自然结构是指家庭成员是否完整及家庭成员间的关系。学生心理发展客观上应有一个完整与和谐的家庭环境，学生在完整与和谐的家庭环境中受到成人的呵护，享有父爱和母爱，这是学生心理健康发展所必需的。而残缺和不和谐的家庭则不利于学生心理的健康发展，也会导致彼此冲突的产生。

残缺家庭是指核心家庭中父母离婚、分居或一方死亡、出走等原因造成家庭成员不全的家庭。英国心理学家调查了许多不同类型的家庭后发现，在品德不良的学生中，有58%的学生来自残缺家庭。美国的一项调查表明，犯罪少年有1/2至2/3来自残缺家庭。我国曾有学者对中国内地28个省、市、自治区小学一至五年级的729名离异家庭的学生和825名完整家庭的学生进行过情绪方面的比较研究，结果发现离异家庭的学生表现出更多的焦虑、自卑、孤僻、冷漠、畏缩、敌对等消极情绪。

研究表明，不和谐的家庭比残缺家庭对学生心理发展的消极影响更大，尤其是父母的长期分歧、争吵、敌对，可能会使学生产生严重的焦虑、困惑、多疑等消极心态，形成不良个性，甚至可能导致学生产生反社会行为。

另外，由于部分农民进城务工，出现了实际上的家庭结构不完整问题，生活在这样的家庭中的学生在心理发展上可能也会受到一定影响。有研究表明，父母外出打工的农村留守学生在人身安全、学习、品行、心理发展等方面都存在不同程度的问题。

2. 家庭经济条件

家庭经济条件对学生心理发展也具有重要影响。国外学者曾对不同经济条件家庭的学生的智力发展进行过研究，他们按经济条件的好坏，将一批8个月大的婴儿分为两个组进行智力测量，在这些学生4岁时进行再次测量。结果发现，家庭经济条件好的学生的智商高于家庭经济条件差的学生，从智商在70以下的学生人数来看，家庭经济条件差的高出了家庭经济条件好的学生的7倍。为什么会这样呢？其主要原因是富裕的家庭经济条件为学生提供了良好的生活环境和教育，促进了学生心理的健康发展。

虽然富裕的家庭经济条件有利于学生的心理发展，但并不意味着家庭经济条件越好，学生心理发展就越好；家庭经济条件不好，学生心理发展就不好。家庭的经济条件仅仅是影响学生心理发展的众多因素中的一个。

（二）家长的角色

在影响学生心理发展的家庭因素中，家庭教育是最重要的一个因素。在家庭教育中，家长的学生价值观、对子女的期望、家庭教育方式等对学生心理发展起着重要作用。

1. 家长养育子女的价值观

不同的学生价值观影响家长对学生发展方向的定位，家长的学生价值观是随生活方式改变而变化的。几千年来，我国传统的学生价值观就是养儿防老、传宗接代、继承家业、光宗耀祖，这仅仅是从自己小家庭的利益上来教育学生，缺乏社会责任感，且重男轻女。在我国社会主义条件下，人们的生活方式发生了巨大变化，绝大多数家长的学生价值观发生了改变，不再从自己小家庭的利益出发来教育学生，而是将培养学生视为一项社会责任，希望自己的子女成为社会的有用之才；不仅重视子女的身体、能力的发展，同时重视思想品德的培养。然而，父母的这些理念不一定能得到孩子的认同，而矛盾与冲突也往往因此而起。比如，随着年龄的增长，孩子越来越向往独立，而家长却仍把他们当作小孩子，仍希望管理或约束孩子的一切。

2. 家长对子女的期望

每一个家长都对子女抱有期望，家长对子女的期望是家长对自己的子女长大后成为什么样的人所进行的预测或设想。家长的期望凝聚着对子女的爱，适当的期望会激励子女发奋学习，促进心理的健康发展；反之，不适当的期望则是子女不必要的心理压力的根源，他们会厌学，与父母发生冲突，成为学生心理健康发展的障碍。

3. 父母教养方式对其子女的影响

父母扮演了儿童的第一任老师的角色。父母如何抚养儿童，如何对其进行初期的教育，都将直接影响儿童的认知、情感和行为。父母教养方式是父母的教养观念、教养行为及其对学生的情感表现的一种组合方式。这种组合方式是相对稳定的，不随情境的改变而变化，它反映了亲子交往的实质，也是导致亲子间出现矛盾与冲突的原因之一。

家庭教育是通过一定的方式来进行的，不同的家庭教育方式对学生心理发展的影响不同。在临床实践和社会研究中，越来越多的研究者发现父母教养方式不仅与自身的心理健康状况存在着高度相关，而且对其子女健康的人格、完善的认知功能以及良好社会适应能力的形成等都有重要影响。Eoopersmith 对高自尊和低自尊儿童的父母教养方式进行比较研究，发现青少年的自尊与父母教养方式有重要关系。G. F. Kawash 等发现，父母对子女的接纳与认可与其自尊有非常显著的正相关关系，而父母对子女的控制则与其自尊有极显著的负相关。父母的严厉与男性青少年的自尊存在极显著的负相关，与女性青少年的自尊不存在这种关系。Kagiticibasi（1990）依据家庭中两代人之间的“独立—依赖”关系，归纳出三种典型的家庭教养方式，即 X、Y、Z 型。其中，所谓的“X 型”是指家庭中父母与子女在物质与情感上的关系都是相互依赖的，亲子关系取向是顺从，属于集体主义教养方式；“Y 型”是指家庭中两代人之间在物质与情感上都是相互独立的，亲子关系取向是独立，属于个人主义教养方式；“Z 型”则是将上述两种教养方式综合在一起，强调在物质上独立，在情感上相互依赖。岳冬梅等人对神经症病人父母教养方式的研究发现，神经症病人的父母对他们的教养方式可以分为三种主要的类型：冷漠型、严厉型、过分保护型。在这样的父母教养方式下成长起来的孩子，其人格特征和人际关系方面都存在较多的问题。阳德华对四川省南充市 500 名初中生进行的问卷调查研究显示，父亲的情感温暖与理解、过度干涉与保护以及母亲的惩罚严厉行为对初中生的抑郁情绪有显著影响，父亲的情感温暖与理解和母亲的过度干涉与保护行为对初中生焦虑情绪有显著的预测作用。陈晓燕对昆明市 2 246 名中学生进行问卷调查研究发现父母管教方式对孩子的心理健康有显著影响。民主、严格、宽松的管教方式更容易培养孩子良好的心理健康；溺爱型的管教方式更容易导致孩子偏执情绪的出现；放任型的管教方式对孩子精神病性问题的出现有很大的影响；强制型的管教方式容易导致孩子多种不良心理问题的出现。沈家宏采用父母教养方式评价量表（EMBU）和卡特尔 16PF 人格测验对 590 名大学生施以团体测验，发现父母教养方式中的部分因子与 16PF 人格测验中的部分因子存在显著相关，且有性别上的差异。可见，父母的教养方式对子女的心理健康和人格形成有重要影响。

通过进一步探讨我们可以发现，父母对孩子的养育态度不同，会造成不同的家庭气氛，这对孩子的性格形成有重要影响。例如，一些研究者把父母的教养方式分成三类：①专制型。这种教养方式的特点是支配，孩子的一切都由父母说了算。父母往往脾气暴躁，对孩子的自主要求不予理睬，喜欢支配和管束孩子的行为和活动。在这种环境中长大的儿童，容易形成消极、被动、依赖、服从、懦弱、不诚实的人格特征。②放任型。这种教养方式的特点是溺爱，让孩子随心所欲。父母非理性地疼爱孩子，对孩子的无理要求几乎有求必应。在这种环境中长大的儿童，容易形成任性、幼稚、自私、野蛮、自我中心、依赖等人格特征。③民主型。这种教养方式的特点是平等，父母尊重孩子，给孩子一定的自主权和积极引导。在这种环境中长大的儿童，容易形成活泼、快乐、自立、彬彬有礼、合群、合作等人格特征。

三、案例分享——母子心灵的修通*

（一）背景资料与问题描述

陈为（化名），六年级，男生，12岁，身高160cm，东莞塘厦人。他有两个姐姐，分别就读初三与高一，住校。母亲是清洁工，父亲在治安队工作，陈为与父母同住。人长得很清秀，白皙的皮肤，大大的眼睛。升上六年级后，学习量增大，陈为多次不能完成家庭作业，课堂无心听讲。班主任与科任老师对他实施的教导均以失败告终。最近一年与家里人的关系紧张，特别是与母亲的关系搞得很僵。最严重的一次是他的母亲当着他的面在电话中告诉英语老师他在玩电脑，不肯做作业。事后，他对着母亲吼叫，责怪母亲不给自己面子，丢尽他的脸面，让他没有面子面对老师和同学。接下来的几个月，他也不再与母亲打招呼，当母亲管教他不该把时间花在上网的时候，顶嘴很严重，且骂粗口。最后更是发展到每天放学一回家，就把自己关在房间里，不吃母亲煮的饭。如果母亲干涉，他就声称去死，让母亲再也看不见他。至于学习成绩则是一天天在下降，上课不听、不完成作业也是家常便饭，几次跟班主任说要退学。

（二）个案分析

1. 个人原因

陈为的个性较为内敛、敏感，同时性情暴躁，成绩较差，自我价值感低。既不乐于主动交友，也不爱帮助别人，但是一旦有人侵犯自己，惯用处理问题的行为模式就是冷战与责骂。经调查，无论是与同学还是父母发生冲突时他都是采用这一行为模式。同时陈为在谈到自己的父母时，话语中充满了责备与不满，总认为自己的父母对自己不够好，认为自己学习好不好都与他们无关。同时也表露了对生活的失望，找不到活着的意义。

2. 家庭原因

在家排行第三，上有两个姐姐，因为是唯一的男孩，自小就被父母当宝贝宠着，基本上就是家里的老大，只要是他提出的要求，父母都会尽力去满足他。在长期娇宠的情况下，父母已经失去了家庭应有的权威，失去了对他的有效监管。平时在对待他的教育上，父亲与母亲经常出现分歧，并互相责怪。在孩子学业开始出现问题时，父亲忙于自己的事情，并未对其多加管教，

---

* 本案例作者：叶莲肖（东莞市塘厦镇第三小学）、吴红玉（东莞市塘厦镇第二小学）、包虹（广州市黄埔区新港幼儿园）、杨智（中山市三乡镇三鑫双语学校）、万慧莹（广东省财经职业技术学校）。

甚至推卸到母亲身上，不闻不问。母亲内心着急，除了打骂外，也没有更好的办法教育孩子。

3. 社会原因

在当今的现实生活中，学生的感恩意识正在淡化甚至泯灭，他们不懂得感谢，不愿感激，不会感动，只知道索取，这种与主流价值观偏离的“忘恩”情绪，正成为校园里的一股暗流。

（三）干预措施

1. 以“软”治“硬”，消除阻抗

第一次和陈为见面，他没有抬起头来看我一眼，只是低着头玩弄自己的手指。我能感觉到他是在抗拒，当然不一定是针对我，或许被班主任这样“押”着来让他感到很没面子。为了缓和紧张的气氛，我给他倒了一杯水，然后开门见山地说：“陈为，今天以这样的方式来到这里让你不舒服了吧?”他点了点头，但还是一言不发。我接着说：“谢谢你点头告诉我你的感受，如果是我这样被‘押’着来，也一定和你一样感到不爽，我希望我们的谈话是在你心情愉快的时候开始的，今天我们就到此为止。”可能对我就这样让他走感到意外吧，他略微抬了一下头，就径直离开了。

2. 采用感知位置平衡法

面对这样一个感受不到爱的孩子，在与他建立良好关系后，我采用了感知位置平衡法对他进行辅导：我在辅导室摆了两张椅子，请陈为坐在其中一张椅子上，请他望向对面的空椅子，想象对面坐的就是母亲，看着母亲的眼睛。

陈为很配合，点点头示意已进入状态。

“好，做得非常好，现在你看到妈妈就坐在对面，你心里有什么想说的。”

“我觉得妈妈好像没有像从前那样爱我了。”陈为小声说。

“妈妈好像不爱你了，你心里有什么感觉?”

“有些害怕吧。”

“现在请你回忆一下，长这么大，妈妈为你做过的让你印象深刻的事情，当你回忆完毕时请点点头告诉我。”

几分钟后，陈为点了点头。

“现在起来，坐到对面的椅子上，把眼睛闭起来，模仿你刚才看到妈妈坐在这里的姿势和脸上的表情。从她的角度想一下最近三个月以来儿子都做了些什么?”

“好，现在睁开眼睛，看着对面的陈为。妈妈看着对面的陈为，心里是什么感觉?”

陈为看着对面的椅子大约1分钟，突然抽噎起来。

“是不是觉得妈妈心里挺难受的?”我轻声问道。陈为一边哭一边点头。

我让陈为哭了一阵，就安抚了他一下，稍微平静下来以后就让他回了教室。

3. 创造机会，体验父母情，接纳父母

我知道几次的辅导已经触动了陈为的心，在之后的几天，他已经不再与母亲顶嘴了。为了趁热打铁，我马上在陈为的班级中搞了一次“亲子对对碰”的活动，把每个同学的家长都请到了学校。其中一个环节设计了“最佳默契奖”，让父母回答孩子们事先设计好的问题，这些问题都是日常生活中的小事情，如孩子最喜欢吃的水果、最喜欢的颜色、最喜欢的活动等。结果陈为的妈妈以答对最多获胜，我注意到陈为感到出乎意料，同时妈妈也替他在同学面前争了光，这让他脸上有了一些得意的神情。

4. 改变亲子间旧有的沟通模式

有了前面的良好开端，除了继续启发陈为去感受父母的爱，理解他们，我也对他的父母进行了一些辅导，首先要重新建立作为父母应有的权威，把握应有的原则；其次对孩子不要仅靠物质去满足他，更要注意用语言去表达父母的爱，每天留一点时间给彼此坐下来聊天，多给予孩子自尊与支持，逐渐营造良好的家庭沟通氛围。

(四) 体会与分享

陈为的个案还在继续，而他与他的家庭也在悄然地朝着良好的方向发展。同时，他的学习也慢慢有了一些起色，作业开始按时交，成绩也从原来的不及格开始向及格线跨越。我们通过明察暗访发现像陈为这样亲子关系紧张的家庭还有很多。面对这样的境地，家长急于教育孩子只会徒劳无功，首先应该着手于亲子关系的修复。只有在和谐的亲子关系下，谈方法才有用。当亲子关系出现问题后，家长第一步做的应该是反思，重新接纳孩子，面对孩子的现实情况，了解孩子发展到今天这种状况的根源。想改变孩子，家长首先应有内心和行动的改变，让孩子感受到被爱与支持。

第二节 离家出走案例分享*

如今，青少年离家出走问题日趋严重，已经成为一个不可忽视的社会问题，引起了社会各界的广泛关注。为了青少年的健康成长，探索青少年离家出走的影响因素，预防与干预青少年离家出走行为就显得十分必要。

一、离家出走现象分析

（一）研究离家出走现象的必要性与重要性

青少年离家出走（Run Away from Home），为较大多数研究者所接受的定义是：青少年在没有得到父母或监护人允许的情况下，离开家庭或居住处至少1天以上。对此现象的关注，是世界各国在青少年教育领域所面临的一个热点话题。

在英国，根据慈善组织“儿童协会”的估计，每年离家出走的青少年有10万名左右，其中不满16岁的达7万多名，年龄最小的只有6岁。在德国，据儿童保护协会估计，每年离家出走的青少年至少有5万名。就高中生的离家出走率而言，2009年的一项调查表明，日本是13.3%，美国是14.1%，韩国是17.2%，而中国在这几个国家里面雄踞榜首，达到18.7%。从媒体的报道方面来看，近年来我国青少年离家出走的报道常见诸电视、广播、报刊等媒体，有些媒体甚至发起了青少年离家出走问题的大讨论。这从一个侧面表明：青少年离家出走已经成为一个不可忽视的社会问题。

调查数据显示，有离家出走意念的女生略高于男生（男生为31.7%，女生为38.7%），高年级高于低年级。学习成绩不同，离家出走意念的报告率也明显不同。自我评价学习成绩差、成绩中下等、成绩中等、成绩中上等、成绩好的儿童离家出走意念的报告率分别为44.54%、43.05%、34.80%、32.00%、28.01%。在离家出走行为上，男生离家出走的报告率（9.3%）高于女生（5.3%）。自我评价学习成绩差、成绩中下等、成绩中等、成绩中上等、成绩好的儿童曾尝试离家出走的报告率分别为14.60%、9.70%、6.55%、4.93%和5.51%。离家出走意念、尝试离家出走的报告率存在明显的性别差异，且随年级的升高而增加。女生尝试离家出走的报告率低于男生，

---

* 本节作者：杨柳（东莞市东莞中学）、邓小琼（东莞市横沥中学）、何惠杭（番禺市桥北城小学）、钟顺兰（江门市新会第一中学）、向荧（韶关市广东北江实验学校）。

但离家出走意念的报告率却明显高于男生。

单亲家庭儿童离家出走倾向为43.45%，高于双亲家庭（34.48%），曾尝试离家出走的占10.78%，高于双亲家庭（6.81%）；重组家庭儿童思考过离家出走的占62.1%，曾尝试离家出走的占21.1%。父母离异、再婚、学业不良均是影响儿童、青少年离家出走行为发生的重要因素。首次吸烟年龄、节食减肥、孤独感、看电视、失眠等因素和行为与离家出走意念密切相关。具有离家出走倾向的初中生自杀意念的报告率是正常学生的6倍。父亲文化程度不同，其子女离家出走倾向报告率亦有明显不同，离家出走意念和尝试离家出走的发生率均随父亲文化程度的升高而升高。

由此可见，对青少年离家出走现象进行研究有其必要性与重要性。

（二）探究离家出走现象的角度

国外对青少年离家出走的研究起源于20世纪30年代，当时普遍通过外部因素去探讨原因，到60年代中期，开始出现社会学的理论。我们主要从三个角度研究青少年离家出走的原因。

（1）心理病理角度。此角度来自早期的精神科研究，因而当时离家出走行为均被视为心理病态，其特征为情绪困扰、抑郁、情绪低落和自制力弱。

（2）社会性角度。认为青少年离家出走主要是逃避家庭的生理和心理的虐待，或是对家庭的无声抗议，目前此角度研究较多，研究结果也显示离家出走青少年的家庭皆有一些共同现象，如亲子关系疏远、家庭气氛不和谐等。

（3）正常健康角度。反对将离家出走视为个人性格、心理、家庭或社会问题的症状，提倡正面分析青少年离家行为，认为离家是处理其在家庭中所面临的困扰的一种可接受的方法。Brennan et al. 提出综合张力—制约理论，该理论相信离家出走是家庭压力和亲子关系不和谐（张力）的后果。如果青少年与家庭、学校和同伴的关系是正面的（制约），可减少离家出走的可能性。Ek&Steelman 提出互动理论，强调离家出走行为是通过个人和环境在互动过程中产生的，而环境则包括家庭、学校和同伴等。Schaffner 则提出象征性互动理论，着重指出情绪对青少年如何理解离家出走的行为和如何作出此决定产生重大影响，认为在人与环境相互作用时，除了认知层面，还应有情绪层面的互动，两者的结合才能更清楚地分析青少年作出离家出走决定的过程。

（三）青少年离家出走的原因分析

从上可知，国外研究者在心理病理角度、社会性角度、正常健康角度对青少年离家出走现象进行归因。离家出走也与个体的身心健康状况有关。Slesnick 指出有交往障碍、行为障碍和学习障碍的青少年更有可能离家出走

（Slesnick & Prestopnik，2005）。美国一政府机构通过对逃离到庇护所的青少年进行研究，结果得出这样的结论：63%的人认为自己有抑郁症，50%的人遇到学习问题，20%的人有滥用药物和酗酒的问题，17%的人触犯未成年人刑事司法制度，12%的人有自杀倾向。

有研究人员对美国中西部内陆城市拘留中心的23名13～17岁的青少年进行访谈，发现离家出走主要有三个原因：第一，希望通过改变现有状况掌控自己的命运；第二，通过发展新的社会关系来满足自身安全与温饱的需要；第三，从经验中学习，知道人并不能逃避问题。这23名受访者中的大部分都在家庭中遭受暴力，有的家庭的父亲或母亲吸毒、酗酒，因此，他们希望通过逃离来改变生存环境。而有的是因为与父母发生矛盾，希望通过离家出走的方式来对抗父母，看看父母是否真正关心自己。我们不难发现，这些都绕不开家庭因素。

马德峰从互动论的角度，认为父母与子女间互动不当是中学生离家出走的主因。

尚晓丽从个案的角度分析了家庭对中学生离家出走的影响。她把青少年的出走归咎于不良的家庭气氛、孩子在家中的角色不正常、不当的教养方式以及不适宜的家庭教育观念。杨心德教授从心理方面分析了青少年离家出走的原因。他认为青少年的离家出走主要是由于五对矛盾：较大的学习压力感与偏低的自我效能感之间的矛盾；渴望理解与亲子关系疏远之间的矛盾；渴望友情与内心孤独之间的矛盾；对社会新异事物的追求与认识水平不高之间的矛盾；强烈的独立意识与相对较弱的应对能力之间的矛盾。学校因素方面，探讨青少年离家出走多从教材教法、师生关系、学校管理、社交关系和环境设备等方面进行分析。社会因素方面则涉及不良帮派、不正当娱乐场所和大众传媒等。

综上所述，对青少年离家出走的原因分析已经从个人病态心理的研究转向了整个社会系统的研究。这个系统主要包括家庭、学校和同伴，其中家庭因素一直是研究的重点。大量研究结果也显示：离家出走青少年的家庭皆有一些共同现象，如不良的家庭教养方式、较差的家庭经济水平、亲子间不同的家庭功能观等。可见，多方面的因素共同作用于个体，最终导致了个体选择离家出走。

（四）青少年离家出走的类型

国外的研究中较流行的分类方法是将其分为逃离型（Running From）和逃去型（Running To）两类。前者指青少年为逃避家庭或个人问题而用离家的方法去冷静自己；后者则指青少年离家去寻求刺激、欢乐或新的体验。

国内的分类则较细，虽然分类不完全相同，但概括起来大致可分为游戏型、逃避型、向往型、反抗型、强制型五种类型。逃避型与逃离型相类似；向往型与逃去型相类似；游戏型主要出于贪玩好奇，盲目从众；反抗型则是向父母、师长表示抗议或不满的宣泄，甚至是一种报复行为；强制型可能是因受到外力的压迫而离开。裴燕红、程大志在《青少年离家出走现象的理论探新》中将离家出走的孩子分成四类，即逃避型、向往型、报复型、盲从型，将“反抗型”与“强制型”统一为“报复型”，将“游戏型”改为“盲从型”，内涵更加具体、有针对性。

（五）青少年离家出走的利弊分析

离家出走的行为，可以一分为二地看待其结果，有利亦有弊。

1. 好处

（1）为青少年提供了暂时缓解压力的机会，是解决生活、学习中的矛盾和冲突的一种途径。从青少年成长的社会环境因素分析，人际关系的紧张和心理危机是产生离家出走现象的主要的心理和行为诱因。将离家出走作为逃避心理冲突的方法，符合社会学家科塞的冲突理论，他提出了“社会减压阀”机制，认为社会冲突是可以集聚的，必须通过“减压阀”的机制来予以缓解，否则将会出现大规模的爆发。

（2）在一定程度上锻炼了青少年的社会实践能力。离家出走为青少年提供了一个锻炼生存能力的机会。在没有父母保护的环境中，青少年有机会培养自立、自律能力，学会战胜困难，适应社会。

（3）对自我价值进行新的思考，有利于青少年自我统一性的形成。为了努力寻找自我，青少年采取离家出走的方式，以期脱离家庭保护，获得对社会现实的直接认识。

2. 弊端

（1）荒废学业。

（2）出走他处，失去依靠和支持，容易受人欺负和成为被害人，如带着的钱和物被人偷或抢或骗了，又如被挟制，受胁迫、恐吓、伤害等。

（3）女学生出走后，出于无知和无奈，容易受坏人诱骗，被拐卖或被迫卖淫。

（4）在生活无着落、无处觅食、无住宿的困境下，容易铤而走险，去偷窃、抢东西，陷入犯罪泥坑。

（5）出走以后，遇到种种挫折障碍，加上心境恶劣，容易产生自杀的想法和行为。

(6) 造成父母的恐慌不安，耗费钱财和精力到处去寻找。

(六) 对青少年离家出走的干预策略

目前，美国实行的是国家安全地方计划（National Safe Place Program）。该计划旨在为有需要的青少年提供安全的地方与必要的服务。这些安全的地方由愿意参加该计划的商家与志愿机构组成，并不是国家投资设立。在美国38个州，就有超过17 000个服务点，有需要的青少年只要到有“NSP”标志的地方就可以得到帮助。提供服务的机构主要有两种运行模式：紧急庇护模式和社区家庭合作模式。紧急庇护模式是当前普遍实行的主导模式。

除了国家安全地方计划，也有学者提出为16~21岁离家出走的青少年提供过渡期生活计划（Transitional Living Program），旨在通过提供指导，帮助他们掌握独立生活的技能。

除了从社会全局的角度探寻解决方案，研究者还通过干预个体的方法来寻求对策。研究者对20名10~14岁的有过离家出走经历的女生进行了长达一年的学校和家庭的密切探访，在探访过程中，研究者主要做以下的事情：指导受访者设立目标、对其进行危机干预、帮助其重新融入学校、为其提供心理健康筛查与咨询、对其进行健康教育、助其形成生活技能、对其父母进行家庭教育方面的指导。通过为期一年的系列干预，受访者明显减少了危险行为，健康问题也有所改善。

中国学者杨心德则提出在认知、情感和行为诸方面进行干预。

(1) 认知干预，解决认知因素的冲突。离家出走青少年往往持有一些不合理的信念，对自己的不合理信念导致自我效能感降低；对父母的不合理信念，致使亲子关系疏远，情感淡漠。干预者可以引导当事人改变不合理的思维方式，最大限度地减少不合理信念给其情绪带来的不良影响。可以采用以下几种方法来引导青少年对不合理信念进行有效的辩论：①探讨信念是否具有现实依据，让其举出反例，使信念站不住脚。②探讨信念是否符合逻辑，鼓励其找出逻辑矛盾，以动摇其信念。③探讨信念是否符合情理，促进其采取宽容的态度，以推翻其信念。

(2) 情感干预，解决情感因素的不融洽。鼓励离家出走青少年释放内心消极的情感，引导离家出走青少年明晰情感的复合状态，促成离家出走青少年情感的整合。

(3) 行为干预，解决矛盾中的行为因素。首先是正面强化离家出走青少年的适应行为，其次是指导离家出走青少年获得沟通的技巧，最后是帮助离家出走青少年学会应对的技能。马德峰认为，父母应深刻地反省自己的所思所想、所作所为，在给子女一个自由活动天地的同时，采取更为恰当、合理的方式，教育、引导、鼓励子女，并且社会也应积极采取措施，主要在四个领域开展工作：社区预防、街头帮教、建立保护中心和回归社区。孙莹则提出要建立相应的安置机构，对离家出走的流浪青少年进行安置，并对他们开展心理治疗、法律援助、功课辅导、职业训练等项目。

二、青少年离家出走现象的理论分析

（一）精神分析学派的理论分析

精神分析理论认为，人受到潜意识动机、冲动和抑郁之间的矛盾、防御机制和早期童年经验的重大影响。如果一个人的动机和内心需要没有得到满足，这些被压抑的本能和欲望，往往以心理障碍或心理疾病的形式表现出来，成为心理疾病的致病根源。人无法主宰自己的命运，个人的行为受过去经验的影响很深。

根据精神分析理论，离家出走的青少年，有可能是童年时期经历了在家庭受到暴力、冷落，或是在学校受到老师的不公平对待、与同学人际关系紧张等种种精神创伤、痛苦体验，导致他们在家庭或学校时的内心需要和本能欲望被压抑；他们的自我在协调本我与超我的冲突中不能正常发挥作用，自我不够强健有力，因此不得不采取各种防御机制来解决问题。而离家出走就是一种消极逃避的防御机制。一方面，当事人通过离家出走，在外沉迷于网络或结交一帮表面上给其支持和温暖的朋友，可能能够得到内部获益，满足自己的无意识欲望，使无意识冲突得到变相的虚幻的解决；另一方面，也有可能因离家出走而引起家人的关注和重视，从而使家庭矛盾得到暂时缓解，得到外部收益。

心理分析治疗的目标是重建来询者的人格系统，促使深藏在潜意识里的东西浮到意识层面，强化自我，使行为更符合现实，最终通过对个体人格结构的修正、学习新的行为而重建人格，而不仅限于解决离家出走这个困扰问题。

（二）人本主义学派的理论分析

人本主义学派理论的基本思想是只要创造一种最优化的心理氛围，每个人都有一种内在的自我理解和改变其对自己、对他人的看法的可能性，并能表现出自我指导的行为方式。人具有自我实现的内在动力。我们依据对现实的知觉来建构我们自己，我们在我们所知觉到的现实里被激励去实现自己。在尊重和信任的气氛中，人有一种以积极的、建设性的态度发展的倾向。人是理性的，能够自立，对自己负责，有积极的人生取向，因而可以达到独立自主，发展自己的能力，促进自身成长，迈向自我实现。人是建设性的、社会性的，值得信任，也可以合作，懂得尊重他人，能够对别人产生同感的理解，能发展亲密的人际关系。同时，人有能力去发现自己心理上的适应不良，也可以通过改变自己来寻求心理健康。

根据人本主义学派的观点，青少年离家出走，是由于青少年在爱与被爱、安全感和归属感等基本需要上受到了挫折或得不到满足而发生的。因此，咨询者的责任是为当事人提供具有建设性的充满真诚、尊重、信任的人际关系，在这种关系中，当事人会减少防卫心理，并对自己和世界更开放，能界定和澄清自己的目标，向建设性的、朝向心理健康的方向走下去；重建个体在自我概念与经验之间的和谐，从而帮助其成长。当事人有理解自己、不断趋向成熟、产生积极的建设性变化的巨大潜力。心理咨询的任务在于启发和鼓励这种潜力的发挥，促进其成熟、发展。

（三）认知学派的理论分析

核心就是从一个人的思维方式、认识事物的方式上调整自己。

认知学派中的理性情绪疗法的基本假设是人的情绪主要是由信念、评价、解释，以及对生活事件的反应而产生的。人生来就具备理性和非理性两种思维。理性思维使人珍惜生命，通过思考和学习推动行动，迈向实现人生理想和价值的目标。理性思维使人能用语言表达自己，与他人沟通并建立亲密的关系，在爱中生存和发展，因而他的情绪是愉快的。但人也存在且不可避免地会有某些非理性的思维和信念。非理性思维使人迷信固执、自怨自艾、盲目冲动或要求自己和他人完美。由于对环境和他人要求过高，因而难于与人建立和谐的关系，在孤独和苦闷中生活，必然会产生许多情绪和行为方面的困扰。

据此，离家出走的青少年有可能是因他们有简单的爱好、需求（渴求爱、赞同、成功的欲望等），并且误以为这些欲望是迫切的需求时，就产生了情绪困扰并选择离家出走。

因此，改变当事人负面情绪和行为的最佳途径在于改变其对事件的信念，帮助他们学习一些技巧去找寻和驳斥非理性信念，确立合理的信念，消除负面情绪，产生新的感觉。引导当事人学习接纳现实，对人对己较宽容和忍耐，减少对自己和对他人种种不合理的要求，不再受不合逻辑的观念所困扰，进而协助来询者建立较实际、合理的人生态度，更快乐地生活。

（四）行为主义学派的理论分析

行为主义学派的基本认识是：行为是学习的结果。任何行为都是由刺激所引起的，行为就是对刺激的反应，反应的模式是学习的结果。异常行为与正常行为一样，都是通过学习、训练和后天培养而获得的。

根据行为主义学派的观点，人是环境的产物，人的发展受社会文化制约。青少年离家出走是由于在社会环境中受到种种刺激，其良好行为受到消极强化，而不良行为受到正强化；离家出走的行为在生活经验中特别是在心理创伤体验中通过学习并经过条件反射逐渐固定了下来。

所以，行为疗法的目标是要消除当事人离家出走这种不良适应的行为，并帮助他们学习建设性的行为。通过系统脱敏、肯定训练、厌恶治疗、强化和支持、教导、示范作用、回馈等各种方法，提高当事人的自我控制能力，通过负强化使当事人离家出走的行为不再发生，而通过正强化使当事人积极适应家庭与学校生活的行为并保持下来，从而改变其心理行为问题。

三、案例分享

（一）案例1

1. 基本资料

小松，男，某中学高三学生。小松从小跟爷爷奶奶一起过，直到5岁才回到父母身边。他妈妈说，那时候，小松身上有很多坏毛病，很调皮、固执，经常恶作剧。妈妈认为这些坏毛病都是爷爷奶奶惯的。比如，小松喜欢砸鸡蛋，于是，爷爷就买了一盆鸡蛋给他砸。妈妈觉得这样下去小松肯定会出问题，于是开始教导小松。不过，妈妈教育的方式主要是打骂。只要小松做错事情或学习成绩不理想，妈妈就责骂甚至体罚他，如罚跪、不许吃饭、打掌心、自我惩罚……因此，小松从小对妈妈又怕又恨。

上了中学特别是高中后，小松变得很有个人思想，他开始不断地离家出走，刚开始时在外面逛一天后就会求助于姑姑。因为跟父母关系差，于是小松的父母就拜托姑姑帮忙照看小松，父母定期看望他，给他零花钱。

但小松在姑姑家没住多久又开始跟姑姑家人发生矛盾了。有一次，姑姑发现小松的书桌下面有一摊尿，就问小松是不是他尿的，小松反复否认，而且很生气姑姑会这么怀疑他。姑姑不得不向他道歉。后来，又有一次，姑姑发现小松房间的垃圾桶里也有尿。姑姑及家人都开始生气了，跟小松吵了一架，最后，小松不得不承认是自己尿的。此后，小松跟姑姑家人矛盾加剧，最后也从姑姑家离家出走了。

小松在学校里跟舍友和同班同学的关系也很糟糕。舍友反映说，小松不爱干净，经常不洗澡，不收拾床铺，宿舍因此有一股难闻的气味；另外，小松还经常随意拿舍友的东西用，而且从不打招呼，使得舍友很有意见。有一次，同学发现小松写了一份“黑名单”，名单里列出了班上一些同学和其他人的名字，而这些人都跟小松有过过节。同学很惶恐，更加疏远他。老师找他了解情况，他说只是玩玩，没有其他意思。

小松对学习成绩比较重视，平时看很多书。高一的时候，他的成绩在年级中等偏上水平。后来逐渐下降，这使他很焦虑。但他上课却不听课，他认为不用听课却能取得好的成绩才厉害，结果成绩很不理想，距离他的目标重点大学很远，于是有很大的受挫感。渐渐地，小松在一些大考前开始离校出走了；后来发展到平时上学也不定期离校出走。如果晚上没法出校门，他就会在学校的某个地方躲起来过一两个晚上。对此，老师和学校领导都很着急。而出现这些事情，小松的爸爸一直都没出现。

2. 当事人的主要问题

经常离家出走和离校出走，与家人关系紧张，绝大多数同学对他疏远、反感、戒备。

3. 问题分析

小松出现了比较严重的心理和行为偏差。

小松小时候与父母分开生活，错过了与父母建立依赖与信任关系的关键期，致使他缺乏人际安全感。而母亲又经常以专制的态度和暴力的方式教育小松，使他很难以正常、积极的思维方式和行为方式去应对外界事物，正如小松所说，这一切都是自我保护，他觉得身边没有人可以信任，他要保护自己。所以，他才会出现种种偏离常人甚至极端的表现。

4. 干预方案

（1）先前干预步骤。

由于小松并没有因其问题主动寻求学校心理老师的帮助，而是由班主任和政教处主任向心理老师陈老师（非笔者，学校另一心理老师）反映情况，让陈老师主动对小松进行干预，因而心理老师的干预显得比较被动，较难取得良好效果。

以下是学校和心理辅导中心陈老师对小松干预的步骤：

①与小松的父母、姑姑、老师、同学沟通，了解小松的情况。

②分析评估之后，试图引导小松的父母一起理清小松问题产生的重要家庭因素。在此期间，小松的妈妈也承认自己的教育方式很不好，但她同时也认为小松跟其他孩子不一样，如果不是使用了这些教导方式，小松可能早就完了。小松的妈妈也一直试图放低姿态，但她还是没能战胜自己的情绪，几

次在作出冷静应对承诺之后还是大动肝火。比如，上高中后，小松第二次离校出走回到学校之后，小松的妈妈在第二天上午赶到学校，此时小松还在宿舍里睡觉。妈妈走进宿舍，看到小松还在睡觉，很生气，随手拿起一个衣架就往小松头上使劲打去，小松猛然从睡梦中惊醒。

③师生齐心协力。具体包括：宿舍管理员做其他同学的工作，并随时关注小松，多与小松交流生活情况；班主任做好思想教育与疏导工作，安排可靠的同学坐到小松的旁边；科任老师尽量与小松建立良好的互动关系；小松对于自己感兴趣的科目（如政治）会用心学习，他经常拿问题问政治老师，政治老师趁机多赞扬他；拉小松参与学校社团活动，在语文老师的关照下，小松参加了学校辩论队的相关活动；小松曾经看过很多书，能言善辩，在校辩论队里如鱼得水，过得很开心；改变环境。小松在学校比较信任高一班主任童老师，高三下学期，童老师邀请小松到他家住，每天陪伴小松，早上早起晨读，然后一起到学校，下午一起到公园运动、散步、聊天，晚上一起到学校晚自习。小松也比较愿意接受童老师的建议，保持了较正常的学习和生活。

通过努力，小松终于相对平静地度过了高中生涯……

(2) 干预策略。

①与小松建立良好的关系。通过尊重、同感、同理心、无条件关注等技术，消除小松的防御心理，取得他的信任，与他建立良好的关系。

②认知改变策略。与小松讨论当前他逃学、离家出走、随意拿舍友东西等种种行为给他带来的各种后果，激发他的责任意识，让他明白他所作出的每一个行为，只有他自己去承担后果，亲人和同学不可能为他承担。同时，积极关注当事人表现出来的正向想法和行为，捕捉其积极的方面，让他知道自己完全有能力去改变当前的困境，为自己作更好的选择。

③行为改变策略。与小松商讨建立行为改变的目标，并用小步子原则将目标具体化为日常行为改变方案，密切结合家长、老师、同学，为小松创造一个宽容友善的环境，关注小松每一个积极的行为和细微的进步并给予及时强化，使他逐渐学习并建立良好的行为方式，能够和谐地与人相处，健康地适应生活。

同时，密切联系小松的父母，与小松父母探讨小松问题产生的可能原因，提醒他们注意以科学、民主的方式处理与小松的矛盾及小松的问题，与之探讨具体的改变方案。

(二) 案例2

1. 基本资料

谭某，男，初二，与父母同住。父亲是区公安局稽查大队队长，后调往乡镇派出所任所长；母亲是城区医院的护士。谭某外表俊俏，文字表达能力较强，字写得比较漂亮，喜欢阅读，但数学基础薄弱，成绩很差。能够遵守学校纪律，对人热情有礼。上学一般由父母接送，曾强烈要求自己骑自行车上学，以及在校搭食，但没得到允许。与父亲关系相对较融洽，与母亲则经常争吵。母亲的突出特征是喋喋不休，经常在老师面前数落其“劣迹”：从挑食讲到小学因不喜欢去补习数学而悄悄从数学老师家溜走的事情，琐碎而且重复数遍。每当这个时候，谭某均在旁反驳，或表现出不屑。

2. 典型事件

（1）谭某要求买价格过千的名牌运动鞋，母亲开始不答应，谭某以不吃饭、不回家要挟，结果母亲买了给他，条件是谭某要听话。

（2）谭某要零用钱，父母不给，外婆给了。

（3）其母宣称被谭某打，造成手臂淤青。

（4）谭某喜欢跟朋友打篮球，母亲不准，曾找到他朋友家门口，说不准那个朋友跟谭某交往，否则后果自负。

（5）谭某曾经跟朋友夜晚外出唱 K，彻夜不归。据说在 K 房睡至天亮。

（6）谭某喜欢跟小区的保安聊天、交朋友，并骑保安的自行车。母亲不屑。

（7）学校开家长会，谭某被表扬，但其家长没来。据母亲说，是谭某不让去。

初二下学期，父亲调往乡镇后，谭某开始结交外校无心向学青年，甚至出现驾驶无牌摩托车现象。一次，因小事与母亲吵架，谭某离家出走。后来转学。

3. 问题分析

据行为主义学派的观点，人的任何行为都是学习的结果。谭某以不吃饭、不回家要挟母亲买名牌鞋子，母亲答应了，这是一种强化；谭某要零用钱，父母不给而外婆给，这也是一种强化。谭某的许多消极行为，就是在父母的强化下习得的。因此，他后来学会了以离家出走来应对生活中的问题，这种解决问题的方式，就是在生活中不断受到强化而习得的。

4. 干预策略

要想帮助谭某消除离家出走等不良行为，就要对其不良行为进行负强化，对其良好的有建设性的行为进行正强化，积极关注谭某各种微小的进步和良好表现，从而使他逐渐适应学校生活，与家人建立和谐的关系。

参考文献

1. Young K. S. *Internet Addiction: The Emergence of a New Clinical Disorder*. Paper Presented At the 104th Annual Convention of the American Psychological Association, 1996.

2. Young K. S. Internet Addiction: The Emergence of a New Clinical Disorder. *Cyber Psychology & Behavior*, 1998 (3): 237 – 244.

3. Armstrong L., Phillips J. G. & Saling L. Potential Determinants of Heavier Internet Use. *Human-Computer Studies*, 2000, 53 (4): 537 – 550.

4. Simkova B., Cincera J. Internet Addiction Disorder and Chatting in the Czech Republic. *Cyber Psychollogy & Behavior*, 2004, 7 (5): 536 – 539.

5. Young K. S. *Internet Addiction: Symptoms, Evaluation, and Treatment. Innovations in Clinical Practice: A Source book*. Sarasota, Florida: Professional resource press, 1999. – 31.

6. Young K. S. Cyber – Disorders: The Mental Health Concern for the New Millennium. *Cyber Psychology & Behavior*, 1999, 2 (5): 475 – 479.

7. Morahan – Manrtin J., Schumacher P. Incidence and Correlates of Pathological Internet Use among College Student. *Computer in Human Behavior*, 2000 (16): 13 – 29.

8. Chien Chou, Ming – Chun Hsiao. Internet Addiction, Usage, Gratification, and Pleasure Experience: The Taiwan College Student's Case. *Computer & Education*, 2000 (35): 65 – 80.

9. Sharpe L. A Reformulated Cognitive-Behavioral Model of Problem Gambling: A Biopsychosocial Perspective. *Clinical Psychology Review*, 2002, 22 (1): 20 – 25.

10. Davis RA. A Cognitive-Behavior Model of Pathological Internet Use. *Computers in Human Behavior*, 2001, 17 (2): 187 – 195.

11. Shapira NA., Goldsmith TD., Keck PE., et al. Preliminary Communica-

tion: Psychiatric Features of Individuals with Problematic Internet Use. *Journal of Affective Disorder*, 2000 (57): 267 – 272.

12. Ferguson E. D. The 2003 H. L. and R. R. Ansbachcr Memorial Address: Democratic Relationships: Key to Adlerian Concepts. *Journal of Individual Psychology*, 2004, 60 (1): 3 – 24.

13. Fergnson E. D. Adler's Motivational Theory: An Historical Perspective on Belonging and the Fundamental Human Striving. *Journal of Individual Psychology*, 1989, 45 (3): 354 – 361.

14. Kathleen D. Vohs. Interpersonal Evaluations Following Threats to Self Roble of Self-esteem. *Journal of Personality and Social Psychology*, 2000, 78 (4): 1061 – 1078.

15. Kathleen D. Vohs. Self-Esteem and Threats to Self Implication for Self-Construal and Interpersonal Perception. *Journal of Personality and Social Psychology*, 2001, 81 (6): 1103 – 1118.

16. Hutt Guy K. *Experiential Learning Spaces: Hermetic Transformational Leadership for Psychological Safety, Consciousness Development and Math Anxiety Related Inferiority Complex Depotentiation.* PhD Dissertation, 2007.

17. Derrick Jaye L., Murray Sandra L. Enhancing Relationship Perceptions by Reducing Felt Inferiority: The Role of Attachment Style. *Personal Relationships*, 2007, 14 (4): 531 – 549.

18. Zuroff David C., Fournier Marc A., Moskowitz D. S. Depression, Perceived Inferiority, and Interpersonal Behavior: Evidence for the Involuntary Defeat Strategy. *Journal of Social and Clinical Psychology*, 2007, 26 (7): 751 – 778.

19. Kurtz PD. et al. *Social Work.* OH: University of Akron, 1991, 36 (4): 309 – 314.

20. Dedel, K. *Juvenile Runaways Guide No.* 37. Washington, DC: Center for Problem-Oriented Guides for Police, 2006.

21. Elissa D. Giffords, Christina Alonso, Richard Bell. A Transitional Living Program for Homeless Adolescents: A Case Study. *Child Youth Care Forum*, 2007 (36): 141 – 151.

22. Laurel D. Edinburgh, Elizabeth M. Saewyc. A Novel, Intensive Home-visiting Intervention for Runaway, Sexually Exploited Girls. *Journal for Specialists in Pediatric Nursing*, 2009, 14 (1): 41.

23. Ruby J. Martinez. Understanding Runaway Teens. *Journal of Child and Adolescent Psychiatric Nursing*, 2006, 19 (2): 77.

24. Saewyc, E. M., Magee, L. L. & Pettingell, S. E. Teenage Pregnancy and Associated Risk Behaviors Among Sexually Abused Adolescents. *Perspectives on Sexual and Reproductive Health*, 2004 (36): 98 - 105.

25. Slesnick, N., Prestopnik, J. Dual and Multiple Diagnosis among Substance Using Run away Youth. *American Journal of Drug and Alcohol Abuse*, 2005 (1): 179 - 201.

26. Sara M. Waish, Robin E. Donaldson. Invited Commentary: National Safe Place: Meeting the Immediate Needs of Runaway and Homeless Youth. *Journal of Youth and Adolescence*, 2010, 39 (5): 437.

27. Brehnan T., Huizinga D. & Elliott D. *The Social Psychology of Runaways.* Lexington, Mass: Lexington Books, 1978.

28. Ek, C. A., Steelman, L. Becoming a Runaway From the Accounts of Youthful Runners. *Youth and Society*, 1988, 19 (3): 334 - 357.

29. Schaffner, L. *Teenage Runaways: Broken Hearts and Bad Attitudes.* New York: Haworth Press, 1999.

30. Minnichiello, V., Aron, i R., Timewel, l E. & Alexander, L. *In-Depth Interviewing: Researching People.* Melbourne: Longman Cheshire, 1990.

31. Amy B. Brunell, Sara Staats, Jamie Barden & Julie M. Hupp. Narcissism and Academic Dishonesty: The Exhibitionism Dimension and the Lack of Guilt. *Personality and Individual Differences*, 2001 (50): 323 - 328.

32. Avi Besser, Virgil Zeigler - Hill. The Influence of Pathological Narcissism on Emotional and Motivational Responses to Negative Events: The Roles of Visibility and Concern about Humiliation. *Journal of Research in Personality*, 2010 (44): 520 - 534.

33. Back, Mitja D., Schmukle, Stefan C. & Egloff, Boris. Why Are Narcissists So Charming at Dirst Sight? Decoding the Narcissism-Popularity Link at Zero Acquaintance. *Journal of Personality and Social Psychology*, 2010, 98 (1): 132 - 145.

34. C. Nathan De Wall, Laura E. Buffardi, Ian Bonser & W. Keith Campbell. Narcissism and Implicit Attention Seeking: Evidence from Linguistic Analyses

of Social Networking and Online Presentation. *Personality and Individual Differences*, 2011 (51): 57-62.

35. Carolyn Ha, Nancy Petersen and Carla Sharp. Narcissism, Self-esteem, and Conduct Problems: Evidence from A British Community Sample of 7 - 11 Year Olds. *European Child & Adolescent Psychiatry*, 2008 (17): 406-413.

36. Christopher T. Barry, Sarah J. Grafeman, Kristy K. Adler & Jessica D. Pickard. The Relations among Narcissism, Self-Esteem, and Delinquency in A Sample of At-Risk Adolescents. *Journal of Adolescence*, 2007 (30): 933-942.

37. Christopher T. Barry, Paul J. Frick, Kristy K. Adler & Sarah J. Grafeman. The Predictive Utility of Narcissism among Children and Adolescents: Evidence for A Distinction between Adaptive and Maladaptive Narcissism. *Journal of Child and Family Studies*, 2007 (16): 508-521.

38. Christopher T. Barry, Mallory L. Malkin. The Relation between Adolescent Narcissism and Internalizing Problems Depends on the Conceptualization of Narcissism. *Journal of Research in Personality*, 2010 (44): 684-690.

39. Christopher T. Barry, Marion T. Wallace. Current Considerations in the Assessment of Youth Narcissism: Indicators of Pathological and Normative Development. *Journal of Psychopathology and Behavioral Assessment*, 2010 (32): 479-489.

40. Daniel R. Ames, Paul Rose & Cameron P. Anderson. The NPI-16 as A Short Measure of Narcissism. *Journal of Research in Personality*, 2006 (40): 440-450.

41. Daniel Fulford, Sheri L. Johnson & Charles S. Carver. Commonalities and Differences in Characteristics of Persons at Risk for Narcissism and Mania. *Journal of Research in Personality*, 2008 (42): 1427-1438.

42. Daniel K. Lapsley, Matthew C. Aalsma. An Empirical Typology of Narcissism and Mental Health in Late Adolescence. *Journal of Adolescence*, 2006 (29): 53-71.

43. Dennis Duchon and Brian Drake. Organizational Narcissism and Virtuous Behavior. *Journal of Business Ethics*, 2009 (85): 301-308.

44. Frederick Rhodewalt, Michael W. Tragakis & Justin Finnerty. Narcissism and Self-handicapping: Linking Self-Aggrandizement to Behavior. *Journal of Research in Personality*, 2006 (40): 573-597.

45. Isolde Daig, Burghard F. Klapp & Herbert Fliege. Narcissism Predicts Ther-

apy Outcome in Psychosomatic Patients. *Journal of Psychopathology and Behavioral Assessment*, 2009 (31): 368 - 377.

46. Judy Eaton, C. Ward Struthers & Alexander G. Santellib. Dispositional and State Forgiveness: The Role of Self-Esteem, Need for Structure, and Narcissism. *Personality and Individual Differences*, 2006 (41): 371 - 378.

47. Jean M. Twenge, Sara Konrath, Joshua D. Foster, W. Keith Campbell & Brad J. Bushman. Egos Inflating Over Time: A Cross-Temporal Meta-Analysis of the Narcissistic Personality Inventory. *Journal of Personality*, 2008 (76): 875 - 902.

48. Jean M. Twenge, Sara Konrath, Joshua D. Foster, W. Keith Campbell & Brad J. Bushman. Further Evidence of An Increase in Narcissism among College Students. *Journal of Personality*, 2008 (76): 919 - 928.

49. Joshua D. Miller, W. Keith Campbell. Comparing Clinical and Social-Personality Conceptualizations of Narcissism. *Journal of Personality*, 2008 (76): 449 - 476.

50. Joshua D. Foster, Dennis E. Reidy, Tiffany A. Misra & Joshua S. Goff. Narcissism and Stock Market Investing: Correlates and Consequences of Cocksure Investing. *Personality and Individual Differences*, 2011 (50): 816 - 821.

51. John S. Ogrodniczuk, William E. Piper, Anthony S. Joyce, Paul I. Steinberg & Satna Duggal. Interpersonal Problems Associated with Narcissism Among Psychiatric Outpatients. *Journal of Psychiatric Research*, 2009 (43): 837 - 842.

52. Kathryn M. Ryan, Kim Weikel & Gene Sprechini. Gender Differences in Narcissism and Courtship Violence in Dating Couples. *Sex Roles*, 2008 (58): 802 - 813.

53. Kathryn H. Gordon, Joseph J. Dombeck. The Associations between Two Facets of Narcissism and Eating Disorder Symptoms. *Eating Behaviors*, 2010 (11): 288 - 292.

54. Katherine S. L. Lau, Monica A. Marsee, Melissa M. Kunimatsu & Gregory M. Fassnacht. Examining Associations between Narcissism, Behavior Problems, and Anxiety in Non-Referred Adolescents. *Child and Youth Care Forum*, 2011 (40): 163 - 176.

55. Kevin S. Carlson, Per F. Gjerde. Preschool Personality Antecedents of Narcissism in Adolescence and Young Adulthood: A 20-Year Longitudinal Study. *Journal of Research in Personality*, 2009 (43): 570 - 578.

56. Kendal Maxwell, M. Brent Donnellan, Christopher J. Hopwood & Robert A. Ackerman. The Two Faces of Narcissus? An Empirical Comparison of the Narcis-

sistic Personality Inventory and the Pathological Narcissism Inventory. *Personality and Individual Differences*, 2011 (50): 577 - 582.

57. Lorna J. Otway, Vivian L. Vignoles. Narcissism and Childhood Recollections: A Quantitative Test of Psychoanalytic Predictions. *Person Society Psychology Bull January*, 2006 (32): 104 - 116.

58. Marit F. Svindseth, Jim Aage Nøttestad, Juliska Wallin, John Olav Roaldset & Alv A Dahl. Narcissism in Patients Admitted to Psychiatric Acute Wards: Its Relation to Violence, Suicidality and Other Psychopathology. *BMC Psychiatry*, 2008 (8): 13.

59. Mallory L. Malkin, Christopher T. Barry & Virgil Zeigler - Hill. Covert Narcissism as A Predictor of Internalizing Symptoms After Performance Feedback in Adolescents. *Personality and Individual Differences*, 2011 (51): 623 - 628.

60. Miller, Joshua D., Campbell, W. Keith. The Case for Using Research on Trait Narcissism as A Building Block for Understanding Narcissistic Personality Disorder. *Personality Disorders: Theory, Research, and Treatment*, 2010, 1 (3): 180 - 191.

61. Nima Ghorbani, P. J. Watson, Fatemeh Hamzavy & Bart L. Weathington. Self-Knowledge and Narcissism in Iranians: Relationships with Empathy and Self-Esteem. *Current Psychology*, 2010 (29): 135 - 143.

62. Nicholas S. Holtzman, Simine Vazire, Matthias R. Mehl. Sounds Like A Narcissist: Behavioral Manifestations of Narcissism in Everyday Life. *Journal of Research in Personality*, 2010 (44): 478 - 484.

63. Peter Strelan. Who Forgives Others, Themselves, and Situations? The Roles of Narcissism, Guilt, Self-Esteem, and Agreeableness. *Personality and Individual Differences*, 2007 (42): 259 - 269.

64. Phebe Cramer. Young Adult Narcissism: A 20 Year Longitudinal Study of the Contribution of Parenting Styles, Preschool Precursors of Narcissism, and Denial. *Journal of Research in Personality*, 2011 (45): 19 - 28.

65. Phebe Cramer, Constance J. Jones. Narcissism, Identification, and Longitudinal Change in Psychological Health: Dynamic predictions. *Journal of Research in Personality*, 2008 (42): 1148 - 1159.

66. Pincus, Aaron L., Ansell, Emily B., Pimentel, Claudia A., Cain,

Nicole M. , Wright, Aidan G. C. & Levy, Kenneth N. Initial Construction and Validation of the Pathological Narcissism Inventory. *Psychological Assessment*, 2009, 21 (3): 365 – 379.

67. Robert S. Horton, Constantine Sedikides. Narcissistic Responding to Ego Threat: When the Status of the Evaluator Matters. *Journal of Personality*, 2009 (5): 1493 - 1526.

68. Ryo Okada. The Relationship Between Vulnerable Narcissism and Aggression in Japanese Undergraduate Atudents. *Personality and Individual Dìfferences*, 2010 (49): 113 – 118.

69. Russell Craig, Joel Amernic. Detecting Linguistic Traces of Destructive Narcissism At-A-Distance in a CEO's Letter to Shareholders. *Journal of Business Ethics*, 2011 (101): 563 – 575.

70. Rose, Paul. Mediators of the Association Between Narcissism and Compulsive Buying: The roles of Materialism and Impulse Control. *Psychology of Addictive Behaviors*, 2007, 21 (4): 576 – 581.

71. Robin S. Edelstein, Ilona S. Yim, Jodi A. Quas. Narcissism Predicts Heightened Cortisol Reactivity to A Psychosocial Stressor in Men. *Journal of Research in Personality*, 2010 (44): 565 – 572.

72. Simine Vazire, Laura P. Naumann, Peter J. Rentfrow & Samuel D. Gosling. Portrait of a narcissist: Manifestations of Narcissism in Physical Appearance. *Journal of Research in Personality*, 2008 (6): 1439 – 1447.

73. Schoenleber, Michelle, Sadeh, Naomi, Verona, Edelyn. Syndromes: Two Dimensions of Narcissism and the Facets of Psychopathic Personality in Criminally Involved Individuals. *Personality Disorders: Theory, Research, and Treatment*, 2011, 2 (2): 113 – 127.

74. Seth A. Rosenthal, Jill M. Hooley. Narcissism Assessment in Social-Personality Research: Does the Association Between Narcissism and Psychological Health Result From A Confound With Self-Esteem? *Journal of Research in Personality*, 2010 (44): 453 – 465.

75. Thomaes, Sander, Stegge, Hedy, Bushman, Brad J. , Olthof, Tjeert, Denissen, Jaap. Development and Validation of the Childhood Narcissism Scale. *Journal of Personality Assessment*, 2008, 90 (4): 382 – 391.

76. Tammy D. Barry, Alice Thompson, Christopher T. Barry, John E. Lochman, Kristy Adler & Kwoneathia Hill. The Importance of Narcissism in Predicting Proactive and Reactive Aggression in Moderately to Highly Aggressive Children. *Aggressive Behavior*, 2007 (33): 185 - 197.

77. Wallace, Harry, Ready, C. Beth & Weitenhagen, Erin. Narcissism and Task Persistence. *Self and Identity*, 2009 (8): 78 -93.

78. W. Keith Campbell, Laura E. Buffardi. Narcissism and Social Networking Web Sites. *Person Society Psychol Bull October*, 2008 (34): 1303 -1314.

79. Yohan Ka. Jeong-han as A Korean Culture-Bound Narcissism: Dealing with Jeong-han Through Jeong-dynamics. *Pastoral Psychology*, 2008 (59): 221 -231.

80. Zoe Given-Wilson, Doris McIlwain, Wayne Warburton. Meta-cognitive and Interpersonal Difficulties in Overt and Covert Narcissism. *Personality and Individual Differences*, 2011 (50): 1000 -1005.

81. Masip, J., Garrido, E., Herrero, G. Defining Deception. *Anales de Psicologia*, 2004 (1).

82. Lee K. *Lying as Doing Deceptive Things with Words: A Speech Act Theoretical Perspective.* In: Astington J W ed. Mind in Themaking. Blackwell Publishers, 2000. 177 - 196.

83. Raaijmakers Q. W., Engels R. E., Hoof AV. Delinquency and Moral Reasoning In Adolescence and Young Adulthood. *International Journal of Behavioral Development*, 2005, 29 (3): 247 -258.

84. Ekman P., Friesen W. V. Nonverbal Leakage and Clues Todeception. *Psychiatry*, 1969 (32): 88 -105.

85. Depaulo B. M., Rosenthal R. Telling Lies. *Journal of Personality and Social Psychology*, 1979 (37): 1713 -1722.

86. 刘荣．自尊、自恋与攻击行为的关系研究．中国健康心理学杂志，2010 (6).

87. 王犨．自恋型人格障碍与心境障碍的共病研究．华中师范大学硕士学位论文，2007.

88. 周晖，张豹，郑珊珊．学生自恋的年龄特征及其与社会适应的关系：自尊的中介作用．心理发展与教育，2009 (1).

89. 王炯，辛自强．儿童说谎研究的进展与方向．中华女子学院学报，

2007（2）.

90. 朱艳新．小学儿童对说谎的理解及道德评价研究．河北大学硕士学位论文，2003.

91. 徐芬等．交往情景下个体对说谎的理解及其道德评价．心理学报，2002，34（1）.

92. 黄蔷薇．试论儿童说谎研究的进展与启迪．长沙师范专科学校学报，2008（75）.

93. 皮亚杰．儿童的道德判断．傅统先，陆有铨译．济南：山东教育出版社，1984.

94. 卢乐珍．幼儿道德启蒙的理论与实践．福州：福建教育出版社，1999.

95. 闵雯．幼儿说谎现象分析及纠正方法．考试周刊，2011（4）.

96. 王爱萍．幼儿说谎的心理分析及纠正方法．教育革新，2010（4）.

97. 徐芳．幼儿说谎的成因及对策分析．教育研究，2007（9）.

98. 范源清．学生说谎行为的个案分析．班主任，2009（11）.

99. 胡雨云．从分苹果的故事谈父母如何对待儿童撒谎．早期教育，2011（1）.

100. 汤巧根．中学生说谎心理分析及对策．青橄榄（阳光地带），2005（4）.

101. 高玉洁．儿童说谎的心理分析及教师的教育策略．基础教育研究，2008（1）.

102. 刘伟振．儿童说谎行为及其干预方法的研究综述．吉林教育学院学报，2010，11（26）.

103. 汪娟．儿童早期说谎行为研究进展及其对教育的启示．当代学前教育，2010（5）.

104. 夏艳芳．学生说谎行为的成因与矫正．湖北广播电视大学学报，2010，30（7）.

105. 胡月华．小学生说谎的成因分析与解决对策．中小学心理健康教育，2008（9）.

106. 白雪松，张守臣．儿童说谎行为的研究现状．黑龙江教育学院学报，2008，27（5）.

107. 贺舟颖，儿童说谎的研究综述，昭通师范高等专科学校学报，2010，32（1）.

108．徐芬，王卫星，张文静．幼儿说谎行为的特点及其与心理理论水平的关系．心理学报，2005，37（1）．

109．张兢兢，马凤玲，徐芬．不同情景下小学儿童对说谎与说真话的道德评价．心理发展与教育，2007，2（1）．

110．周子芳．关于中专学生“厌学逃学”问题分析．职教新观察，2009（2）．

111．方健华．中小学生旷课、逃学行为的心理分析及矫治策略，中小学心理健康教育，2002（2）．

112．王芳．中职学生旷课行为的特点与疏导方式．医学心理指导（校园心理），2009（3）．

113．余益兵．初中生逃学行为：基于学校心理学视角的研究．现代中小学教育，2006（1）．

114．李雅林．对307名中小学生“离家趋势”的调查分析．山东师范大学学报，1986（5）．

115．林朝夫．偏差行为辅导与案例分析．北京：世界图书出版公司，2003．

116．裴燕红，程大志．青少年离家出走现象的理论探新．中国电力教育，2009（3）．

117．中国青少年研究中心课题组．中日韩美四国高中生权益状况比较研究报告．中国青年研究，2009（6）．

118．杨汴生等．河南省城市初中学生离家出走行为及相关因素分析．中国学校卫生，2007（7）．

119．裴燕红，程大志．青少年离家出走现象的理论探新．中国电力教育，2009（2）．

120．张建青．中学生离家出走心理及预防与疏导．现代企业教育，2010（24）．

121．杨汴生等．河南省农村中学生离家出走倾向及行为调查．中国学校卫生，2009（2）．

122．孙莹．儿童流浪行为分析及其干预策略．中国青年政治学院学报，2005（6）．

123．杨心德，陈霞．青少年离家出走的心理分析与干预策略．宁波大学学报，2006（4）．

124．赵尚松．学习粗心的成因与矫正策略．现代教育科学，2006（5）．

125. 董淑范，吉广庆．“粗心”的心理学探讨及其对策研究．通化师范学院学报，2007（3）.

126. 周晓锋．学生粗心大意的成因及对策．小学教学研究，2009（5）.

127. 莫闲．小学生考试粗心现象的心理分析．心理与行为研究，2008，6（4）.

128. 王笃年．关于中学生“粗心”问题的调查与思考．当代教育科学，2003（117）.

129. 黄桂云．防止学生的粗心策略探寻．小学教学参考，2008（27）.

130. 林昌宇．小学生数学学习中粗心的成因及对策．科学教育，2008（3）.

131. 戴春风．岂一个“粗心”了得——小学数学教学中“粗心”现象的归因及对策．小学教学参考，2009（18）.

132. 张汉苗．小学生“粗心”的原因及克服的办法．才智，2008（24）.

133. 吕亚．当前中学生考试作弊的表现、成因与对策研究．华中师范大学硕士学位论文，2010.

134. 蒋波．中学生考试作弊的心理分析及对策．教学与管理，2002（2）.

135. 孙云鹏．中学生考试作弊心理的成因及预防．河北师范大学硕士学位论文，2005.

136. 杨燕．中学生考试作弊行为的研究．考试周刊，2011（2）.

137. 王丽娟．高校大学生考试作弊的社会心理动因及其对策研究．社会心理科学，2007，22（89）.

138. 鞠慧卿．中学生考试作弊的原因探究及对策．大众心理学，2009（11）.

139. 邓希冯，刘列．考试作弊影响因素的综述．考试论坛，2011（3）.

140. 高文斌，陈祉妍．网络成瘾病理心理机制及综合心理干预研究．心理科学进展，2006，14（4）.

141. 陈淑惠．中文网络成瘾量表之编制与心理计量特性研究．中华心理学刊，2003，45（3）.

142. 崔丽娟．用安戈夫方法对网络成瘾与网络游戏成瘾的界定．应用心理学，2006，12（2）.

143. 雷雳，柳铭心．青少年的人格特征与互联网社交服务使用偏好的关系．心理学报，2005，37（6）.

144. 邓晶，易春丽，钱铭怡．对中学生网络成瘾预防性干预的研究．中国行为医学，2006，1（9）.

145. 白羽，樊富珉．大学生网络依赖及其团体干预方法．青年研究，

2005 (5).

146. 杨彦平. 团体心理辅导在青少年网络成瘾者矫治中的应用. 现代教育科学，2004 (3).

147. 乐国林. 网络心理障碍的团体心理咨询. 社会，2001 (12).

148. 杨放如，郝伟. 52 例网络成瘾青少年心理社会综合干预的疗效观察. 中国临床心理学杂志，2005 (3).

149. 陶然等. 532 例网络成瘾青少年住院式综合干预近期疗效观察. 中国心理卫生协会第五届学术研讨会，2007.

150. 车文博. 西方心理学史. 杭州：浙江教育出版社，1998.

151. 莫雷. 20 世纪心理学名家名著. 广州：广东高等教育出版社，2002.

152. B. R. 赫根汉. 人格心理学. 冯增俊，何瑾译. 北京：作家出版社；海口：海南人民出版社，1988.

153. 孔克勤，叶奕乾，杨秀君. 个性心理学（修订版）. 上海：华东师范大学出版社，2006.

154. 杨国栋，刘悦，方政华. 药物干预加心理疏导治疗网络成瘾综合征 6 例报告. 中国药物滥用防治杂志，2005 (1).

155. 邓楠楠. 高中生父母教养方式、自卑感和成就动机之间的关系研究. 河北师范大学硕士学位论文，2010.

156. 李佳川. 体育锻炼对降低大学生自卑感的影响及其心理机制研究. 华东师范大学博士学位论文，2009.

157. 王金洪. 试析高职学生自卑心理产生的原因. 辽宁高职学报，2008 (4).

158. 陈明德，李忠义，王文. 学生自卑心理成因及其对策. 平原大学学报，2006，23 (5).

159. 徐涛. 试析大学生自卑心理的成因及对策. 成都中医药大学学报（教育科学版），2006，8 (1).

160. 周永卫. 大学生自卑心理成因分析及调适. 湖南人文科技学院学报，2007 (6).

161. 乔畅. 独立学院大学生自卑心理的表现形式、成因及对策研究. 科教方汇·教育教学，2007 (10).

162. 减运民，杜阳. 大学生自卑心理的成因、特点及对策. 中国校外教育·理论，2007 (5).

163. 张春旺，王玲. 当前青少年自卑心理的表现及原因分析. 现代企业教育，2008（4）.

164. 吴洪亮．高职学生自卑心理问题及对策研究．吉林大学硕士学位论文，2010.

165. 孔维民，张喜芳．张家港市某中学学生自卑心理防御机制及相关因素分析．中国学校卫生，2006，27（5）.

166. 朱浩亮．大学生自卑心理初探．江西青年职业学院学报，2005，15（2）.

167. 卜鹏翠．当代大学生自卑心理及其应对措施浅析．陇东学院学报（社会科学版），2006，17（1）.

168. 蒋琼．浅谈大学生自卑感的表现、成因及对策．当代教育论坛，2006（5）.

169. 杨淑民．大学生的自卑情结及其干预．中国成人教育，2007（4）.

170. 张引，陈豪．自卑心理研究综述．中华文化论坛，2008（8）.

171. 蒙家宏．大学生自卑心理特点．黔南民族师范学院学报，2006（2）.

172. 韩丕国．大学生的自卑心理：基于社会比较的研究．广西师范大学硕士学位论文，2006.

173. 李艺敏．我为什么不如他——学生自卑心理研究．华东师范大学博士学位论文，2008.

174. 刘淑君．大学生自卑心理的产生及其解决对策．武汉科技学院学报，2005（3）.

175. 魏华．浅析中学生自卑心理及其对策．宁夏师范学院学报．2007，28（2）.

176. 黄丽娜，钟义红．浅谈消除大学生自卑心理的方法．教育与职业，2007（23）.

177. 刘晓华．大学生自卑心理及调适．武汉船舶职业技术学院学报，2007（5）.

178. 张国民．大学生自卑心理及防治刍议．山西农业大学学报（社会科学版），2007，6（1）.

179. 张绣蕊，刘丽．初中生自卑感认知干预研究．教育理论与实践，2008（7）.

180. 叶浩生，西方心理学理论与流派．广州：广东高等教育出版社，2004.

181. 洪霞．解开自卑的情结——阿德勒与奥修自卑情结比较及启示．社会心理科学，2007，22（1~2）.

182．商光美，吴飞美．自卑心理诊释．福建商业高等专科学校学报，1998（12）.

183．李艺敏，孔克勤．西方自卑研究述评．心理研究，2009，2（4）.

184．许思安．青少年儿童心理危机干预的理论与实践．广州：暨南大学出版社，2009.

185．赖小林．学习困难学生生理、心理与社会状况调查研究．心理学探新，2002（2）.

186．张明．学习困难学生问题行为及其影响因素的研究．心理发展与教育，2002（2）.

187．http：//blog. sina. com. cn/s/blog_ 5e5cf1b30100dh5e. html.

188．http：//www. gmw. cn/content/2010 –04/04/content_ 1085454. htm.

189．http：//scpx. cersp. com/article/browse/109784. jspx.

后　记

《青少年十种常见问题行为的矫治》一书，从学业问题的困扰走进问题行为领域、探析多种行为现象、分享若干案例……走进问题行为的世界、尝试以积极的视角看待我们自己和身边的每个人，正是本书的希冀所在。我们衷心希望，本书能让对心理辅导感兴趣的广大读者从中得到启发。

本书的写作与出版得到了许多业内人士的支持，在此特别感谢那些参与写作的同行（具体参与者详见书中相应章节）。

由于水平与经验有限，书中难免有错误或不足之处，敬请读者与同行批评指正。

许思安

2012 年 3 月